ZIER KNOTEN KREATIV GEKNÜPFT

Ein illustrierter Schritt-für-Schritt-Führer zu 60 neuen und ungewöhnlichen Knotenwundern

Text und Fotografie: J. D. Lenzen

LEOPOLD STOCKER VERLAG
GRAZ - STUTTGART

Titel der Originalausgabe [Title of the original edition]: J. D. Lenzen: Decorative Fusion Knots. A step-by-step Illustrated Guide to New and Unusual Ornamental Knots, published by Green Candy Press, San Francisco, © Copyright J. D. Lenzen
Aus dem amerikanischen Englisch übertragen von Nina Schön.

Umschlaggestaltung: Werbeagentur Rypka GmbH, A-8143 Dobl/Graz, www.rypka.at

Bildnachweis: Umschlagvorder- und rückseite, Abb. Innenteil: Archiv des Autors

Bibliografische Information der Deutschen Nationalbibliothek
Die Deutsche Nationalbibliothek verzeichnet diese Publikation in der Deutschen Nationalbibliografie; detaillierte bibliografische Daten sind im Internet über http://dnb.d-nb.de abrufbar.

Hinweis
Dieses Buch wurde auf chlorfrei gebleichtem Papier gedruckt. Die zum Schutz vor Verschmutzung verwendete Einschweißfolie ist aus Polyethylen chlor- und schwefelfrei hergestellt. Diese umweltfreundliche Folie verhält sich grundwasserneutral, ist voll recyclingfähig und verbrennt in Müllverbrennungsanlagen völlig ungiftig.

Auf Wunsch senden wir Ihnen gerne kostenlos unser Verlagsverzeichnis zu:
Leopold Stocker Verlag GmbH
Hofgasse 5 / Postfach 438
A-8011 Graz
Tel.: +43 (0)316/82 16 36
Fax: +43 (0)316/83 56 12
E-Mail: stocker-verlag@stocker-verlag.com
www.stocker-verlag.com

ISBN 978-3-7020-1491-9

Layout: DSR – Werbeagentur Rypka, A-8143 Dobl

Vorbemerkung der Übersetzerin

In diesem Buch werden Fusionsknoten vorgestellt. Diese Knoten werden im Englischen als „Fusion Knots" bezeichnet (zu Deutsch etwa „Verbindungsknoten" oder „Kombinationsknoten"). Das sind Zierknoten und Fancyworks, die durch die Verbindung verschiedener Knotenelemente und -techniken entstehen, sodass aus dem Verschmelzen bekannter Elemente etwas Neues, Innovatives entsteht. Der leichteren Verständlichkeit und Einordnung halber wurde jedoch in der Übersetzung der im Deutschen üblichere Terminus „Zierknoten" verwendet, sodass aus den „Fusion Knots" nun „innovative Zierknoten" geworden sind.
Um dem Charakteristischen, das hinter den „Fusion Knots" steht, Rechnung zu tragen, werden bei den Anleitungen der einzelnen Arbeiten auch die Knotenbestandteile angegeben. Auf diese Weise kann der geschulte Knotenmacher die Herkunft und die Kombination der verschiedenen Techniken nachvollziehen.

Desweiteren fiel die Entscheidung – nicht zuletzt, weil sich „Auge" und „Bucht" besser auseinanderhalten lassen – gezielt auf die nautisch-maritimen Begrifflichkeiten, auf die auch Standardwerke der Knotenmacherkunst zurückgreifen. So können die einzelnen Arbeitsschritte präziser beschrieben werden, was die Arbeit gerade bei komplexeren Knoten ungemein erleichtert.

Die Übersetzerin

Inhalt

Vorwort

Ich wurde auf J. D. Lenzen aufmerksam, als er damit begann, im Forum der Internationalen Gilde der Knotenmacher (IGKM) zu schreiben und dabei auf seine Videos auf YouTube hinwies. Diese Videos zeigen eindrucksvoll seine Begabung für Knoten und liefern erstaunlich klare Anleitungen zum Knüpfen einer Vielzahl von Knoten. Wenn es aber um Knotenbücher geht, dann gibt es davon unzählige. Und die überwiegende Mehrheit davon zeigt immer wieder die gleichen Knoten, auch wenn demonstriert wird, wie sie in verschiedenen Varianten geknüpft werden können.

Warum also sollten Sie sich für dieses Buch entscheiden?

Erstens setzt es auf Schritt-für-Schritt-Fotos, also auf klare und leicht verständliche Abbildungen anstelle von Zeichnungen. Zweitens ist der Großteil dieser Knoten noch nie zuvor in einem Buch publiziert worden. Und schließlich: Dieses Buch ist mehr als nur ein Lehrbuch, es wird Sie inspirieren!

Das Buch zeigt, was man mit ein wenig Geduld und Vorstellungskraft alles erreichen kann und liefert unzählige Möglichkeiten für den Spaß am Zierknoten. Das ist vor allem spannend für all jene, die womöglich der Meinung waren, dass Knoten nur etwas für Profis seien, wie etwa Segler oder Kletterer, oder dass sie nur Pfadfindern oder Bergführern beigebracht würden und nun in der modernen Welt der Druckknöpfe, Reiß- und Klettverschlüsse in Vergessenheit geraten seien.
Also gönnen Sie sich ein paar Minuten (und wundern Sie sich nicht, wenn Stunden daraus werden) und knoten Sie ein paar (oder auch gleich alle) der hier vorgestellten Kreationen. Alles, was Sie benötigen, ist ein Stück Leine, ein wenig Zeit und das Gemüt, sich ab und an wundern zu können.

Barry Mault
Ehrenamtlicher Schriftführer
Internationale Gilde der Knotenmacher

www.knotengilde.de
www.igkt.net

Einleitung

Knoten spielen seit Jahrtausenden eine wichtige Rolle. Sie haben uns Menschen dabei geholfen, Tiere zu fangen, die Weltmeere zu besegeln, ganze Königreiche aufzubauen, Gottesdienste abzuhalten, uns zu erinnern und zu heilen. Still unterstützten sie uns bei all unseren historischen Eroberungen und halfen unseren Ahnen dabei, ihre Welt zusammenzuhalten.

Die Inkas in Südamerika verwendeten beispielsweise Knoten, die an Fäden entlang gebunden wurden, als eine Frühform des „Schreibens". Mitteilungen in der Zeit des Inka-Reiches wurden durch Knoten „schriftlich" fixiert – und nicht durch Tinte und Papier. Sie nutzten Knoten aber auch als Berechnungsinstrument, um Datensätze zu erstellen; so wie es heute Buchhalter oder Statistiker tun.

Bekannter ist, dass die Kelten stilisierte Darstellungen von Knoten verwendeten, um eine Fülle von Vorstellungen über Natur und Spiritualität auszudrücken. Sowohl bei historischen Gebäuden als auch in modernen Motiven stehen diese Zierknoten für die Vermittlung des Verhältnisses von Mann und Frau, Jäger und Beute, Erde, Geist und dem Universum. Es wird vermutet, dass keltische Knoten überdies auch Schutz vor bösen Geistern bieten sollten und auf Rüstungen und Schilden oder in der Nähe Kranker zu finden waren.

Die asiatischen Kulturen, allen voran die chinesische, brachten Zierknoten hervor, die mit der Ästhetik religiöser Symbole, Natur und Geld in Verbindung standen. So kam etwa der Doppelte Münzknoten zu seinen Namen: er sieht wie zwei chinesische Münzen aus, die einander überlappen. Der Großteil dieser Zierknoten sollte für Glück, Tugendhaftigkeit oder Wohlstand stehen. Andere wiederum erfüllten nützliche Zwecke, wie beispielsweise als Knöpfe für Jacken und Hemden.

Genauso wie bei der Entwicklung jeder anderen Kunstform sind Zeit und Übung die Schlüssel zu neuen Ideen und innovativen Hervorbringungen. Im Laufe der Geschichte begannen Seefahrer, sich die Zeit damit zu vertreiben, Reling und Laufschienen mit dekorativen Umwickelungen und Knoten zu verzieren. Diese Umwickelungen und Knoten hatten den Zweck, die Griffigkeit bei sonst rutschigen Gegenständen zu verbessern, trugen gleichzeitig aber auch dazu bei, die Attraktivität eines Schiffes zu steigern.

Im Laufe der Zeit wurden die Publikationen über Knoten fast unübersehbar. In den einschlägigen Büchern versuchte man zu zeigen, was es an Kreationen gab; ein Großteil der Aufmerksamkeit lag aber auf jenen Knoten, die auch Verwendung finden konnten. 1944 veröffentlichte Clifford W. Ashley schließlich das „The Ashley Book of Knots" (ABdK) [Das Ashley-Buch der Knoten]; ein enzyklopädisches Handbuch, das Tausende funktionale und auch Zierknoten aus aller Welt beschreibt. Bis heute ist Ashleys Werk das wichtigste Buch zum Thema Knoten.

Die Mitglieder der Internationalen Gilde der Knotenmacher (IGKM; offiziell 1982 gegründet) brachten das ABdK 1979 auf den neuesten Stand und fügten den „Hunter's Bend", einen Knoten, von dem sie meinten, er sei neu, hinzu. Etliche der Gildenangehörigen machten sich daran, mehrere Bücher über das Thema Knoten zu schreiben. Die meisten dieser Bücher – mit Ausnahme einiger weniger – wurden mit dem Fokus auf die Vergangenheit geschrieben, anstatt sich auf neue oder gerade erst kreierte

Knoten zu konzentrieren. Das gilt vor allem im Hinblick auf die Zierknoten.

Wie geht es nun weiter?
Wie wird sich die Kunst des Knotenknüpfens künftig entwickeln?

Ich glaube, dass die Antwort auf beide Fragen die Fusionsknoten sind; das sind innovative Knoten, die durch die Verbindung verschiedener Knotenelemente oder -techniken entstehen. Wie Origami-Figuren, die durch das Falten von Papier entstehen, wird das Seil in der Hand eines Fusionsknotenmachers ein Werkzeug, mit dem immer komplexere und fantasievollere Knoten-Designs erkundet werden. Fusionsknotenmacher ziehen ihre Inspiration aus Geschichte, Natur und Mythologie oder anderen Quellen, die sie zum Knotenknüpfen anregen. Sie sehen in Knotensammlungen eher eigenständige Arbeiten als untrennbare Informationseinheiten.
Zum Beispiel ist der keltische Knoten des Lebensbaums (ein Fusionsknoten) das Ergebnis dreier verschiedener Knotenelemente: eines wird vom Dreieinigkeitsknoten abgeleitet, eines vom Münzenringknoten und eines vom Körbchenknoten. Zusammen vermischen sich diese drei Knoten zu etwas anderem, Kunstvollerem, ja Eindrucksvollerem.
Dieses Buch ist eine Einführung in die Welt der Zier- und Fusionsknoten, vor allem aber versteht es sich als eine Brücke zwischen dem, was ist, und dem, was sein kann. Im Gegenzug dazu präsentiere ich neben den Fusionsknoten auch Anleitungen für „historische Knoten", also Knoten, die vor 1979 (dem Jahr, in dem die IGKM das ABdK überarbeitet hat) kreiiert oder geknotet wurden. Diese historischen Knoten bilden die Grundlage und die Grundelemente für Fusionsknoten, weshalb es wichtig ist, zu wissen, wie sie geknotet werden. In einigen wenigen Fällen werden die gezeigten Anleitungen für historische Knoten nicht als Elemente der daraus resultierenden Fusionsknoten beschrieben. Dafür gibt es zwei Gründe:

1. Ich möchte eine Anleitung für einen ungewöhnlichen oder kaum beschriebenen historischen Knoten geben und
2. ich will Ihnen Techniken bieten, die Sie dazu verwenden können, Ihre eigenen Fusionsknoten zu kreieren.

Die Kapitel dieses Buches wurden nach den primären Knotenelementen oder -techniken angeordnet. Beginnt ein Knoten etwa mit dem Doppelten Münzknoten, endet aber mit einer Technik, die dem Dreieinigkeitsknoten zugeordnet werden kann (wie beim Flaschengeistknoten), wird der Knoten dem Kapitel, das dem Doppelten Münzknoten gewidmet ist, zugeordnet.

Nach all diesen Vorbemerkungen sei noch einmal daran erinnert, dass die Arbeit an Fusionsknoten eine kreative Beschäftigung ist. Auch wenn die Seiten, die vor Ihnen liegen, eine Vielzahl von Schritt-für-Schritt-Anleitungen zeigen, müssen Sie kein passiver Informationsempfänger bleiben. Verändern Sie, was Ihnen gezeigt wird, spielen Sie mit den Techniken, kreiieren Sie andere Knotenelemente und gestalten Sie etwas Neues. Schlagen Sie neue Wege ein, wenn Ihnen danach ist ...

Erkunden, entdecken und erfinden Sie!

Wenn Sie dies tun, dann wird das nicht nur Ihr Verständnis des Fusionsknüpfens verbessern; es wird sogar Ihr gesamtes Verständnis für Knoten steigern und Ihnen den Weg in Richtung immer filigranerer, fantasievollerer und kreativerer Knoten ebnen.

Vielen Dank und – knoten Sie weiter!
J. D. von Tying It All Together

Ausrichtung der Leine

Die folgenden Erklärungen und Illustrationen dienen dazu, Sie mit jenen Fachbegriffen und Abläufen des Knotenmachens vertraut zu machen, die in diesem Buch eine Rolle spielen. Anmerkung: Alle Knoten in diesem Buch wurden mit geflochtener Nylonschnur mit einem Durchmesser von 6,35 mm (¼ Zoll) und einer Länge von 1,8 m (6 Fuß) oder der entsprechenden Länge Paracord geknotet.

Begriffsdefinitionen

Auge: Ein Kreis in der Leine, der seine Enden überkreuzt.

Auge gegen den Uhrzeigersinn: Schlaufe in der losen Part (oder oben liegenden Leine), die gegen den Uhrzeigersinn geht.

Auge im Uhrzeigersinn: Schlaufe in der losen Part (oder oben liegenden Leine), die im Uhrzeigersinn geht.

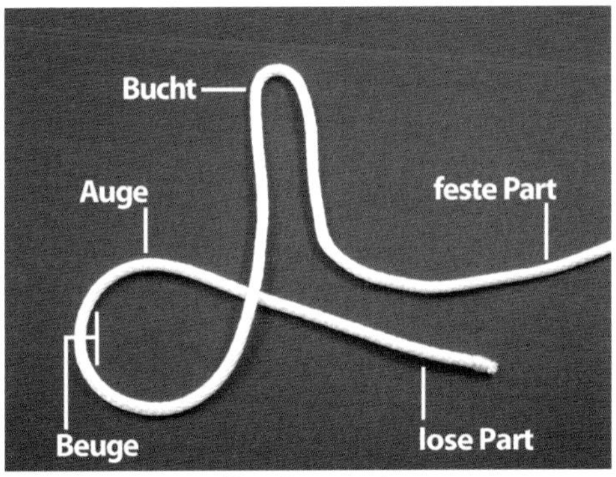

Teile einer Leine

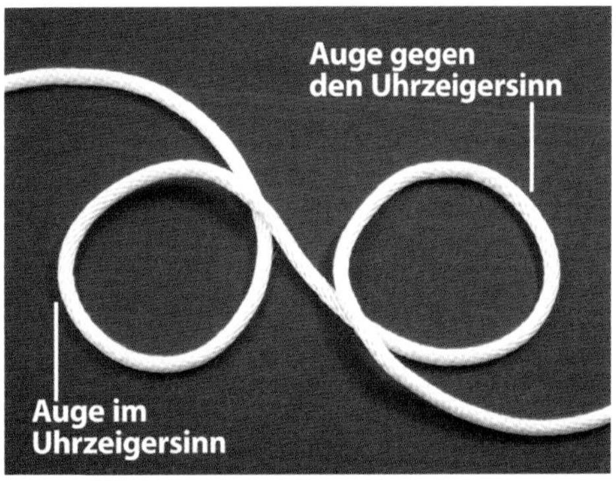

Augen

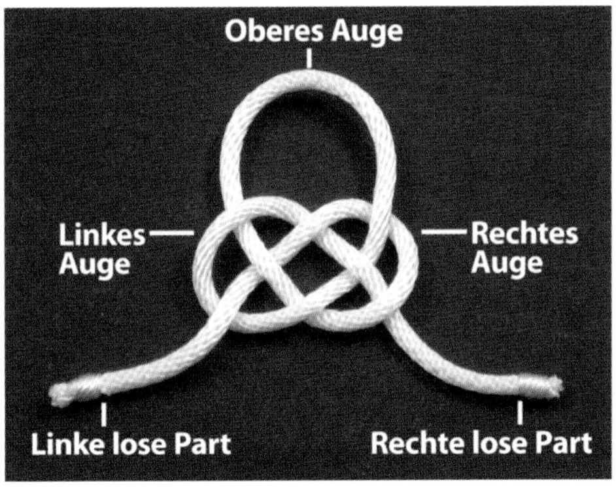

Teile eines Knotens

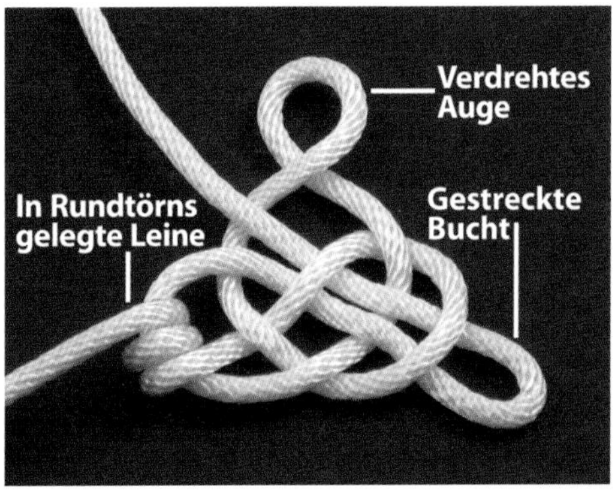

Bewegungen im Knoten

Ausrichtung der Leine

Bucht: Leine, die in U-Form doppelt genommen wird.

Fünfstrahlig: Leinen oder Knoten, die so ausgelegt sind wie die charakteristischen Merkmale von Stachelhäutern (also Seesternen, Seeigeln und Seegurken). Ähnliches Erscheinungsbild wie ein Fünfeck.

Fusionsknoten: Ein innovativer (Zier-)Knoten, der durch das Verbinden und die Kombination verschiedener Knotenelemente oder -techniken entsteht.

Geschlossene Bucht: Bucht, deren Enden sich berühren, aber nicht kreuzen.

Historischer Knoten: Knoten, die vor 1979 (dem Jahr, in dem die IGKM das ABdK überarbeitet hat) entdeckt wurden.

In Rundtörns gelegte Leine: Leine, die mehrfach um eine andere Leine gewickelt wurde.

Knotenbestandteil: Ein Knotenelement oder eine Knotentechnik, die verwendet wird, um einen Fusionsknoten zu knüpfen.

Leine/Tampen: Das Material, mit dem ein Knoten geknotet wird (z. B. Paracord, Draht, Tau, Seil).

Lose Part: Das Ende der Leine, mit dem der Knoten gemacht wird.

Nach oben führende Part: Das Ende der Leine, das nach oben führt (meistens die lose Part).

Offene Bucht: Bucht, deren Radius einen Halbkreis überschreitet, deren Enden sich aber nicht berühren.

P: Leine, die so gelegt wird wie der Buchstabe P oder ein spiegelverkehrtes „P“.

Rundtörn: Leine, die eine komplette Rundung um eine andere Leine macht.

Schmelzen: Das Ende eines abgeschnittenen Tampens ansengen, um ein Auftrennen des Seilwerks zu verhindern.

Stecken: Den Tampen oder eine Bucht durch ein Auge oder einen anderen Tampen führen.

Stehende/feste Part: Das Ende der Leine, das nicht zum Knotenmachen verwendet wird.

Steifholen: Den Knoten vorsichtig zurechtziehen, bis er fest ist.

Verdrehen: Ein Auge um 180 Grad um die eigene Achse drehen.

Weben: Die Leine abwechselnd über und unter eine andere Leine führen.

Wenden: Einen (halbfertigen) Knoten von unten nach oben auf den Kopf stellen.

Y-Form: Anordnung von Buchten und stehenden Parten in Form eines Y.

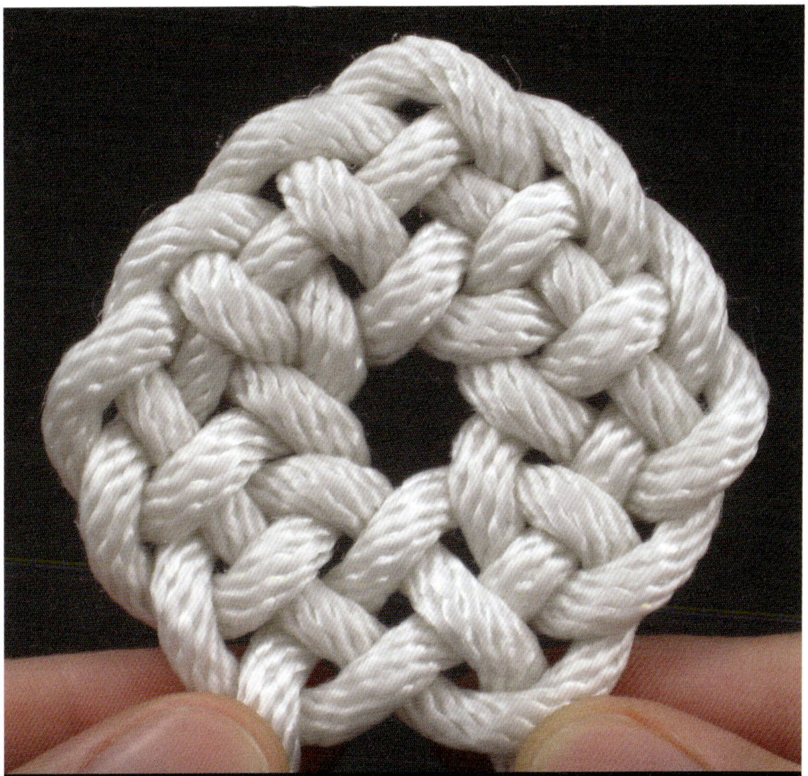

Kapitel 1

Eine (doppelte) Münze werfen

Doppelter Münzknoten

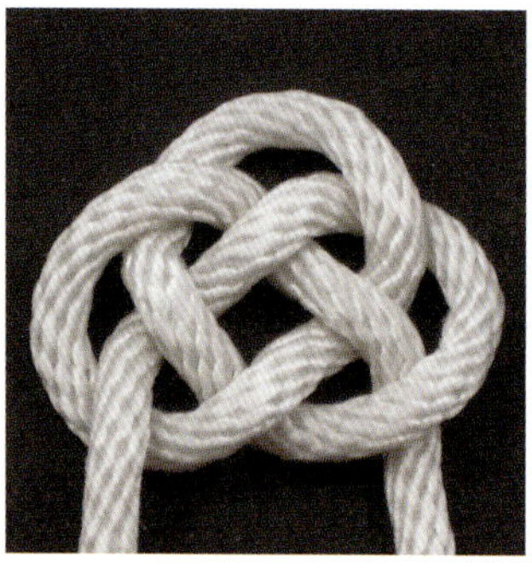

Als dekorative Variante des Trossensteks sind die Struktur und die elegante Einfachheit des Doppelten Münzknotens das, was ihn zum perfekten Ausgangspunkt für zahlreiche Fusionsknoten macht. Dieser Knoten aus der Welt der Zierknoten zog mich in seinen Bann.

Knotenbestandteile: Historischer Knoten

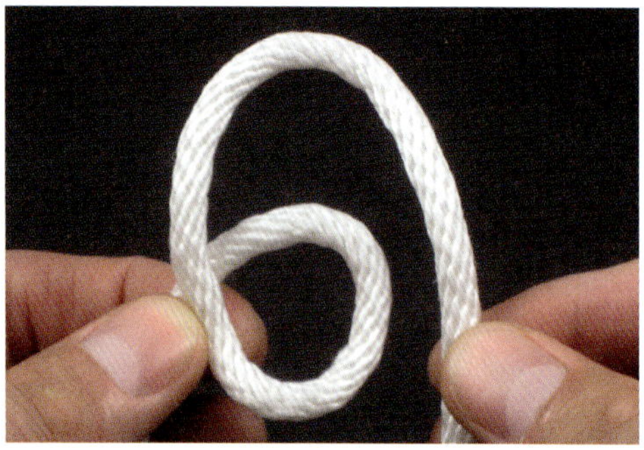

1. Legen Sie ein Auge in **P**-Form im Uhrzeigersinn, sodass die Part über dem gerade entstandenen Auge nach oben führt.

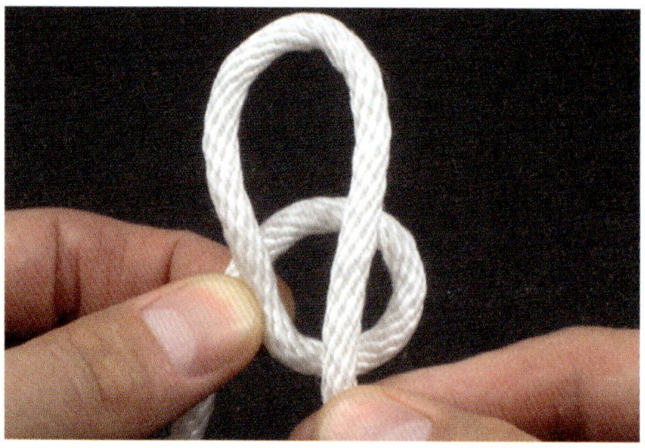

2. Führen Sie die rechte lose Part über dem Auge nach unten.

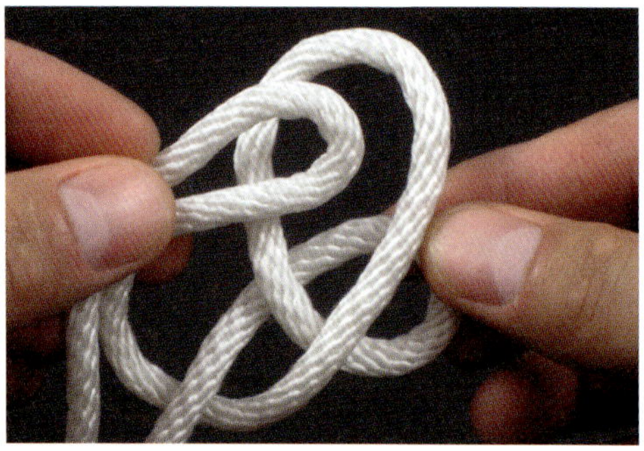

3. Legen Sie die lose Part zu einer Bucht und weben Sie sie unter das „Standbein" des **P**, ...

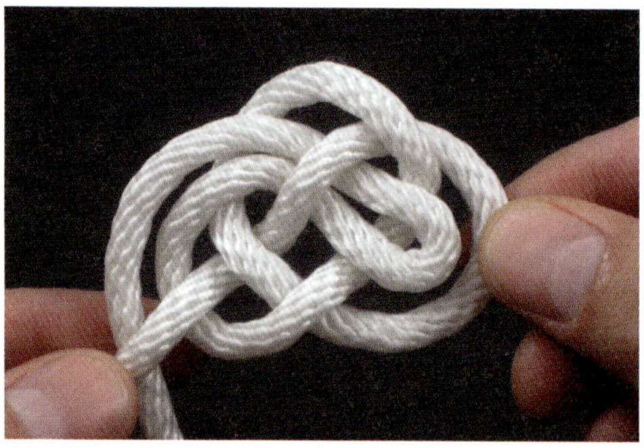

4. ... über den Tampen darüber, unter die Spitze des **P** und dann über sich selbst.

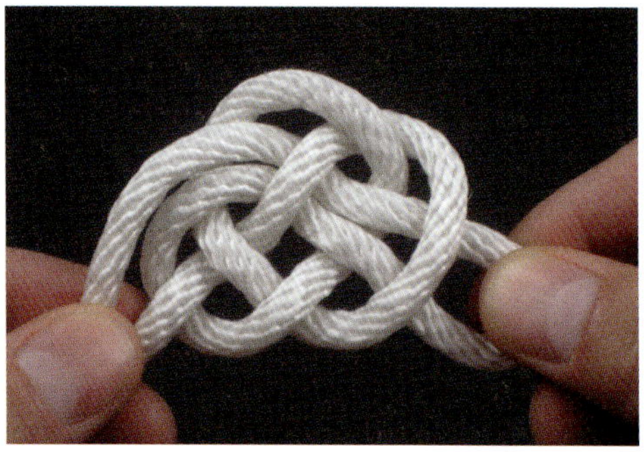

5. Stecken Sie die Bucht unter den Unterteil des **P**.

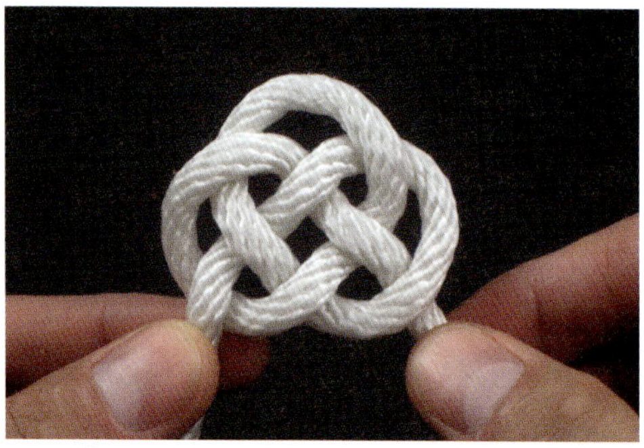

6. Die lose Part zum Steifholen durchziehen.

Wolkenknoten

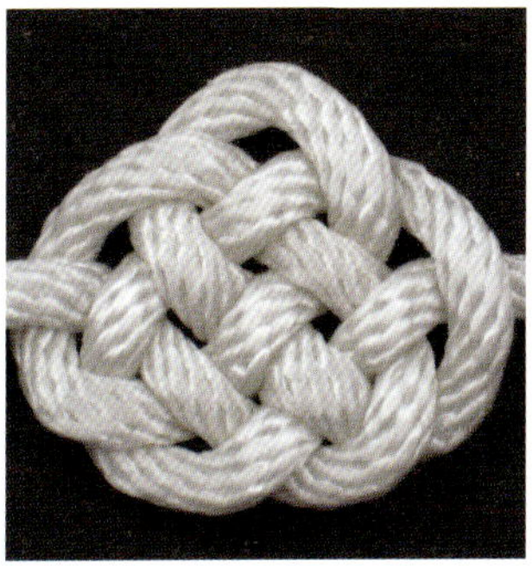

Der Wolkenknoten verzweigt den Doppelten Münzknoten auf eine innovative und selten ausgeführte Weise. Dieser Knoten entsteht durch eine besondere Technik des Webens, die bei einer Vielzahl von Knoten angewendet werden kann, damit sie noch kunstvoller wirken.

Knotenbestandteile: Doppelter Münzknoten + gegengleiches Weben

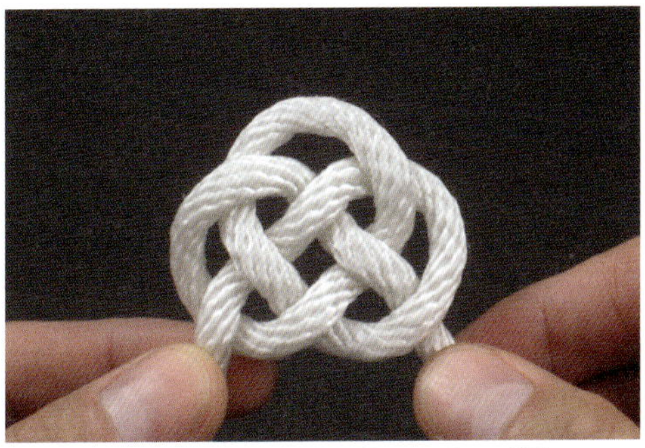

1. Beginnen Sie mit einem Doppelten Münzknoten.

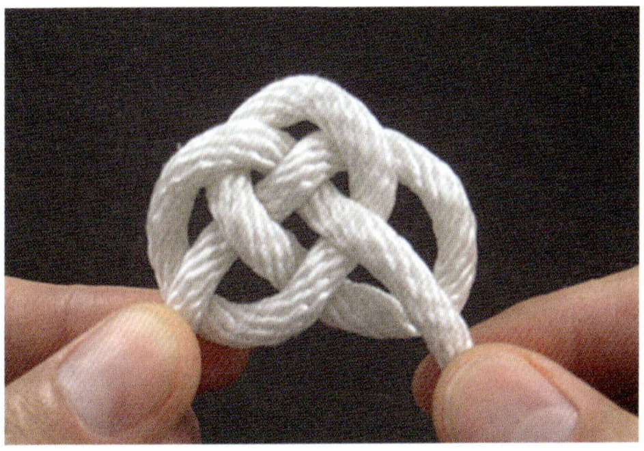

2. Lösen Sie die rechte lose Part aus dem Knoten.

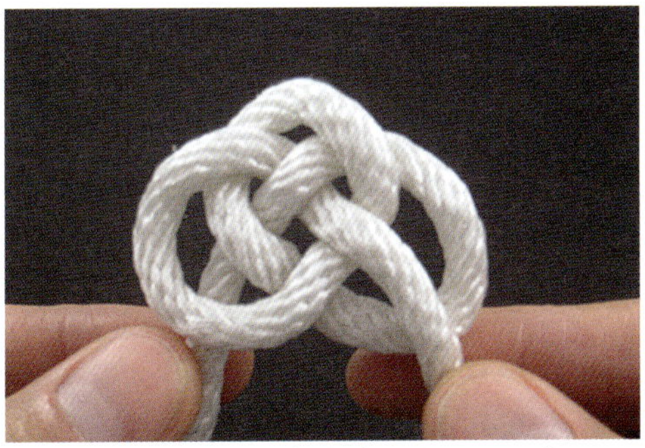

3. Lösen Sie dann die linke lose Part aus dem Knoten.

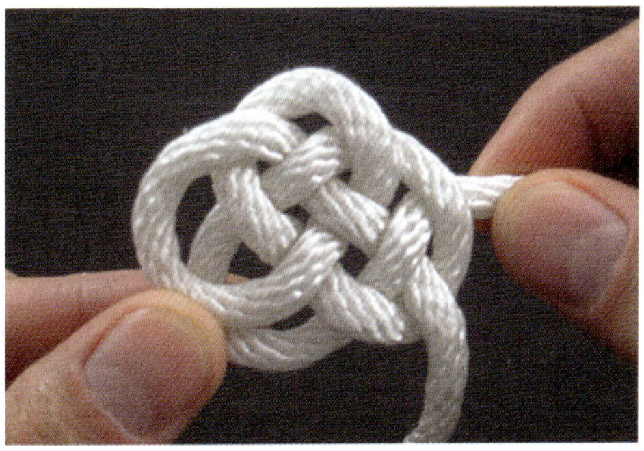

4. Weben Sie das linke lose Ende unter, über und wieder unter die rechten Tampen.

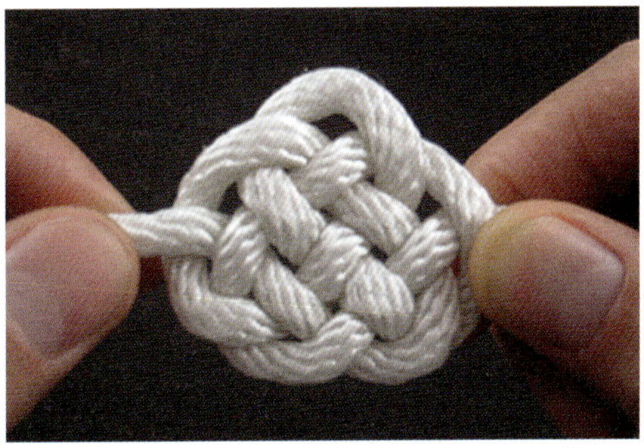

5. Weben Sie das rechte lose Ende unter, über, unter und über die linken Tampen.

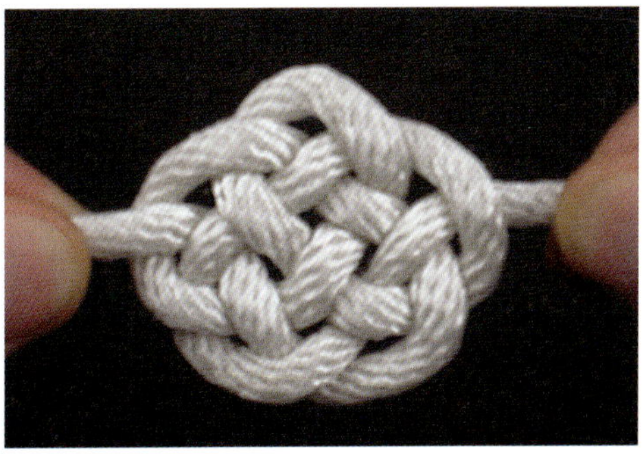

6. Den Knoten steifholen.

Flaschengeistknoten

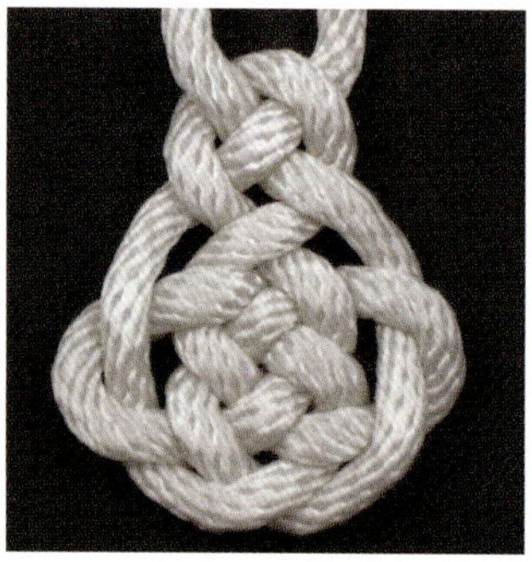

Die Geschichten aus 1001 Nacht erzählen von einem Dschinn, der seit 1800 Jahren in einer Flasche gefangen ist. Wird der Dschinn befreit, dann erfüllt er seinem Befreier Wünsche. Der Flaschengeistknoten ist an diese Geschichte angelehnt und soll das Gefängnis des Dschinn darstellen.

Knotenbestandteile: Doppelter Münzknoten + Dreieinigkeitsknoten

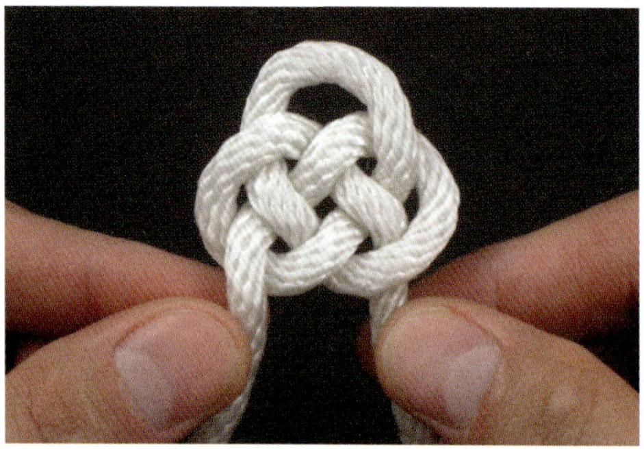

1. Beginnen Sie mit einem Doppelten Münzknoten.

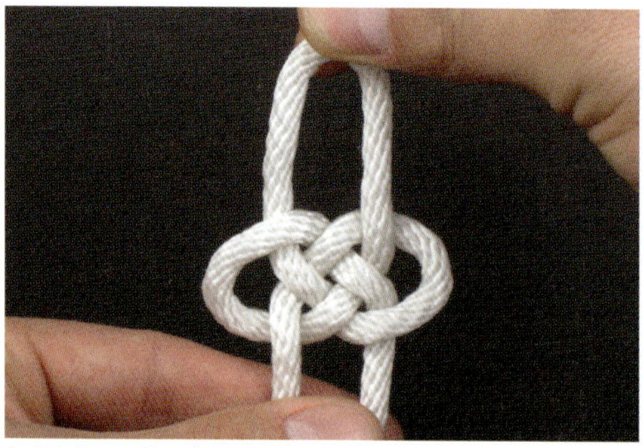

2. Ziehen Sie das Auge des Knotens auf eine Länge von etwa 4 cm.

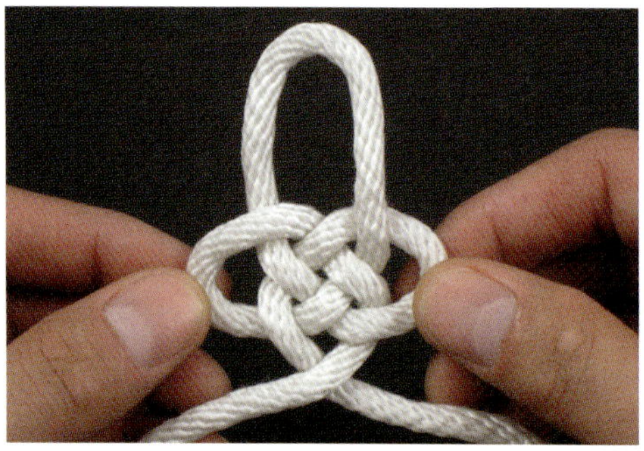

3. Legen Sie die rechte über die linke lose Part und ...

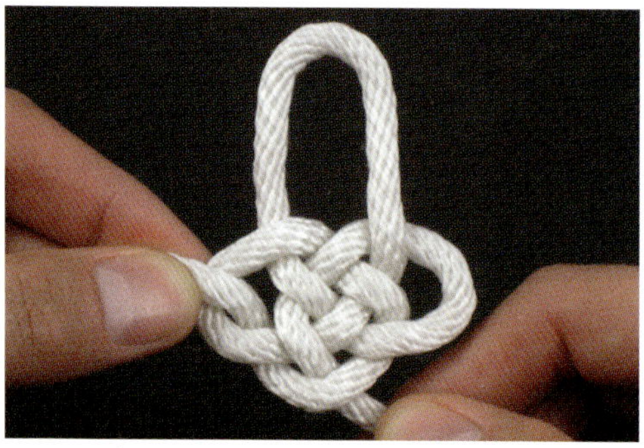

4. ... stecken Sie sie unter und durch das linke Auge und dann daraus heraus.

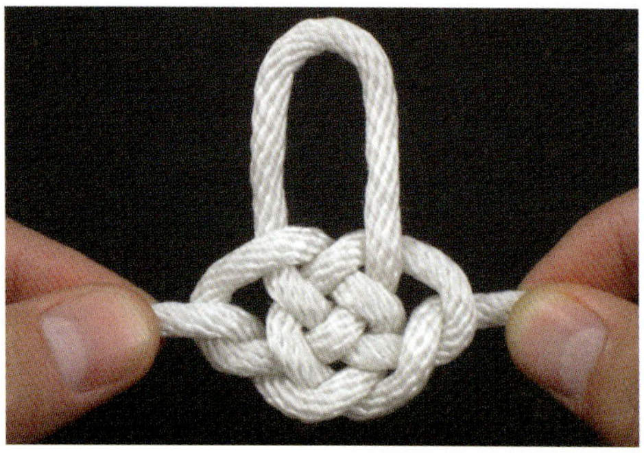

5. Stecken Sie die andere lose Part erst über das linke Auge und dann hindurch.

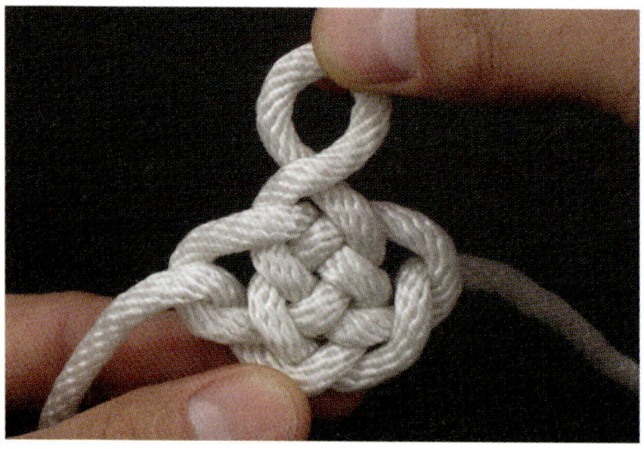

6. Das obere Auge verdrehen (linker über rechter Tampen).

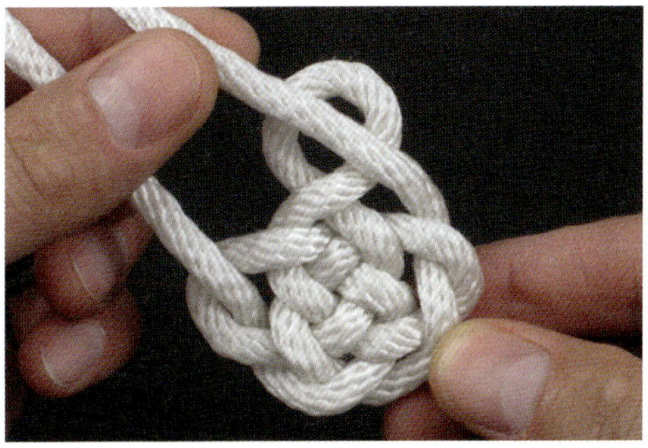

7. Die rechte lose Part über das obere Auge legen.

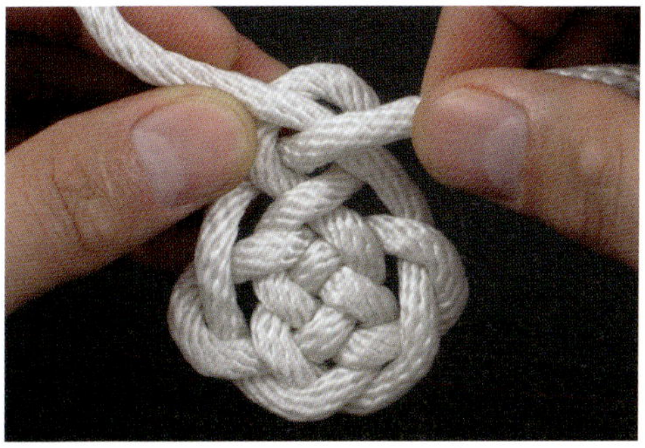

8. Die linke lose Part unter den äußeren Teil des oberen Auges stecken ...

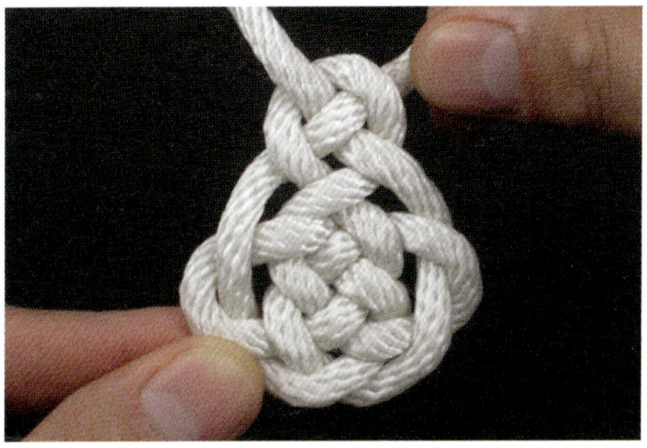

9. ... und dann diagonal über und unter die oben liegenden Leinen weben.

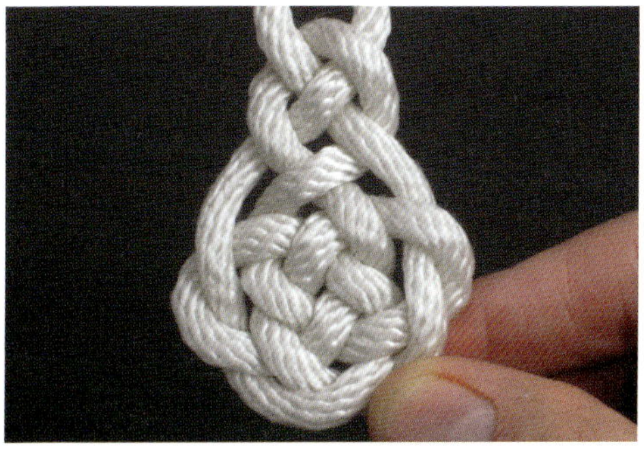

10. Den Knoten steifholen.

Wohlstandsknoten

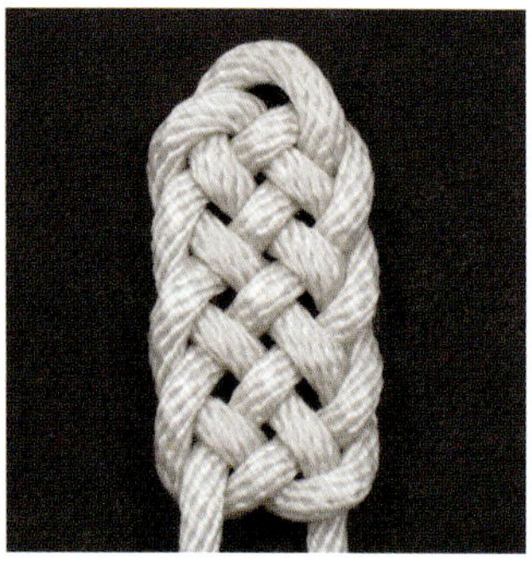

Er steht für Fülle und ein langes Leben, weshalb man dem Knoten des Wohlstands nachsagt, all jenen Reichtum in all seinen Erscheinungsformen zu bringen, die ihn binden oder in ihre Kleidung einarbeiten. Egal, ob dies nun der Wahrheit entspricht oder ein Aberglaube ist – die Schönheit dieses Knotens steht außer Frage.

Knotenbestandteile: Historischer Knoten

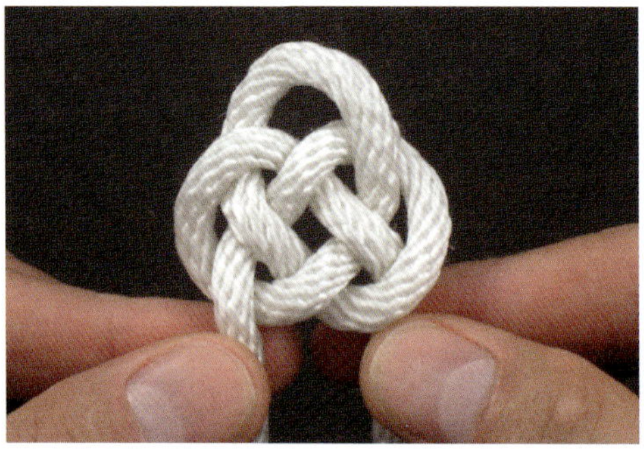

1. Beginnen Sie mit einem Doppelten Münzknoten.

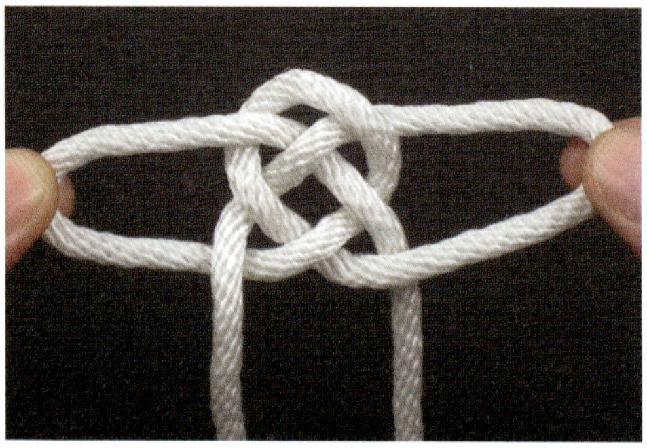

2. Ziehen Sie das linke und das rechte Auge etwa je 5 cm in die Breite.

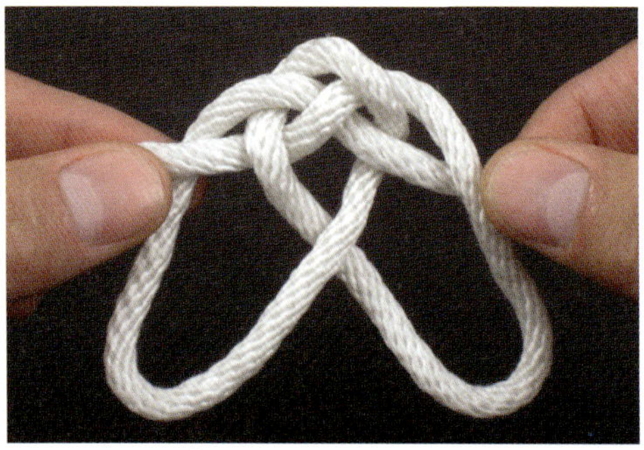

3. Die Augen fallenlassen, sodass sie unter den beiden losen Parten zu liegen kommen.

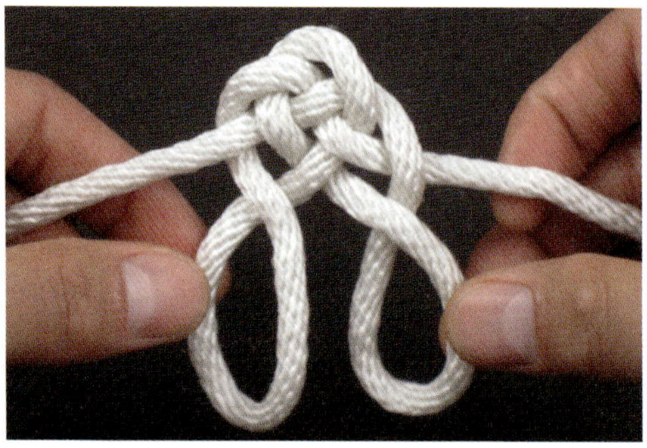

4. Die beiden Augen in sich verdrehen (linke über rechte Tampen).

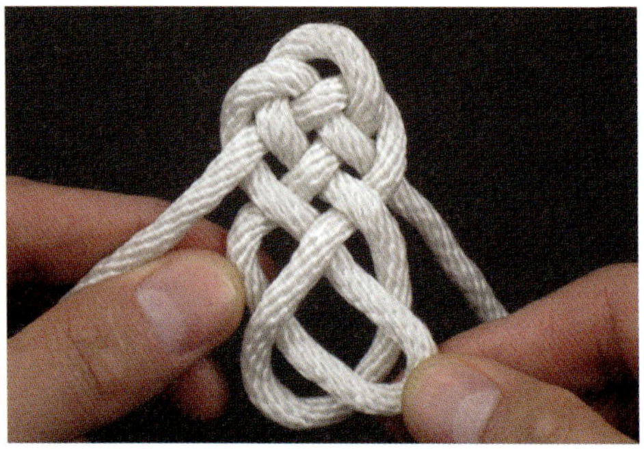

5. Stecken Sie das linke Auge durch die Rückseite des rechten Auges.

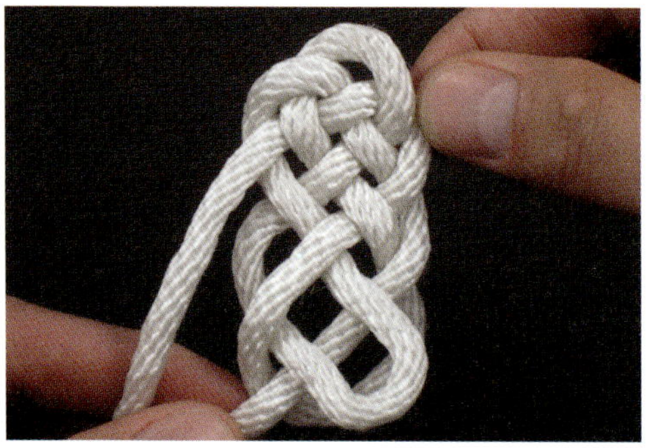

6. Legen Sie die rechte lose Part unter das rechte Auge.

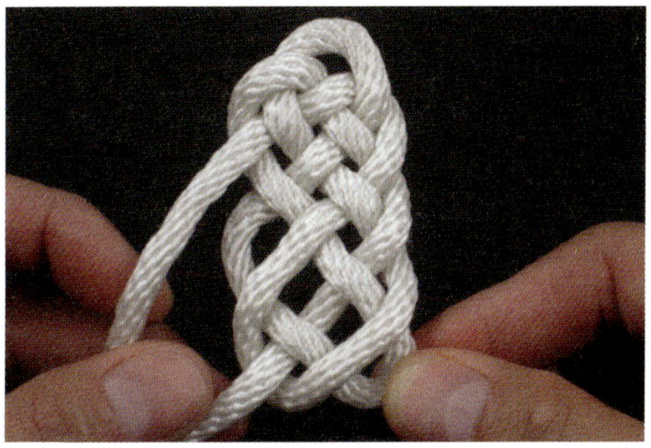

7. Das linke Auge über die lose Part und unter das rechte Auge stecken.

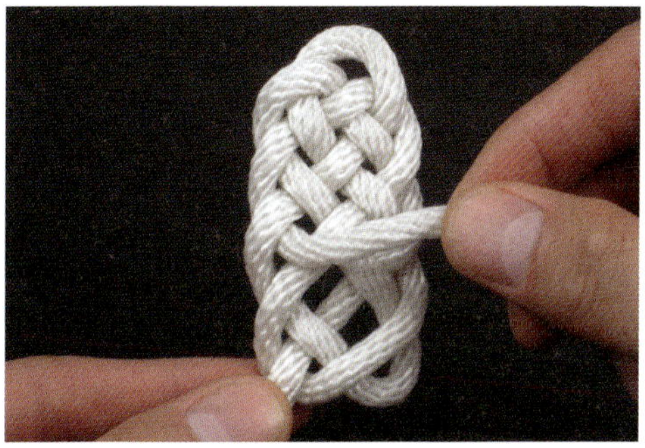

8. Die linke lose Part außen unter das linke Auge stecken ...

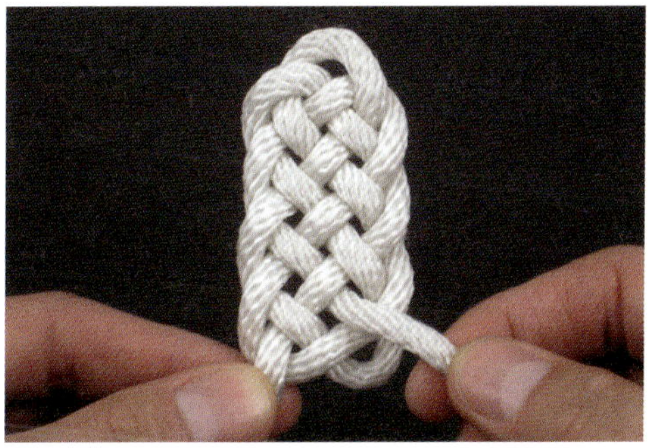

9. ... und dann über, unter, über und ...

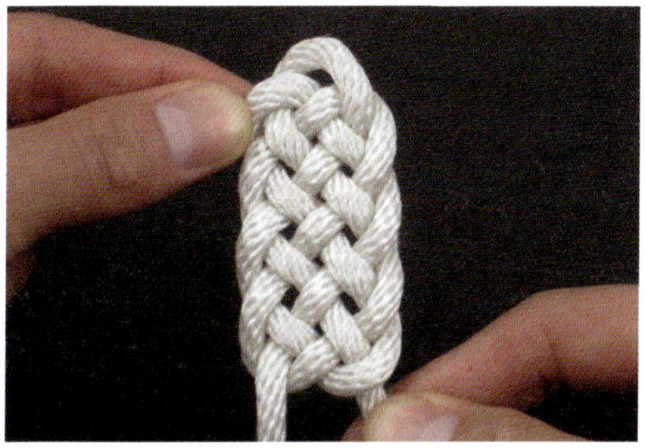

10. ... unter den Tampen unter dem Auge in einer Diagonale weben. Den Knoten steifholen.

Breiter Schlüsselbandknoten

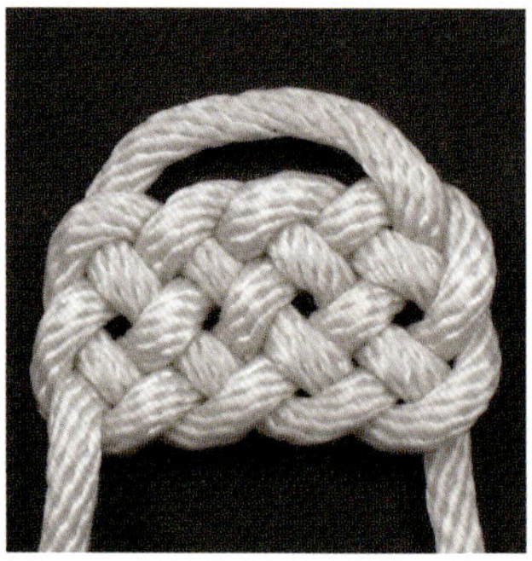

Der Breite Schlüsselbandknoten sieht wie ein auf die Seite gelegter Knoten des Wohlstands aus. Als historischer Knoten, den es mindestens seit dem 19. Jahrhundert gibt, ist er auch gleichzeitig die Verbindung des Doppelten Münzknotens und des Tafelknotens.

Knotenbestandteile: Historischer Knoten

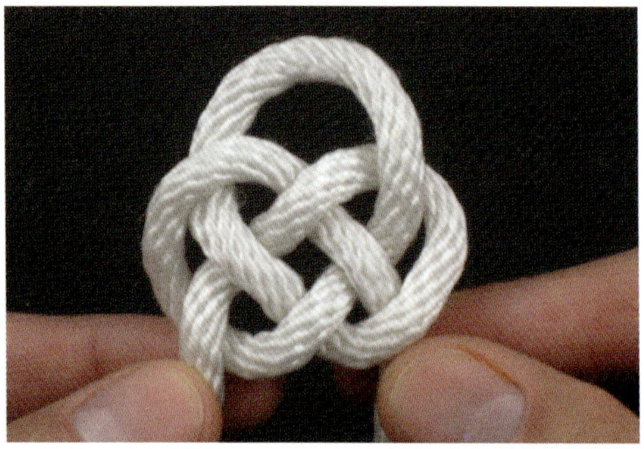

1. Beginnen Sie mit einem Doppelten Münzknoten.

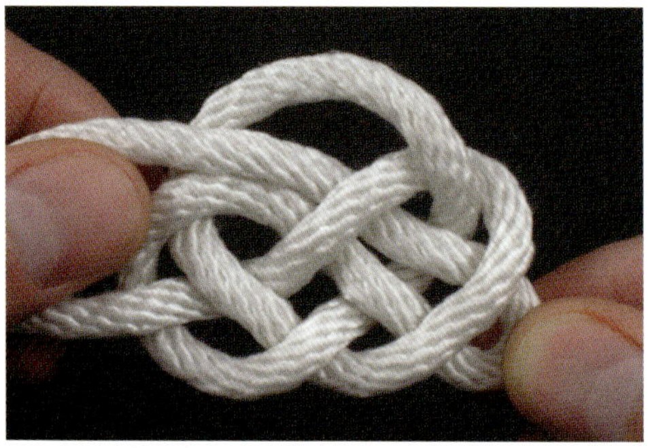

2. Die rechte lose Part zurückstecken, sodass eine geschlossene Bucht entsteht.

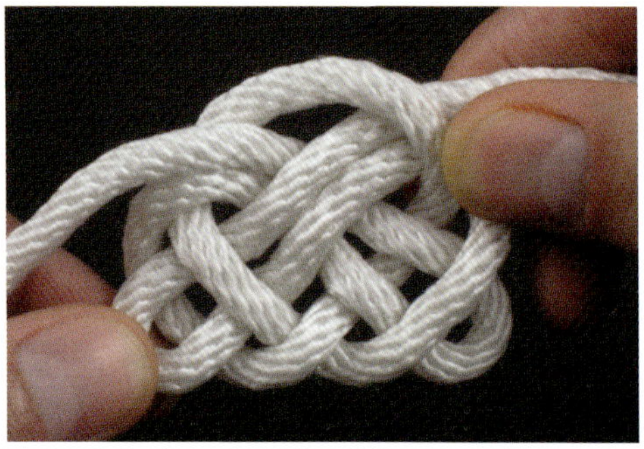

3. Die linke lose Part ebenfalls zur Bucht zurückstecken.

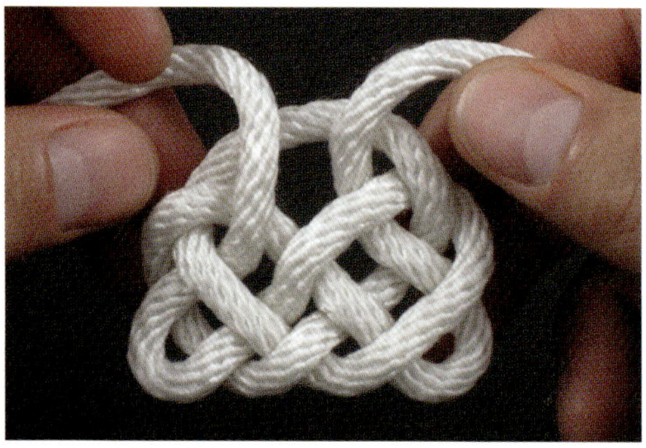

4. Die beiden losen Parten herausziehen und jeweils an die Seite des Knotens legen.

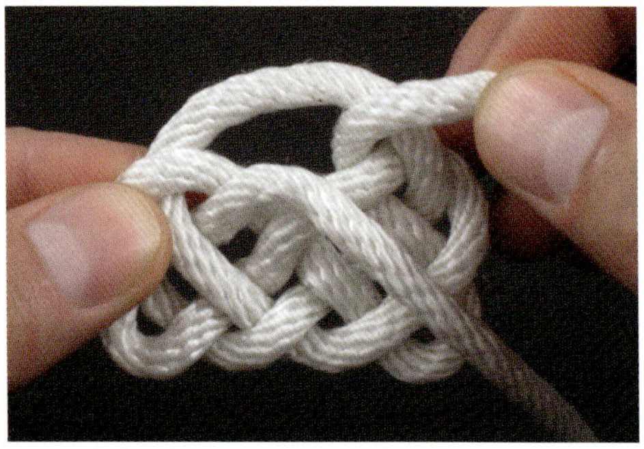

5. Die linke lose Part umknicken und diagonal nach unten führen.

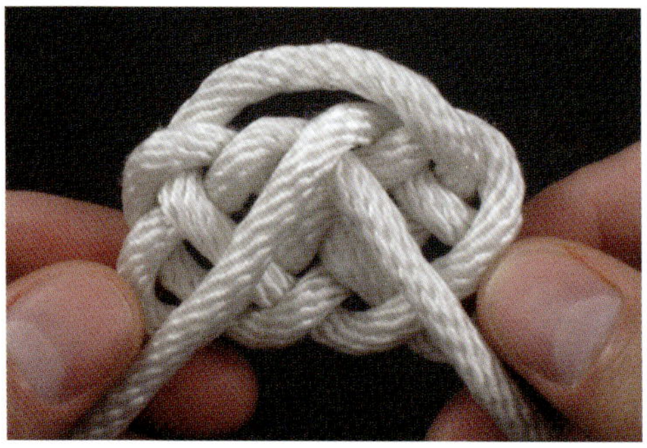

6. Die rechte lose Part über die linke nach unten führen.

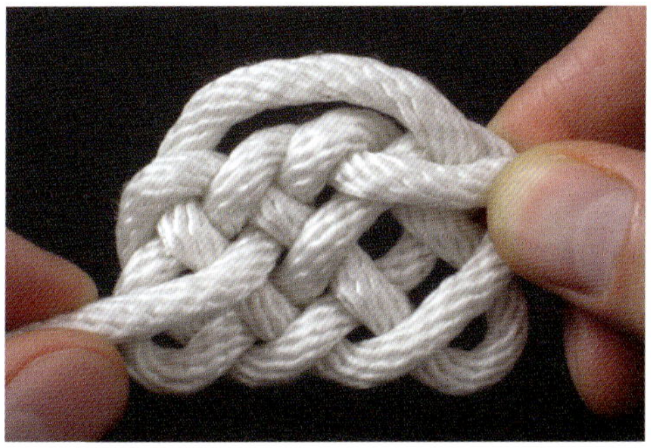

7. Mit der rechten losen Part fortfahren und sie diagonal unter, ...

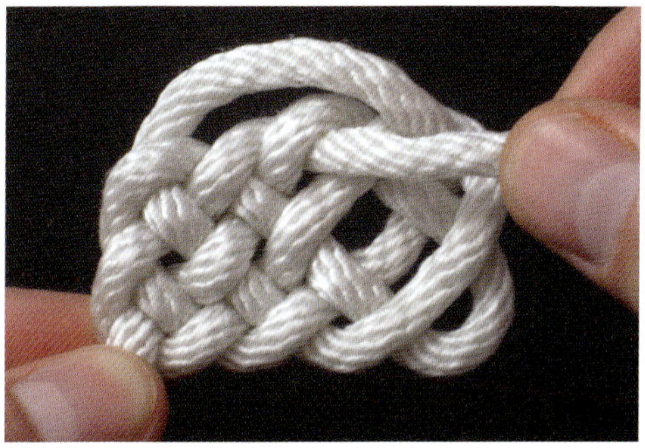

8. ... über, unter und wieder über die Tampen nach unten weben.

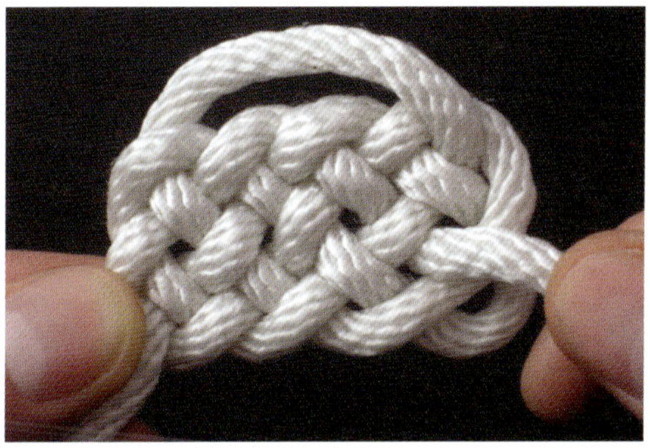

9. Weben Sie die andere lose Part in einer Diagonale über, unter, über und ...

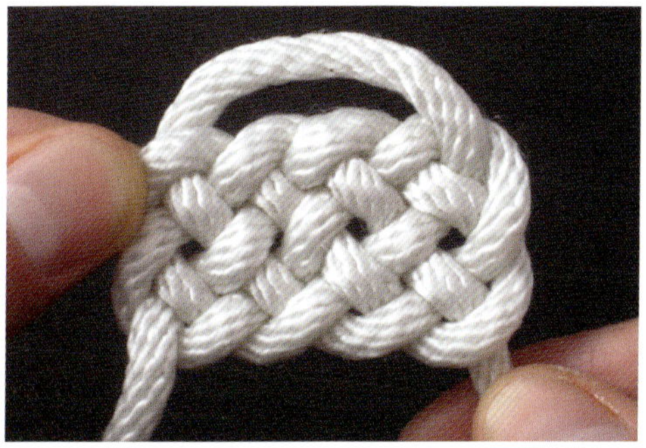

10. ... unter den darunterliegenden Tampen. Den Knoten steifholen.

Knoten des Mayatempels

Archäologische Zeugnisse legen nahe, dass die alten Maya mit dem Bau ihrer Stufentempel vor etwa 3000 Jahren begannen. Der Knoten des Mayatempels hingegen ist noch neu; ich hoffe allerdings, dass er genauso lange Bestand hat.

Knotenbestandteile: Breiter Schlüsselbandknoten & Schlüssellochknoten

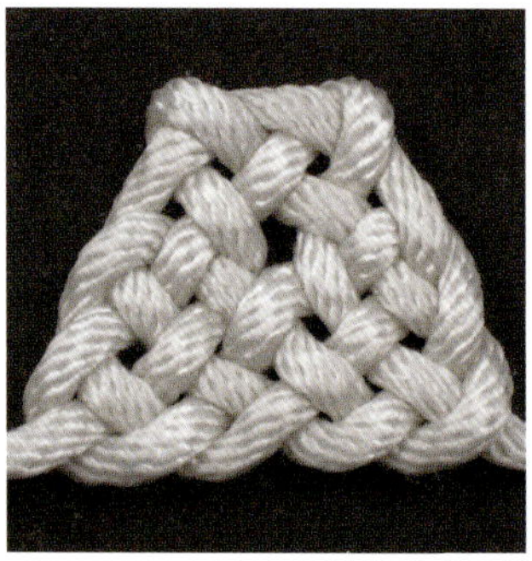

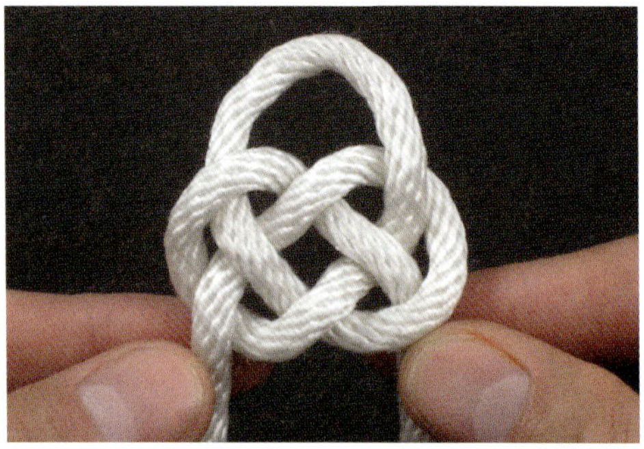

1. Mit einem Doppelten Münzknoten beginnen.

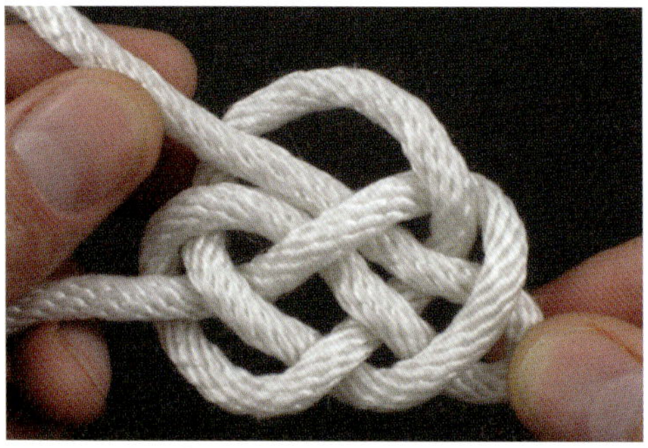

2. Die rechte lose Part zurückstecken, sodass eine geschlossene Bucht entsteht.

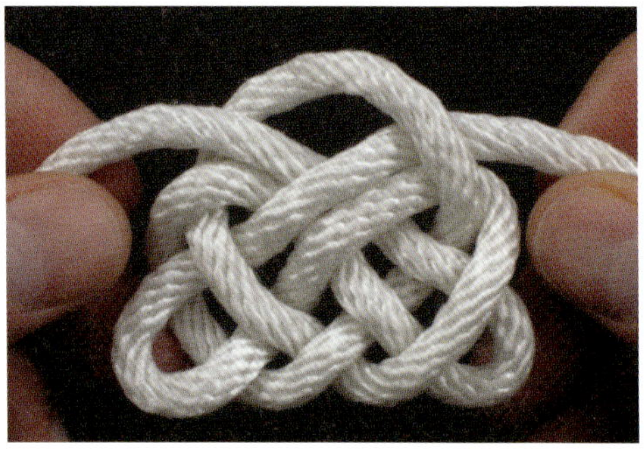

3. Die linke lose Part ebenfalls zur Bucht zurückstecken.

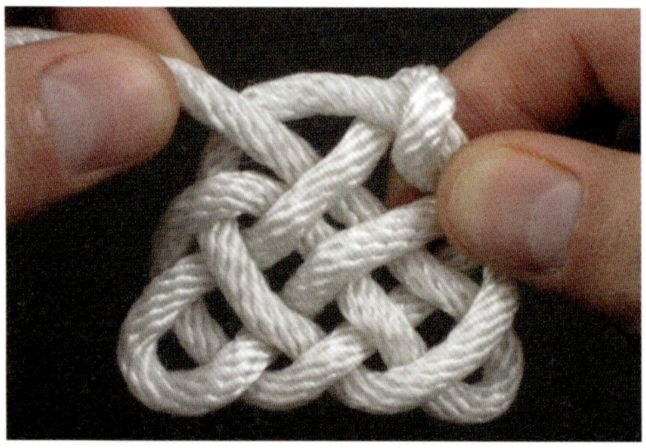

4. Mit der rechten losen Part um das obere Auge von hinten nach vorn einen Rundtörn schlagen.

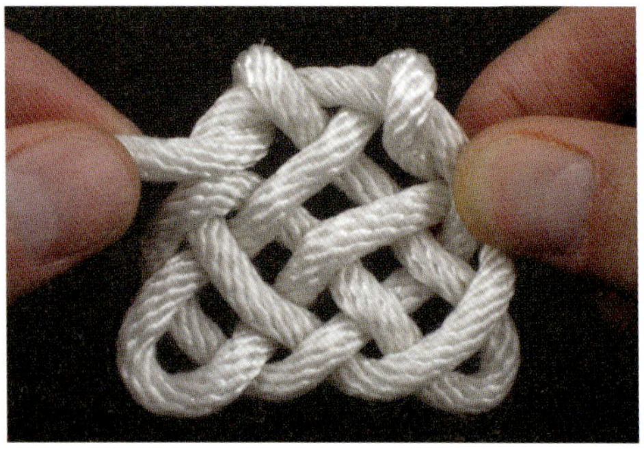

5. Mit der linken losen Part um das obere Auge von vorn nach hinten einen Rundtörn schlagen.

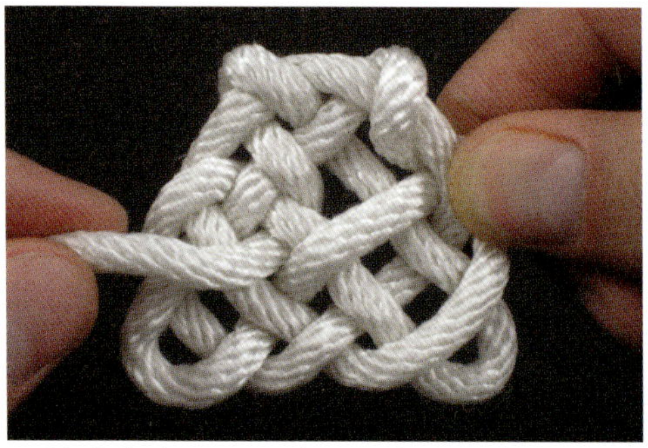

6. Die linke lose Part über und unter die unten liegenden Tampen weben.

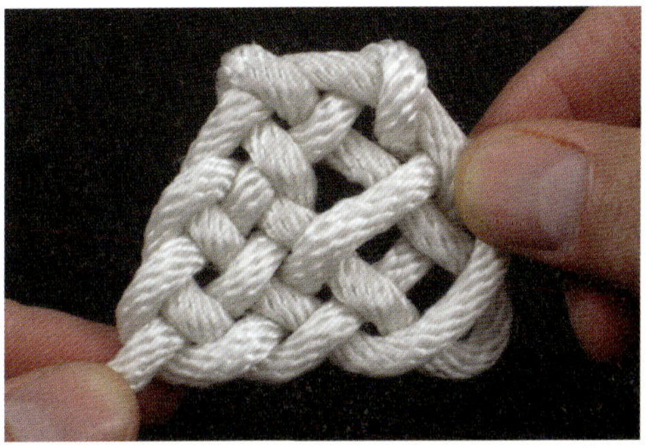

7. Dann über, unter und über die Leinen in der Diagonale.

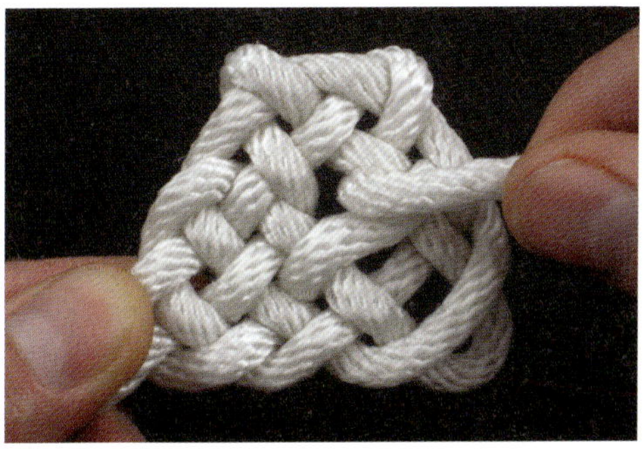

8. Weben Sie mit der rechten losen Part unter und über die darunterliegenden Leinen.

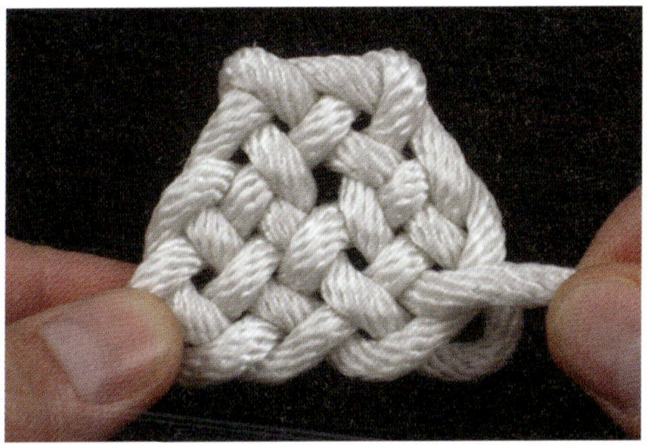

9. Dann unter, über und ...

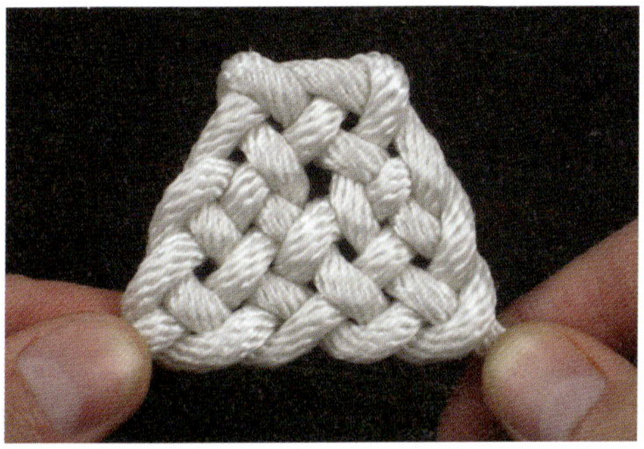

10. ... diagonal unter den unteren Tampen. Den Knoten steifholen.

Flussknoten

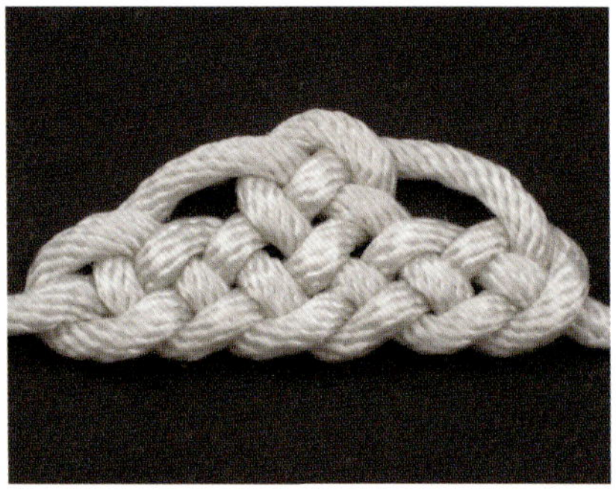

Der Flussknoten ist eine Erweiterung des Doppelten Münzknotens, der an das Bild eines Flusses, über dessen kräuselndem Wasser die Sonne aufgeht, erinnern soll. Dieser Knoten, der an die Schönheit eines Flussufers mit anmutigen Wellen erinnert, zählt zu einem meiner persönlichen Favoriten.

Knotenbestandteile: Historischer Knoten

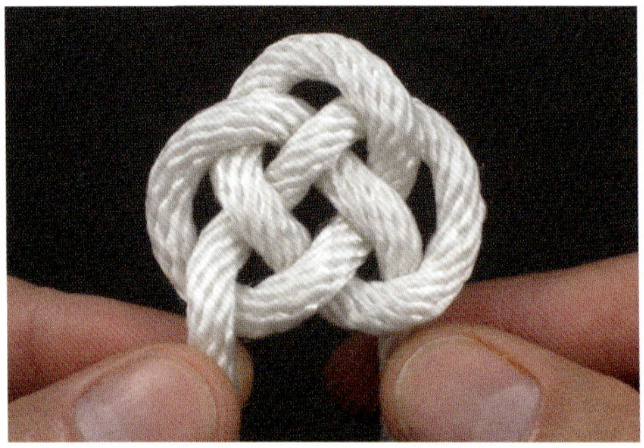

1. Mit einem Doppelten Münzknoten beginnen.

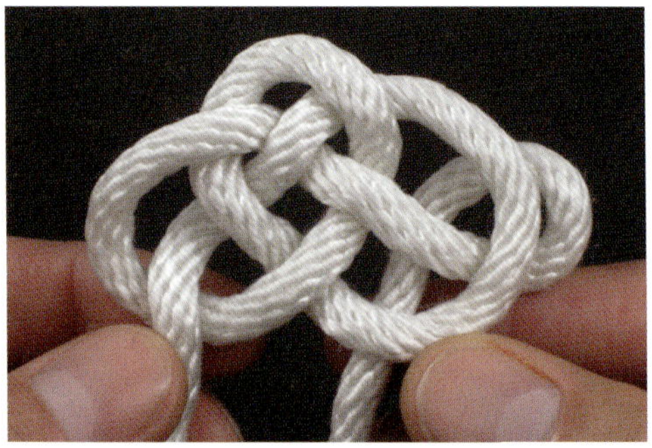

2. Mit der rechten losen Part ein **P** gegen den Uhrzeigersinn legen.

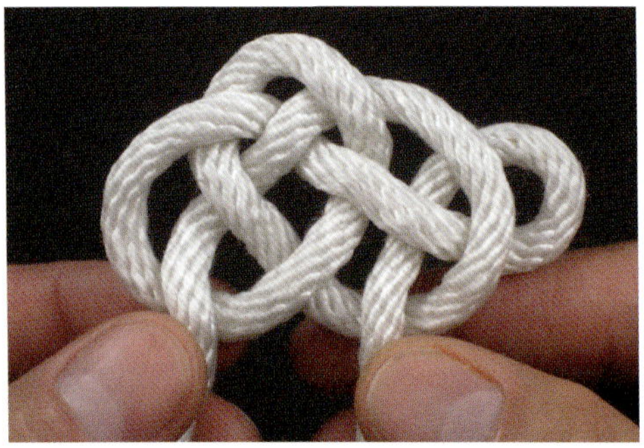

3. Die rechte lose Part durch das rechte Auge des Doppelten Münzknotens stecken.

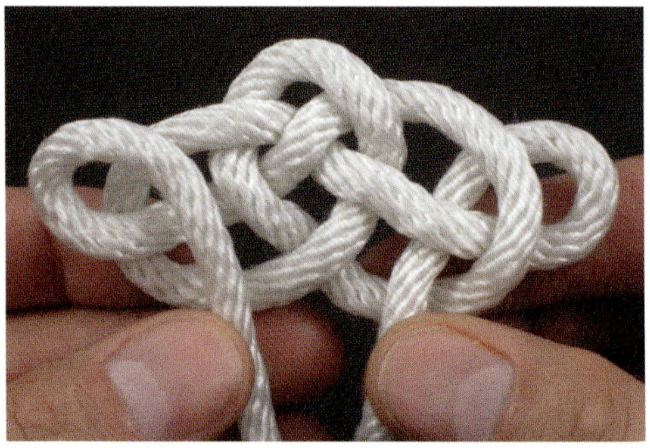

4. Mit der linken losen Part ein **P** im Uhrzeigersinn legen.

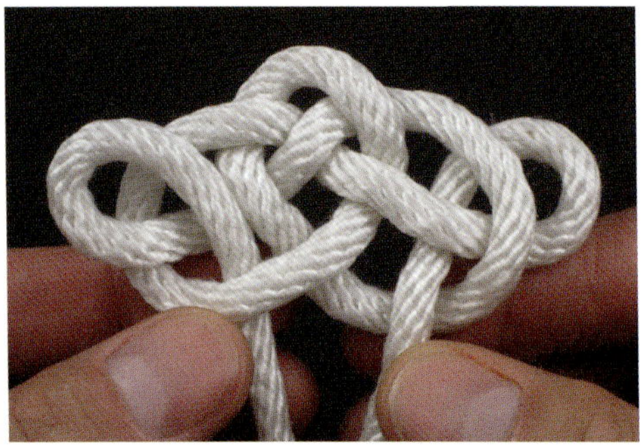

5. Die linke lose Part durch das linke Auge des Doppelten Münzknotens stecken.

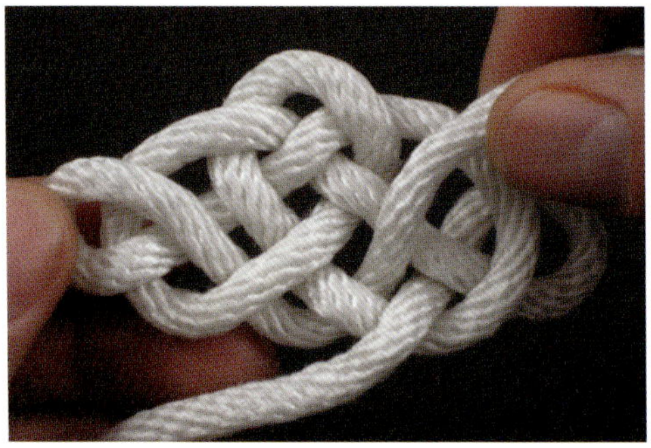

6. Die linke lose Part unter, über und ...

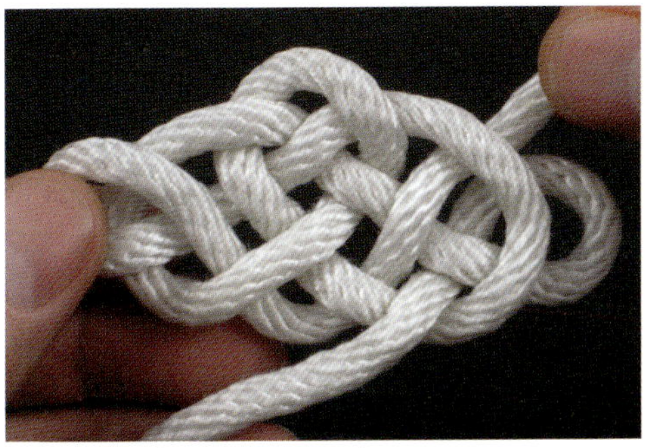

7. ... unter den Tampen weben.

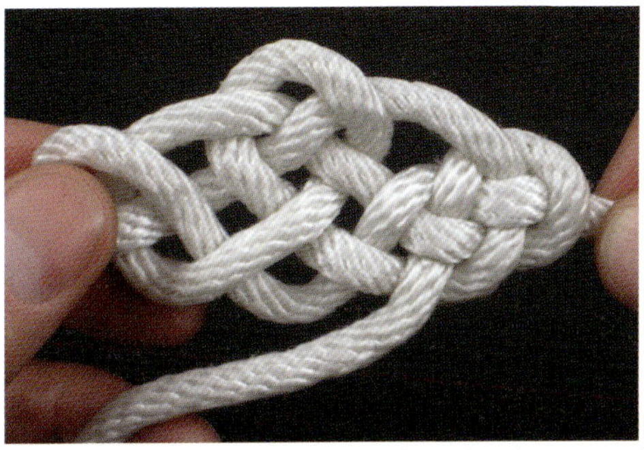

8. Dann die linke lose Part nach rechts legen und weiterweben: unter, über und unter den Tampen.

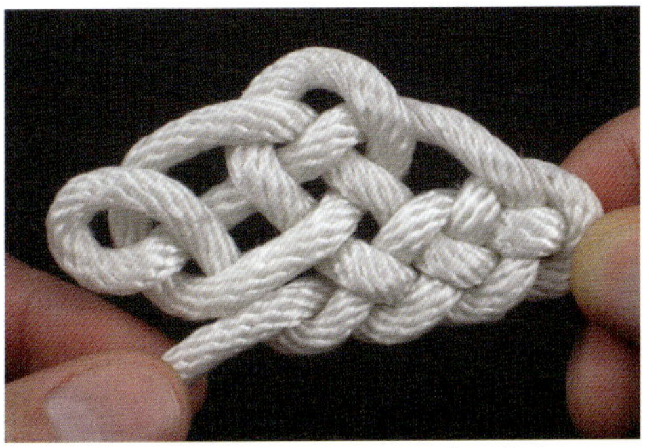

9. Nun die rechte lose Part unter dem links liegenden Tampen verweben, ...

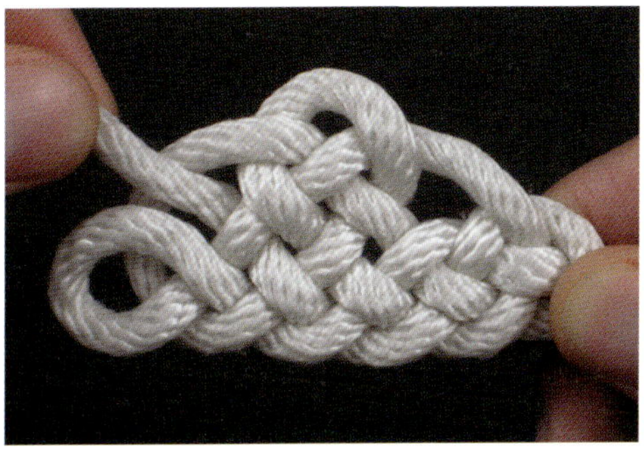

10. ... dann über, unter und über die Tampen darüberweben.

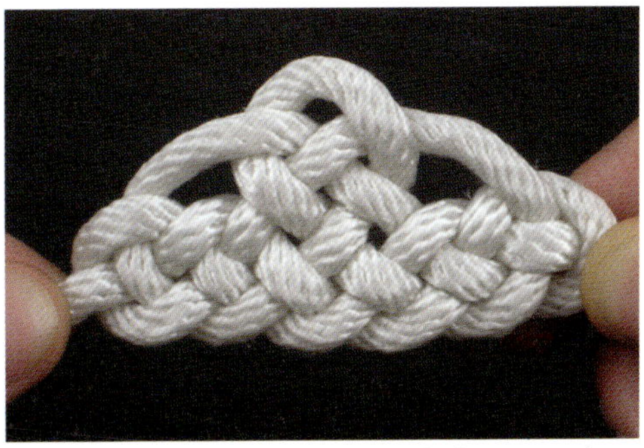

11. Die rechte lose Part nach links legen und über, unter und über den Tampen weben.

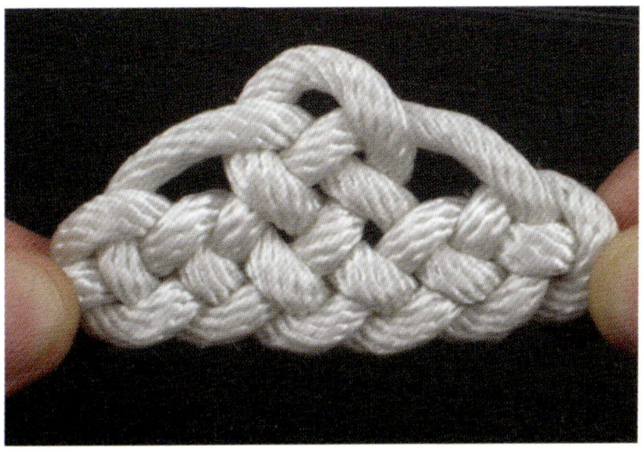

12. Den Knoten zurechtziehen, bis er seine charakteristische Gestalt angenommen hat.

Münzenringknoten

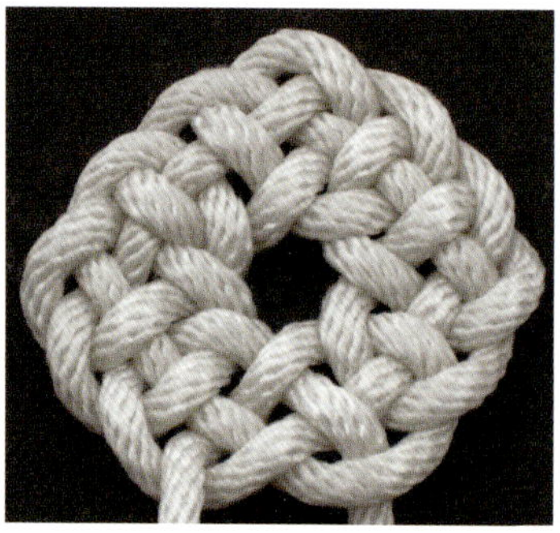

Der Münzenringknoten ist ein zusammengesetzter Knoten, eine Reihe von aneinandergereihten oder im Bündel angeordneter Knoten. Knoten, die derart angeordnet werden, bilden komplexe Formen, die seit Jahrhunderten geschätzt und bewundert werden.

Knotenbestandteile: Historischer Knoten

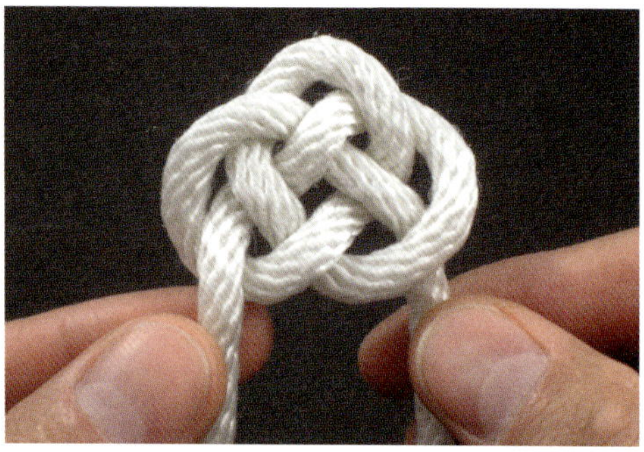

1. Mit einem Doppelten Münzknoten beginnen.

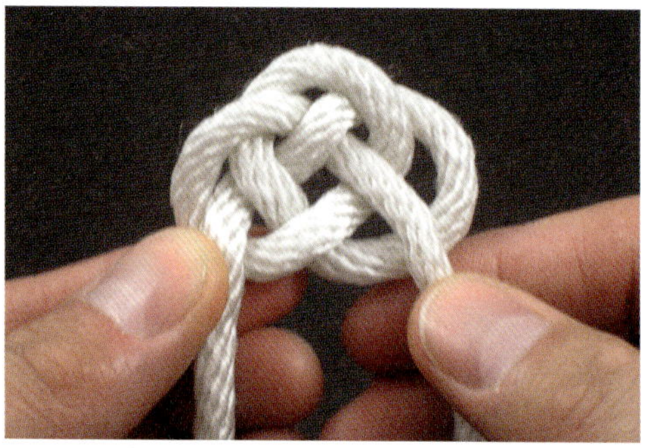

2. Die rechte lose Part lösen.

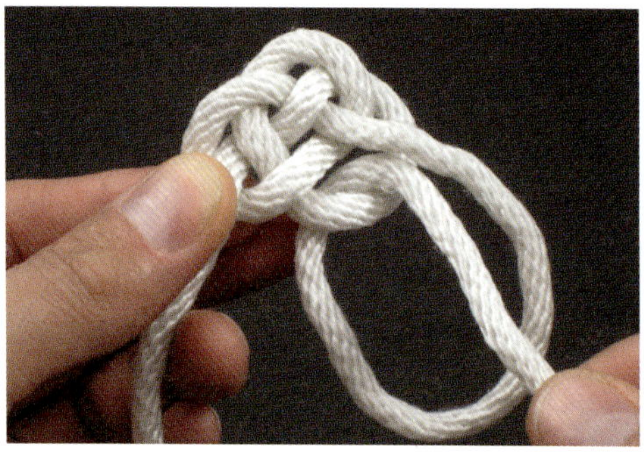

3. Die lose Part durch die Rückseite des rechten Auges stecken, ...

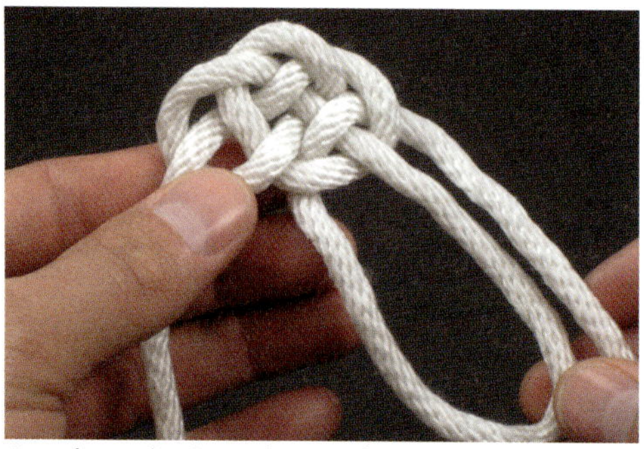

4. ... dann die Part über und unter die rechten Tampen weben. Dabei ein Auge von ca. 8 cm bilden.

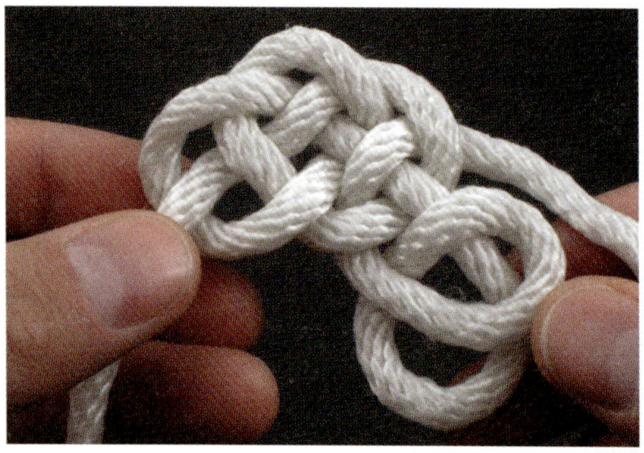

5. Im Uhrzeigersinn ein Auge über die rechte Kante des großen Auges legen.

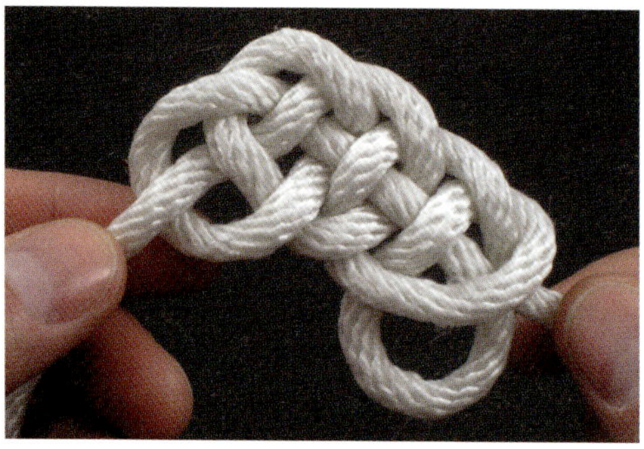

6. Die rechte lose Part von vorn durch das kleine Auge stecken ...

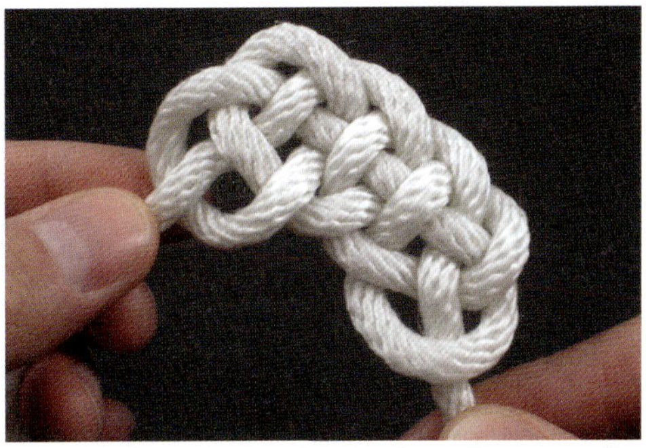

7. ... und dann unter, über und wieder unter die darunterliegenden Tampen.

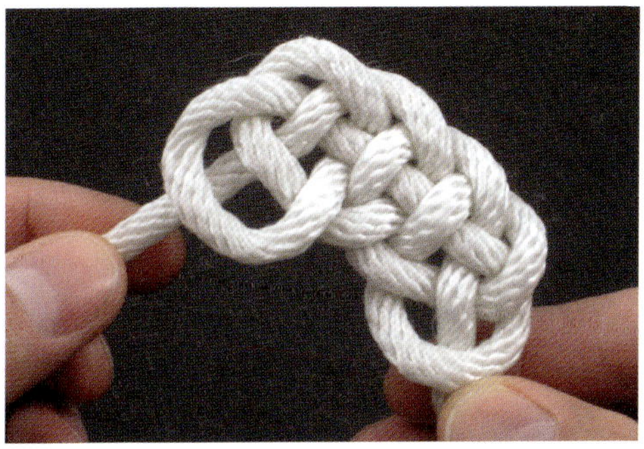

8. Nun die linke lose Part lösen.

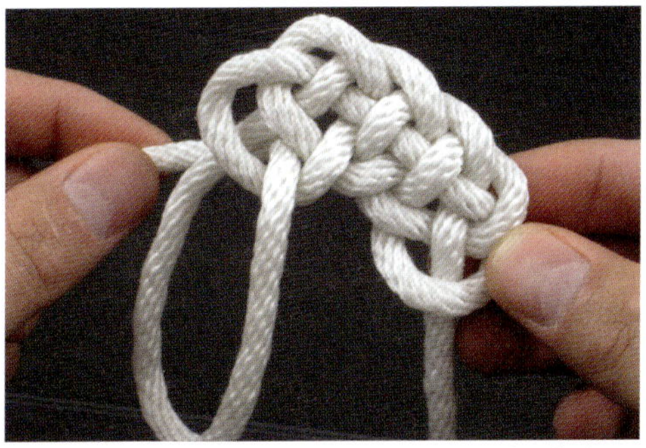

9. Die lose Part durch die Vorderseite des linken Auges stecken, ...

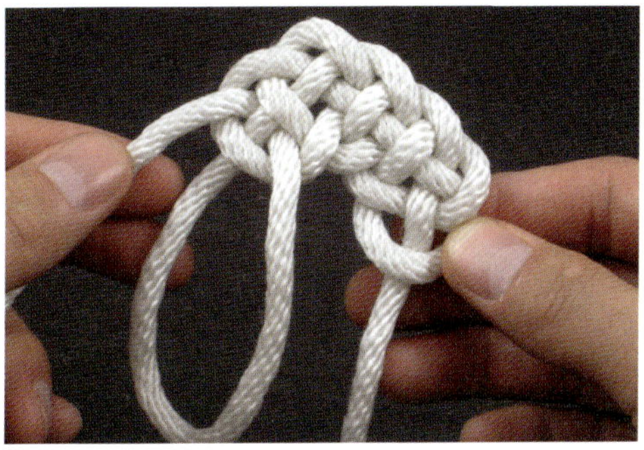

10. ... dann die Part unter und über die linken Tampen weben. Dabei ein Auge von ca. 8 cm bilden.

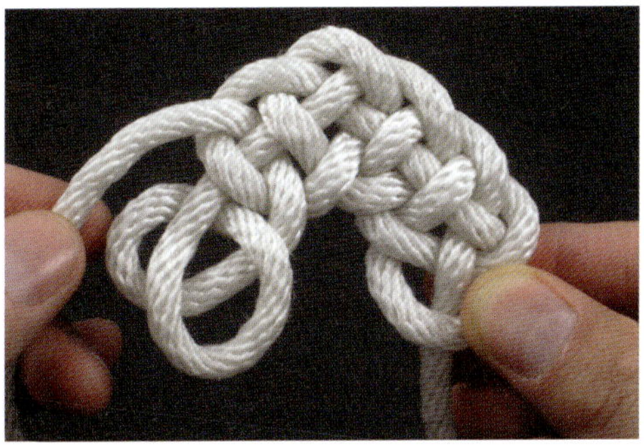

11. Gegen den Uhrzeigersinn ein Auge unter die linke Kante des großen Auges legen.

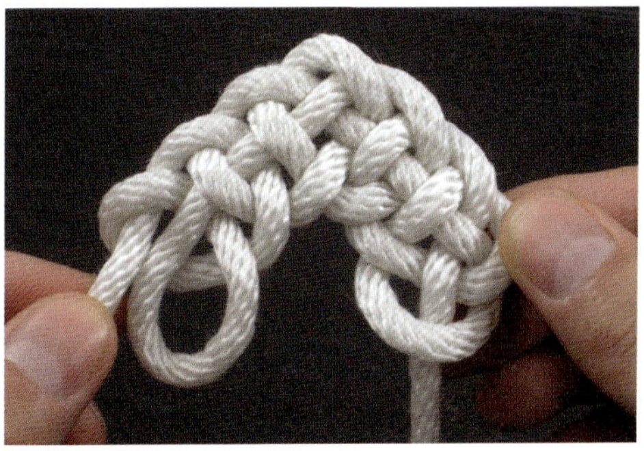

12. Die linke lose Part von hinten durch das kleine Auge stecken ...

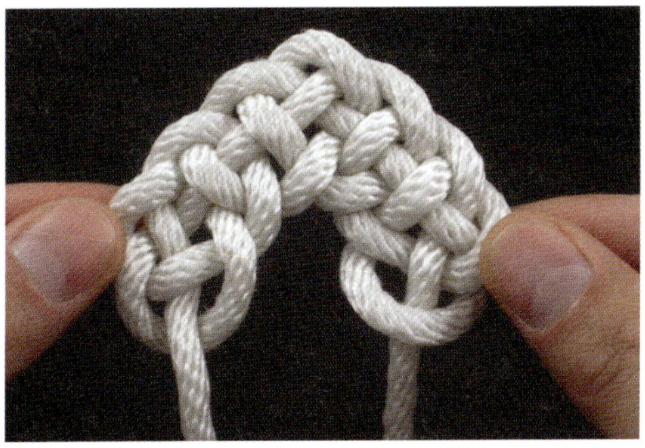

13. ... und dann über, unter und wieder über die darunterliegenden Tampen weben.

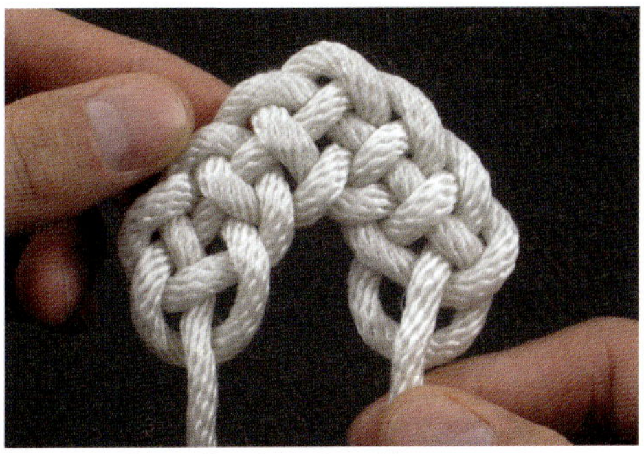

14. Nun die rechte lose Part lösen.

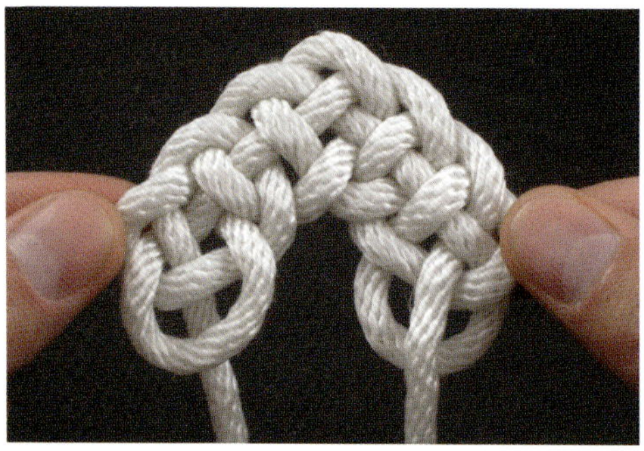

15. Die linke lose Part lösen.

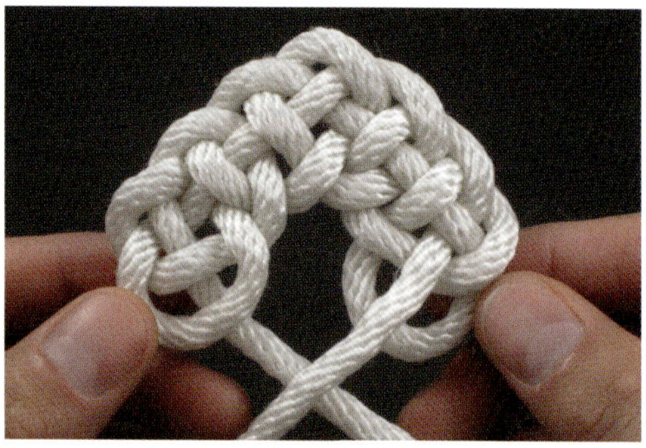

16. Die rechte Part über die linke legen.

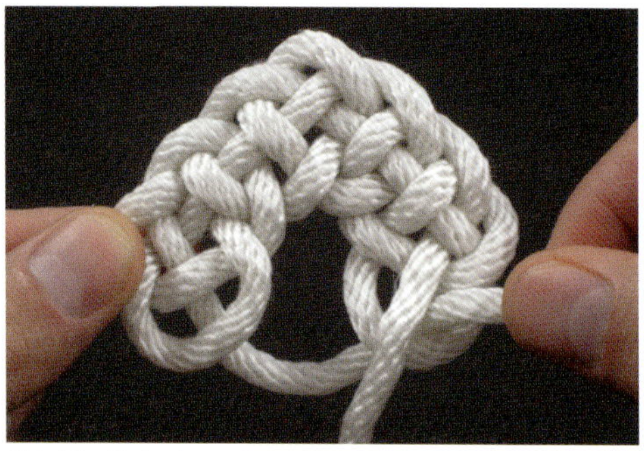

17. Die linke lose Part von hinten durch das untere rechte Auge stecken.

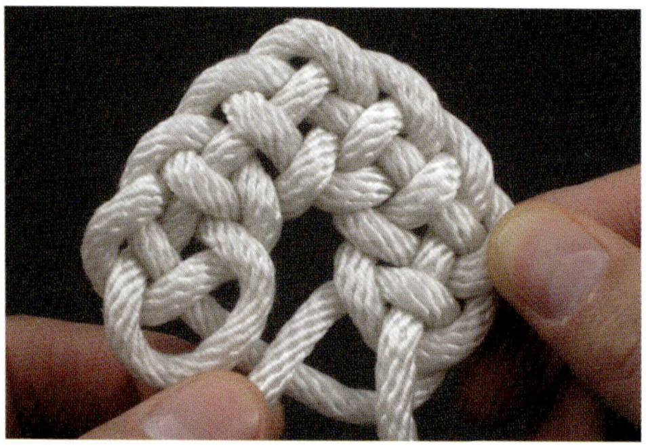

18. Die lose Part nach oben biegen und über und unter den links liegenden Tampen weben.

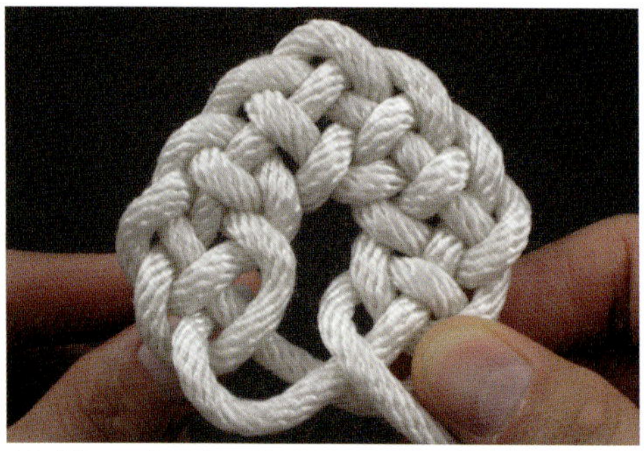

19. Die rechte lose Part von vorn durch das untere linke Auge stecken.

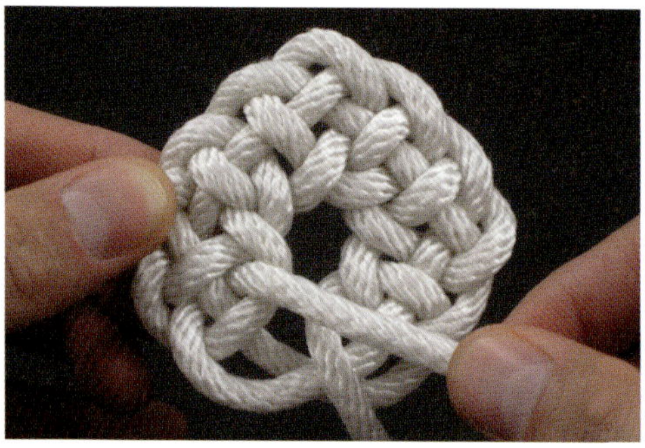

20. Die lose Part nach oben biegen und unter und über den rechts liegenden Tampen weben.

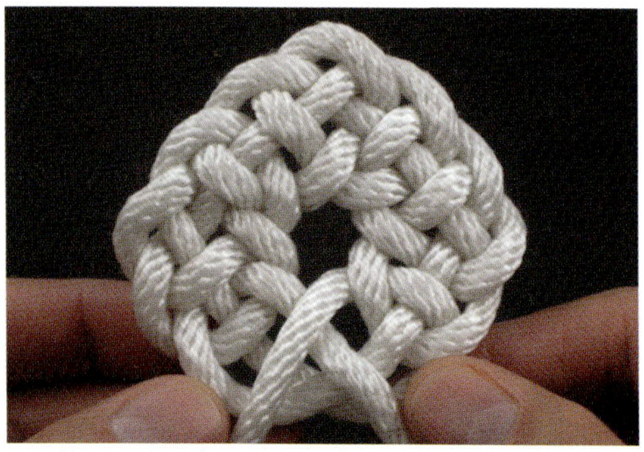

21. Die rechte lose Part über die linke legen.

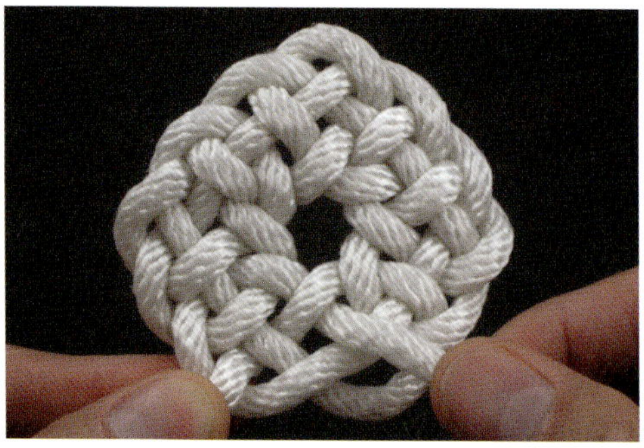

22. Dann in einer Diagonalen unter und über die Tampen weben.

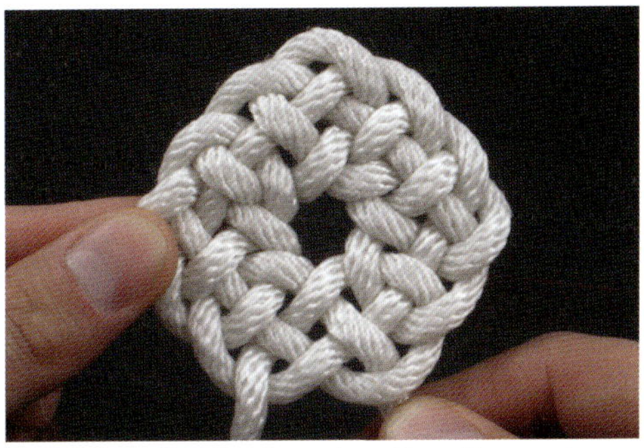

23. Weben Sie die obere lose Part diagonal über und unter die darunterliegenden Tampen.

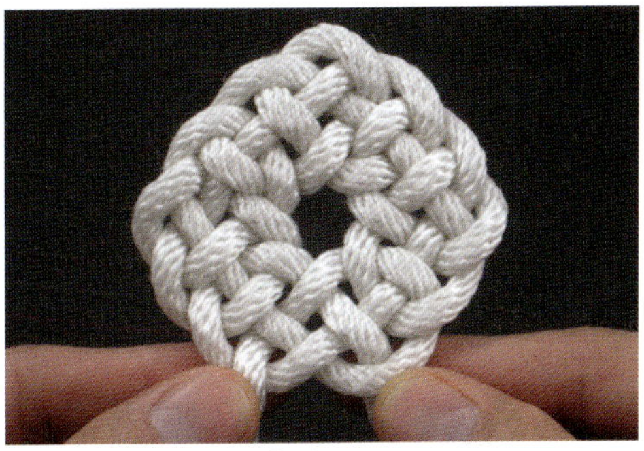

24. Den Knoten steifholen.

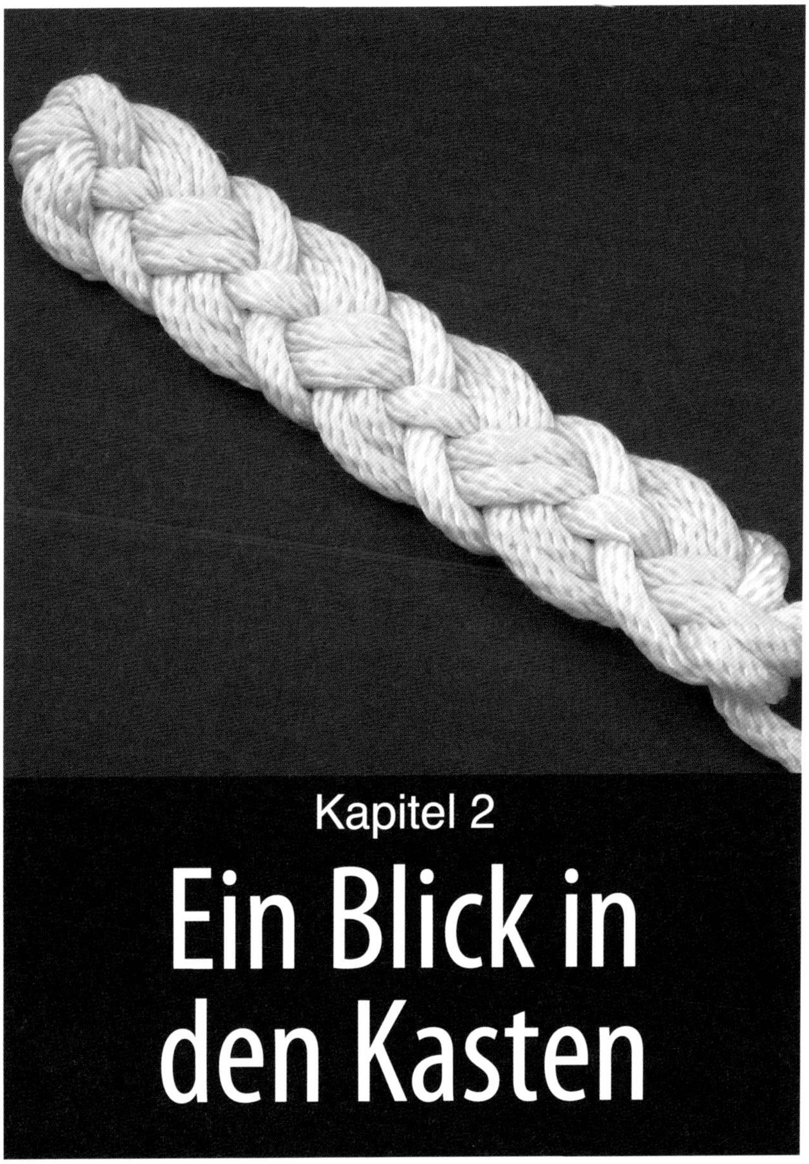

Kapitel 2

Ein Blick in den Kasten

Kastenknoten

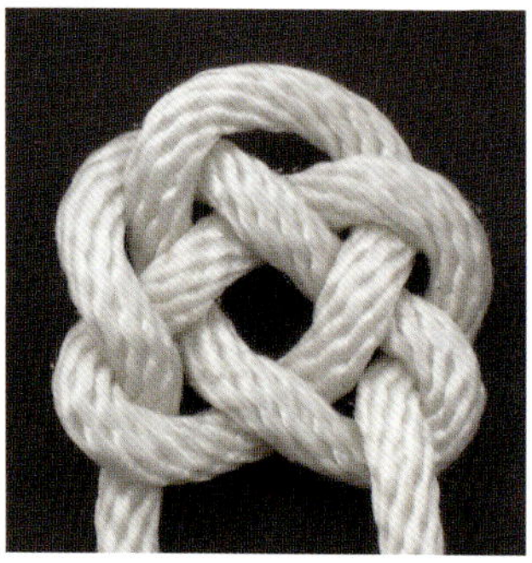

Der Kastenknoten ist wohl die einfachste Art, einen quadratischen, „kastenförmigen" Knoten zu knüpfen. Als Basis für andere Knoten ist er aber auch für sich allein attraktiv – seine Einfachheit nimmt ihm nichts von seiner Schönheit.

Knotenbestandteile: Historischer Knoten

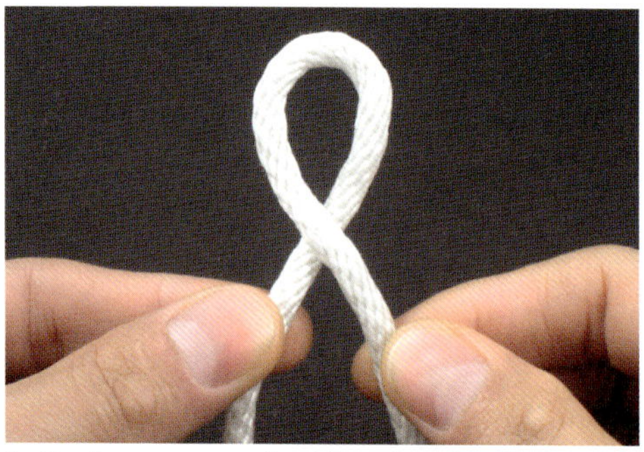

1. Ein Auge gegen den Uhrzeigersinn legen.

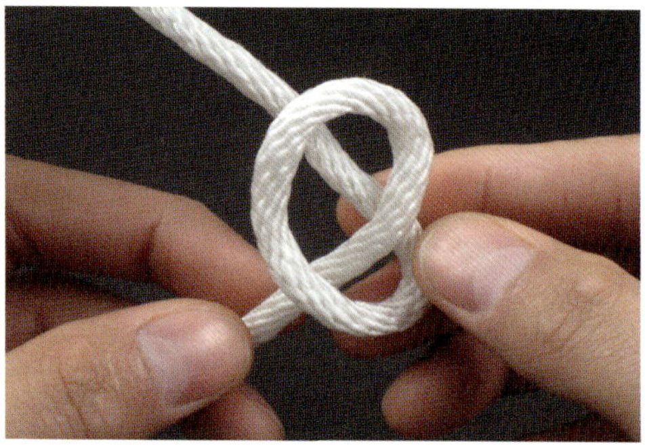

2. Die lose Part diagonal rechts hinter das Auge legen.

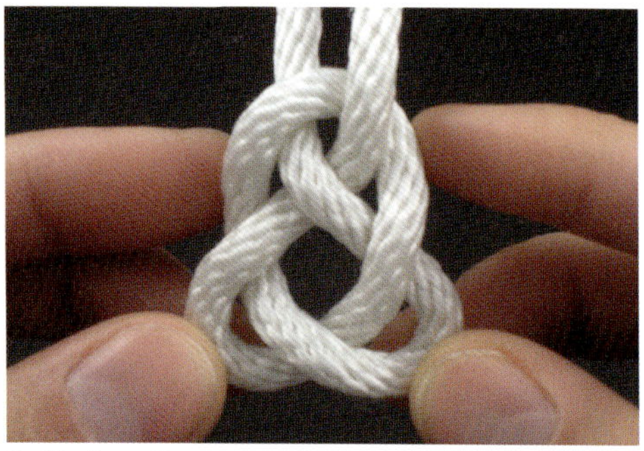

3. Die lose Part unten links nach oben legen und über, unter und wieder über die darüberliegenden Parten legen.

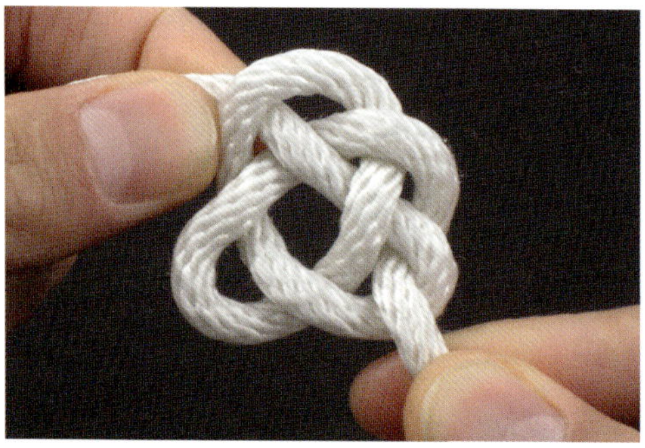

4. Dann durch die Rückseite des rechten Auges nach unten bringen.

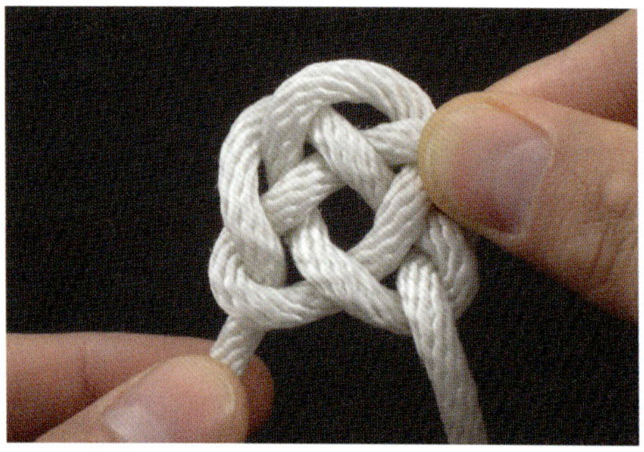

5. Die linke lose Part nach unten bringen und dabei durch die Vorderseite des rechten Auges stecken.

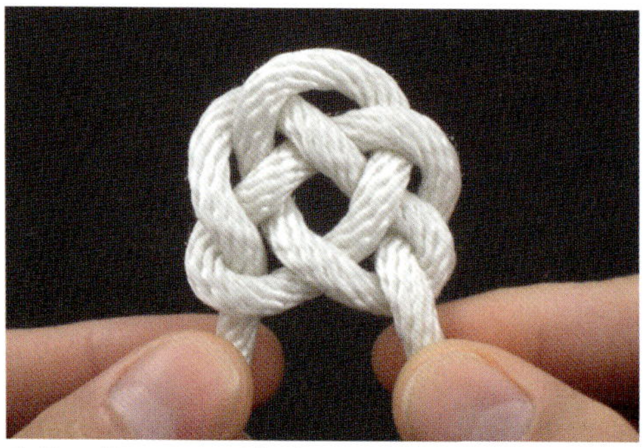

6. Den Knoten steifholen.

Piratenknoten

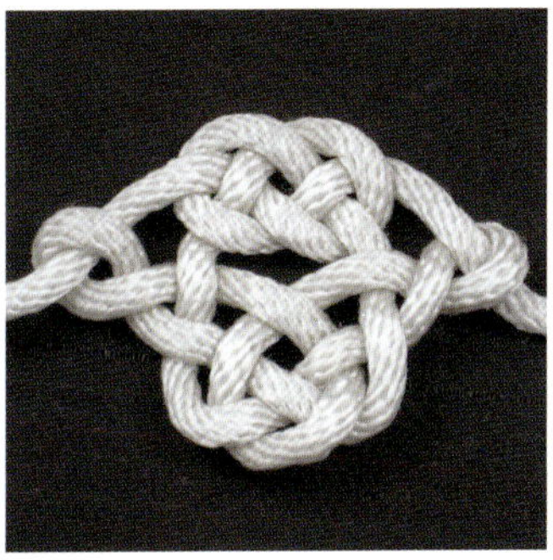

Der Jolly Roger, die berühmte schwarze Piratenflagge mit dem Totenschädel und den gekreuzten Knochen, war am weitesten verbreitet, doch tatsächlich gab es sieben verschiedene Piratenflaggen. Der Piratenknoten erinnert an eine Flagge mit einem Totenkopf, der einen Dreispitz trägt.

Knotenbestandteile: Kastenknoten + Doppelter Münzknoten + verdrehte Augen

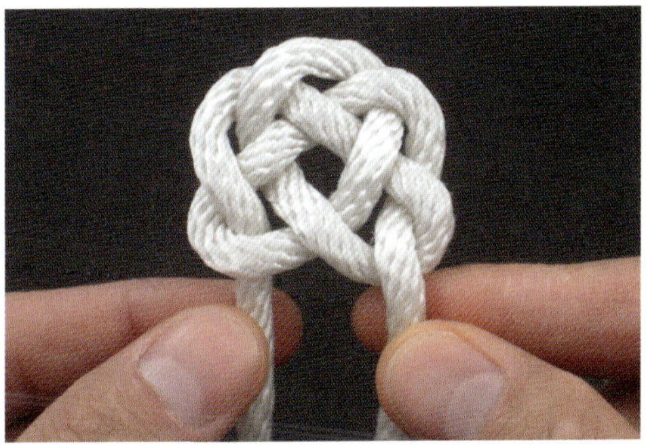

1. Mit einem Kastenknoten beginnen.

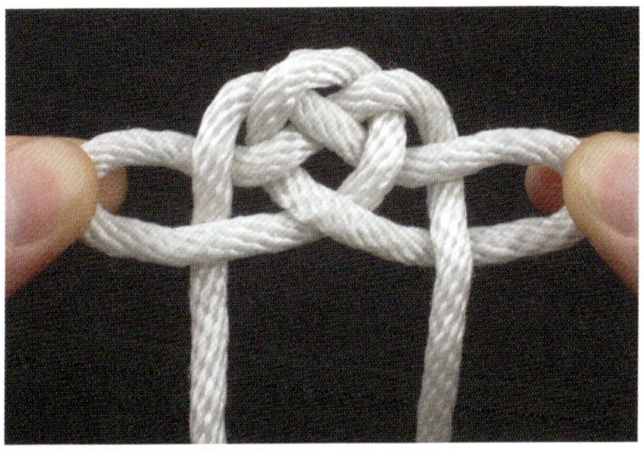

2. Dann das linke und das rechte Auge etwa 2,5 cm auseinanderziehen.

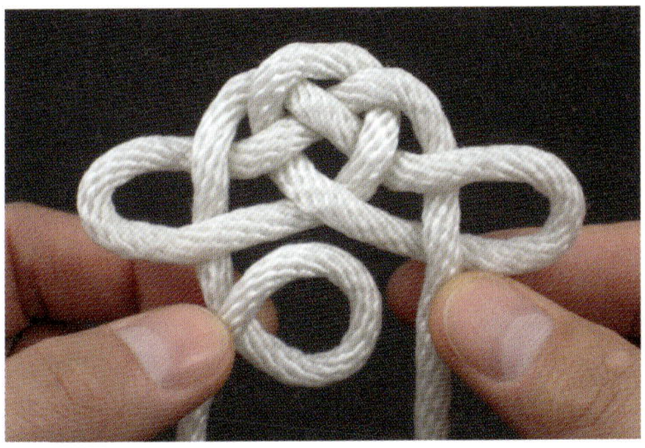

3. Unter dem Kastenknoten einen verkehrten Doppelten Münzknoten machen.

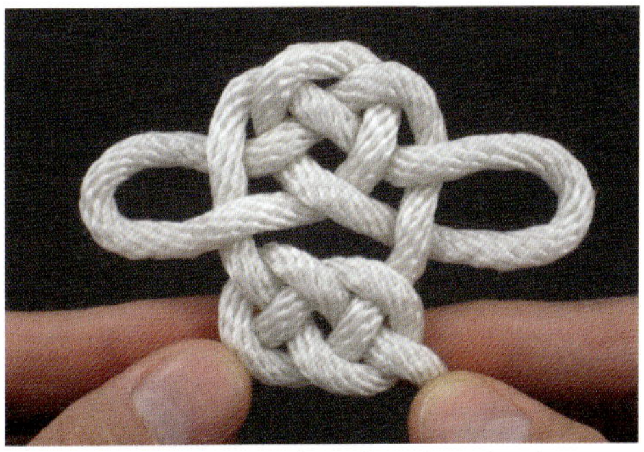

4. Dabei ein **P** gegen den Uhrzeigersinn legen und die lose Part dahinter legen.

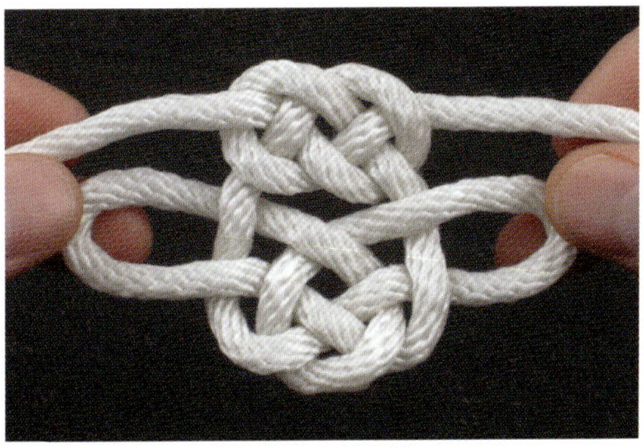

5. Die Arbeit auf den Kopf stellen.

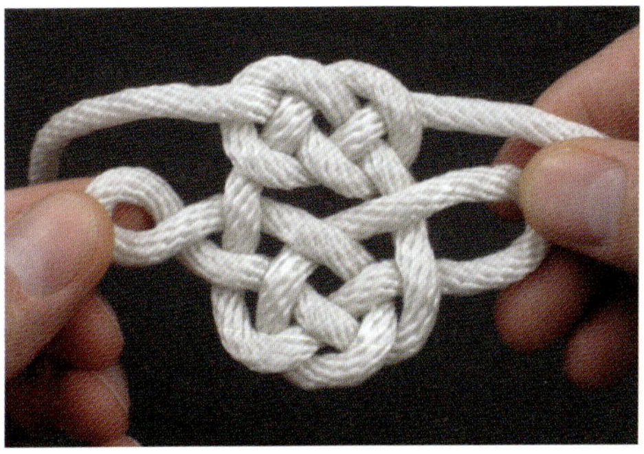

6. Die linke Schlinge von oben nach unten verdrehen.

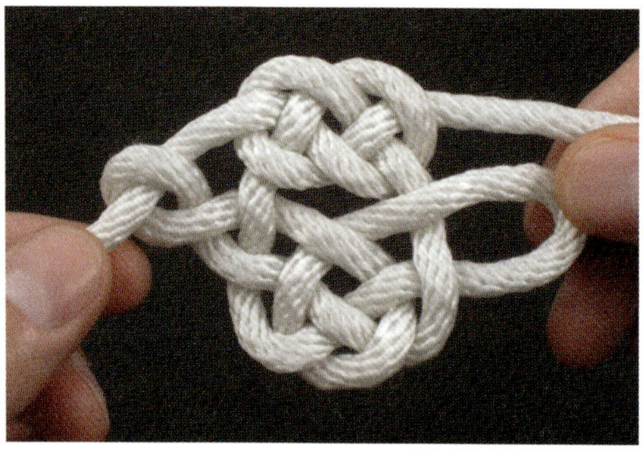

7. Die linke lose Part durch die Rückseite des linken Auges stecken.

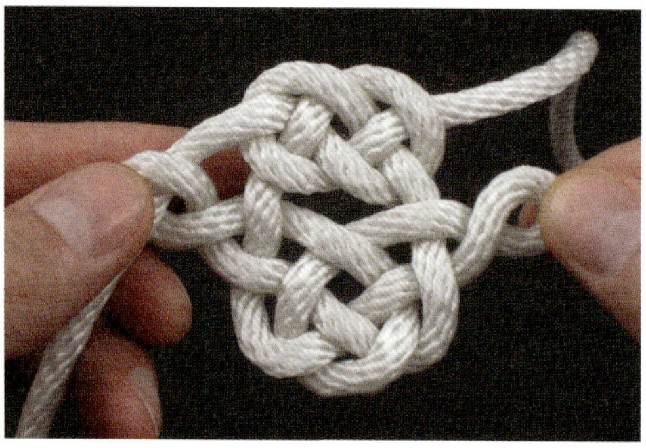

8. Die rechte Schlinge von unten nach oben verdrehen.

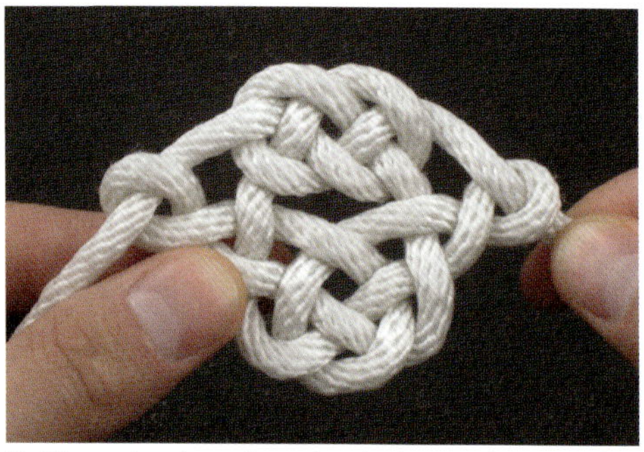

9. Die rechte lose Part durch die Vorderseite des rechten Auges stecken.

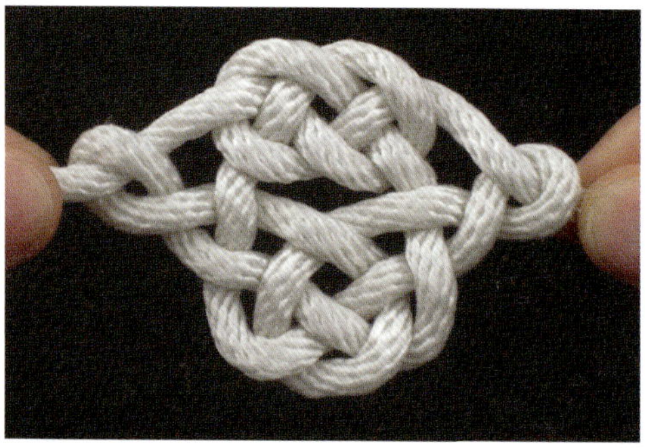

10. Den Knoten steifholen.

Olias-Knoten

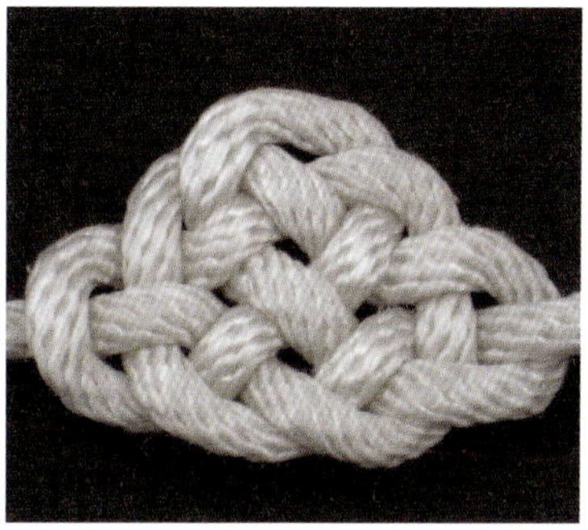

Das Symbol auf dem Cover des Progressive-Rock-Konzeptalbums „Olias of the Sunhillow" von Jon Anderson hat mich zum Olias-Knoten angeregt. Sowohl das Symbol als auch der Knoten stellen die Einheit zwischen Irdischem und Göttlichem dar.

Knotenbestandteile: Kastenknoten + gegengleiches Weben

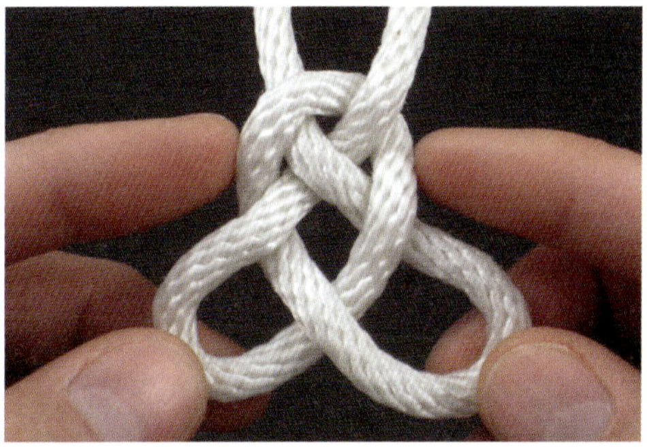

1. Mit Schritt 3 des Kastenknotens beginnen.

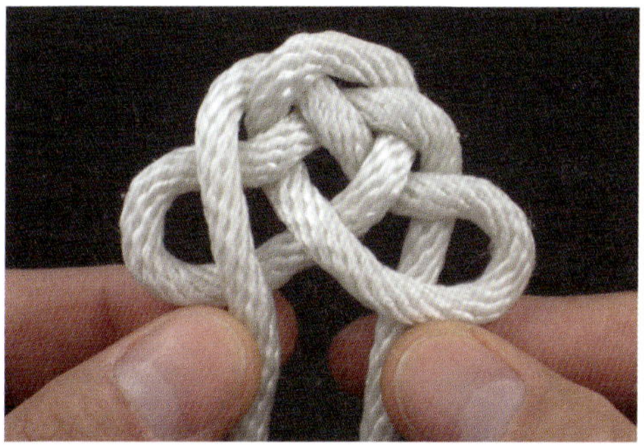

2. Die linke und die rechte lose Part über bzw. hinter die Augen bringen.

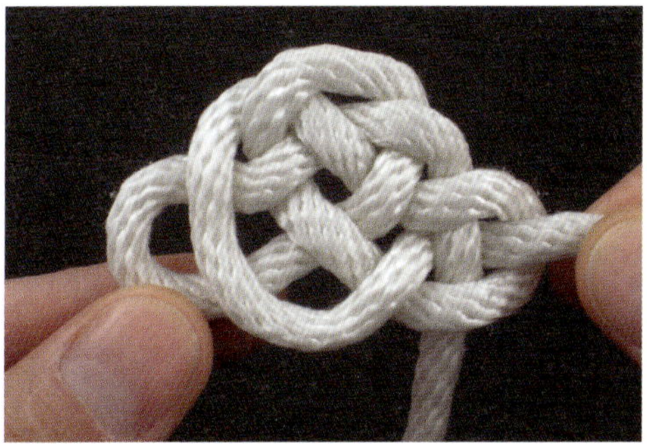

3. Die linke lose Part über, unter und wieder über die rechts liegenden Tampen weben.

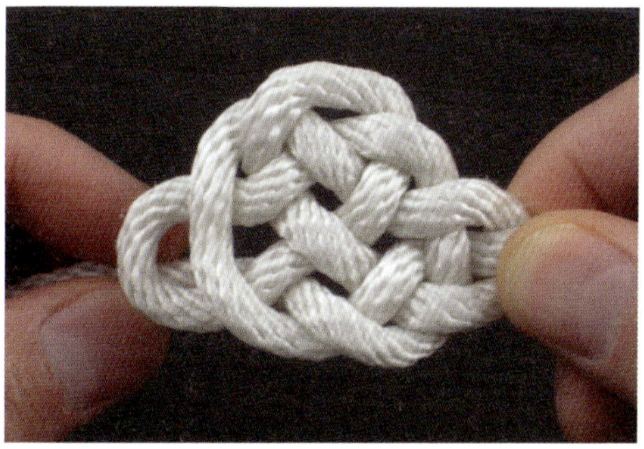

4. Dann die rechte lose Part über, ...

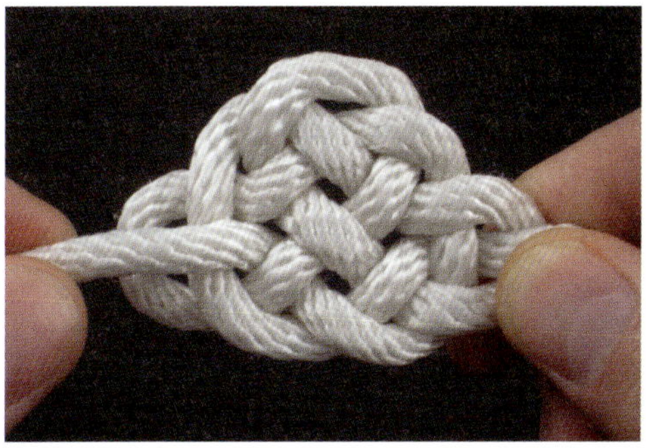

5. ... unter, über und ...

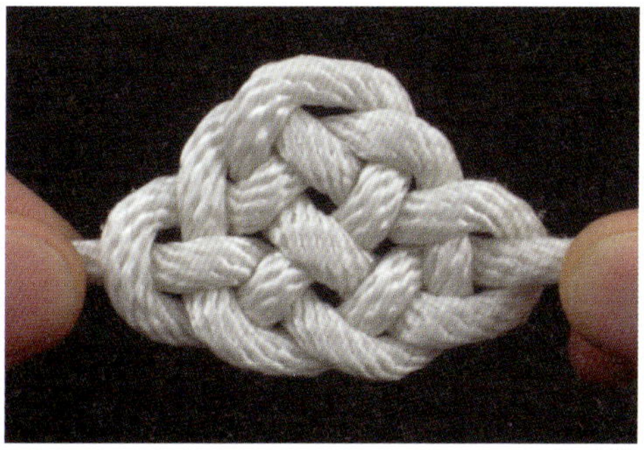

6. ... unter die links liegenden Tampen weben. Den Knoten steifholen.

Harbin-Knoten

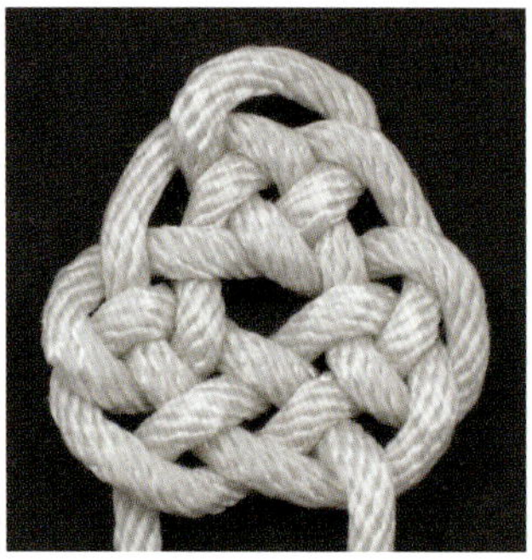

Harbin Hot Springs ist ein Ort, den ich besuche, wenn ich Ruhe und Seelenfrieden suche. Bei einem meiner Aufenthalte dort hatte ich etwas Leine dabei und erfand den folgenden Knoten. Der Name des Knotens ist eine Hommage an seinen Entstehungsort.

Knotenbestandteile: Kastenknoten + Münzenringknoten + verdrehte Augen

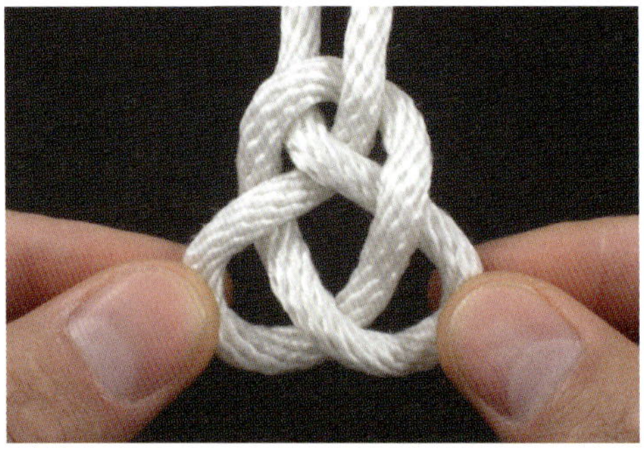

1. Mit Schritt 3 des Kastenknotens beginnen.

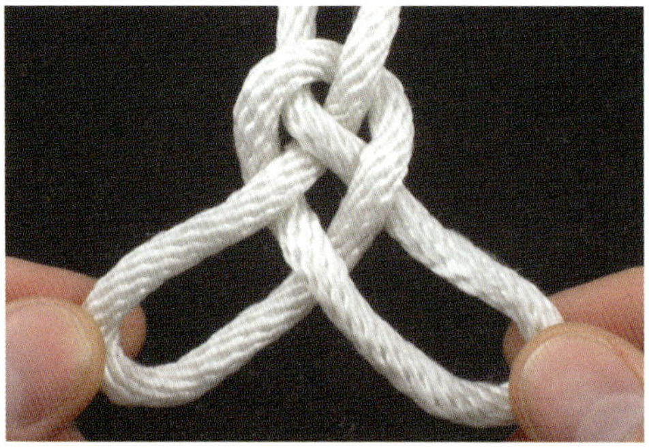

2. Dann das linke und das rechte Auge etwa 2,5 cm in die Länge ziehen.

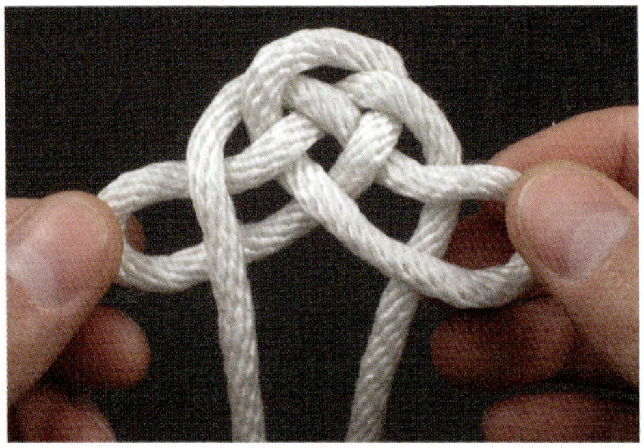

3. Die linke und die rechte lose Part vor bzw. hinter die Augen bringen.

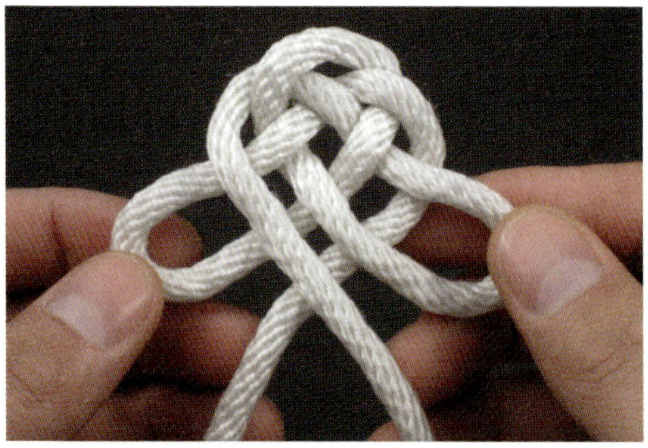

4. Die beiden losen Parten überkreuzen, sodass die linke über der rechten liegt.

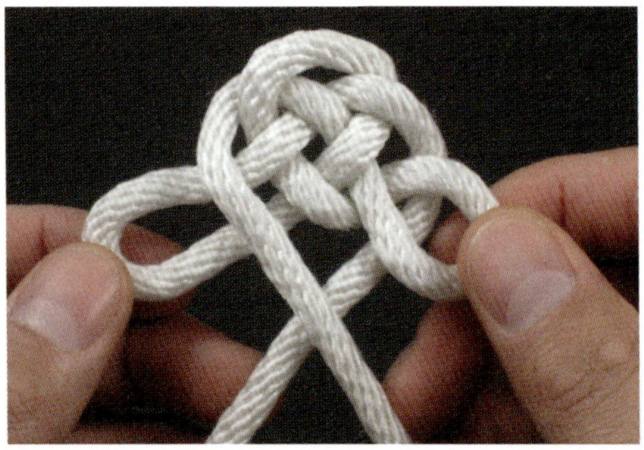

5. Das rechte Auge von oben nach unten verdrehen.

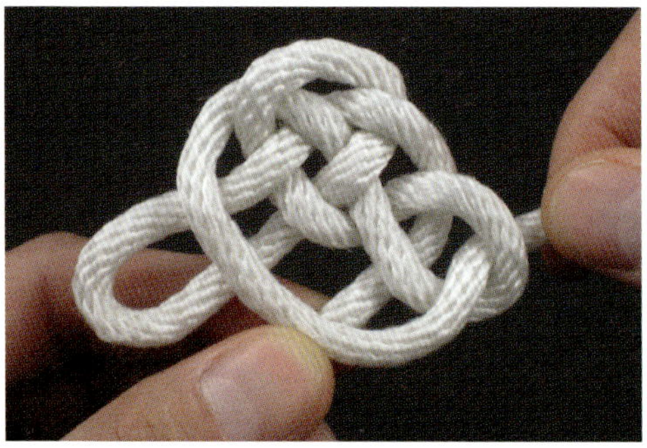

6. Nun die oben liegende lose Part von oben in die rechte Seite des verdrehten Auges stecken.

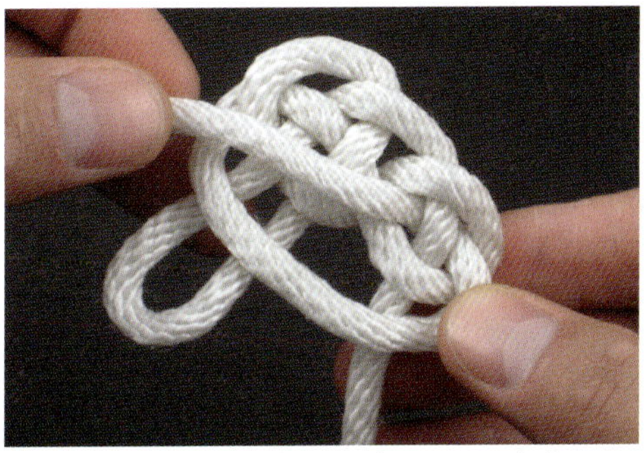

7. Nun die lose Part diagonal unter und über die oben liegenden Tampen führen, ...

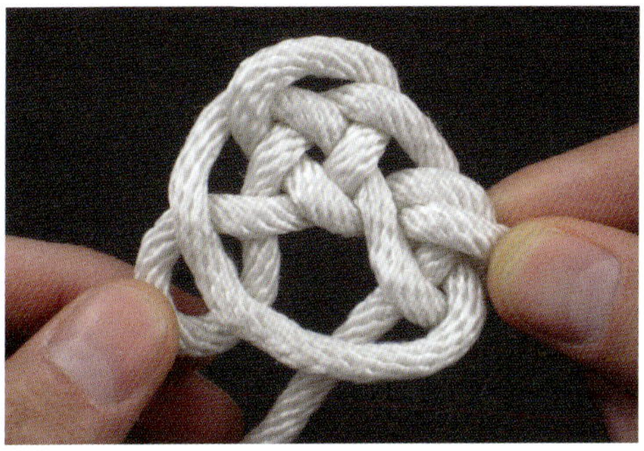

8. ... dann zurück nach rechts kneifen. Das linke Auge von unten nach oben verdrehen.

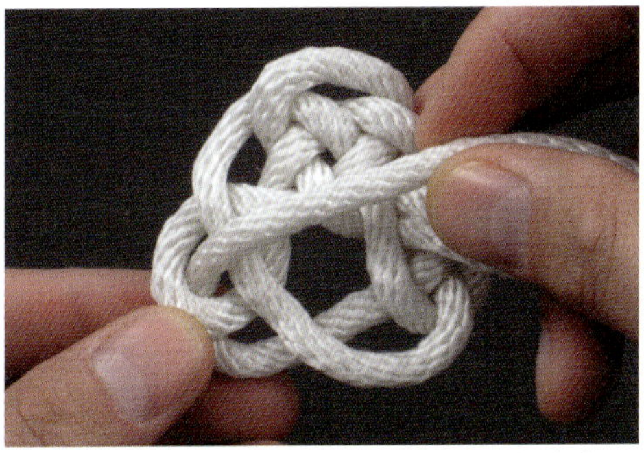

9. Nun die linke lose Part von oben in die linke Seite des verdrehten Auges stecken.

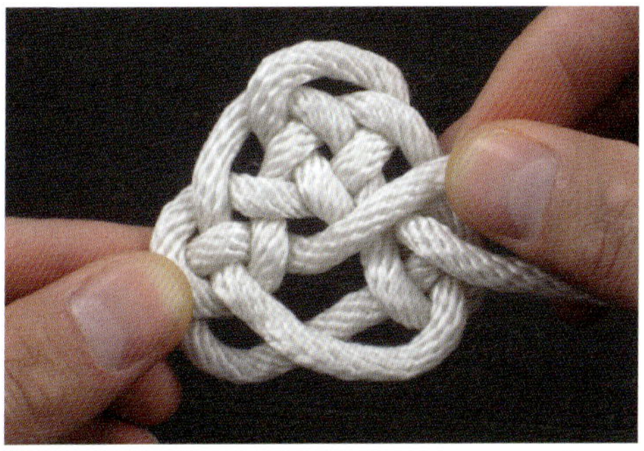

10. Die oben liegende lose Part von unten in die rechte Seite des verdrehten Auges stecken.

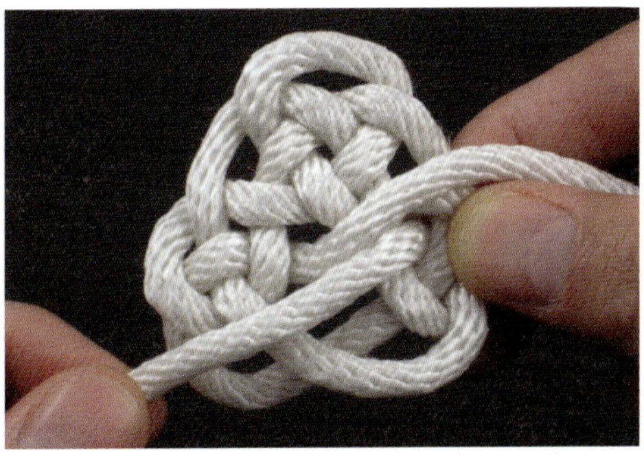

11. Die rechte lose Part vorwärts über und unter die diagonal nach oben führenden Leinen weben.

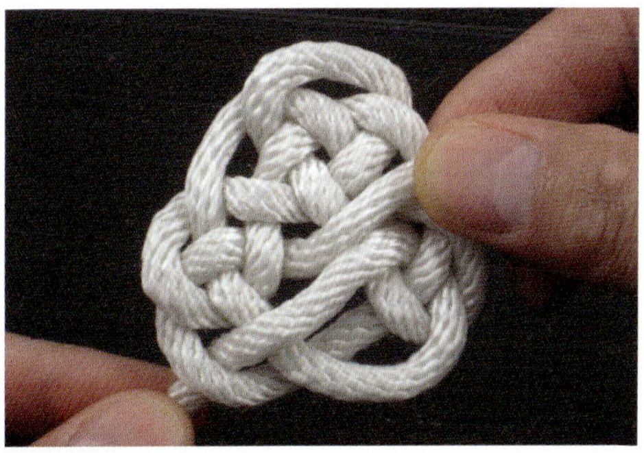

12. Dann die lose Part in das linke, unterste Auge stecken.

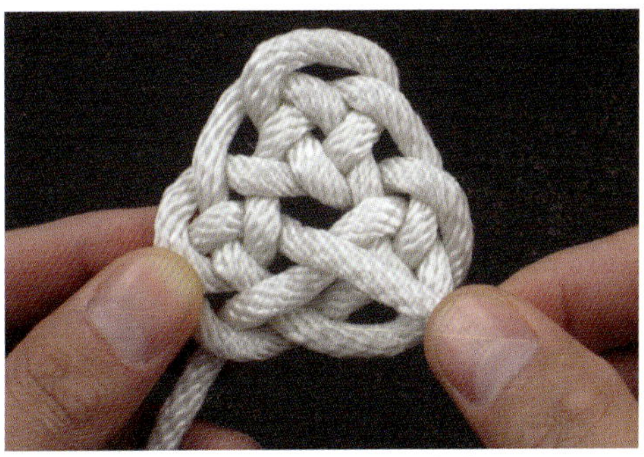

13. Die andere lose Part diagonal über ...

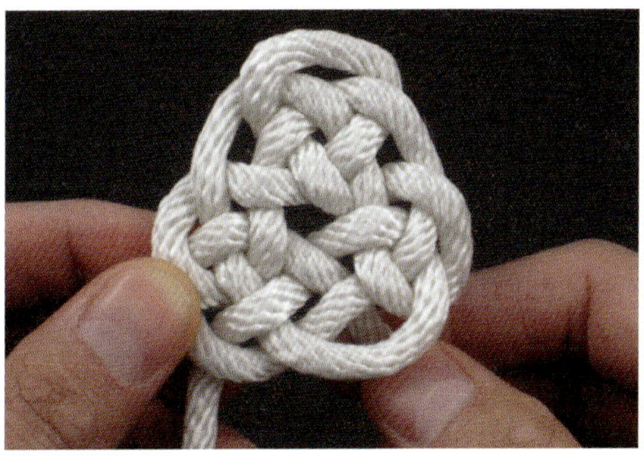

14. ... unter und ...

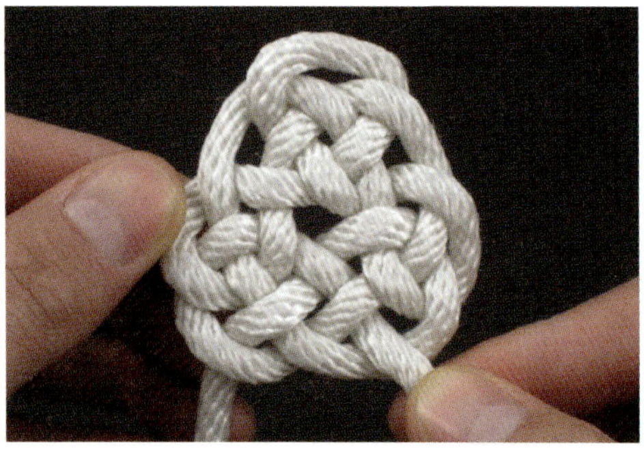

15. ... über die unten liegenden Tampen weben.

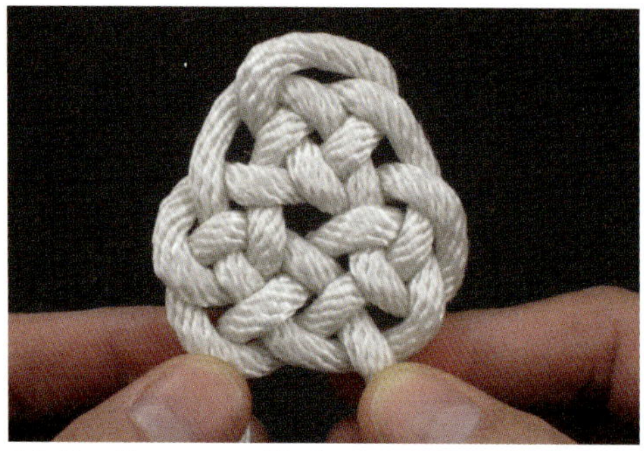

16. Den Knoten steifholen.

Schlangen-Platting

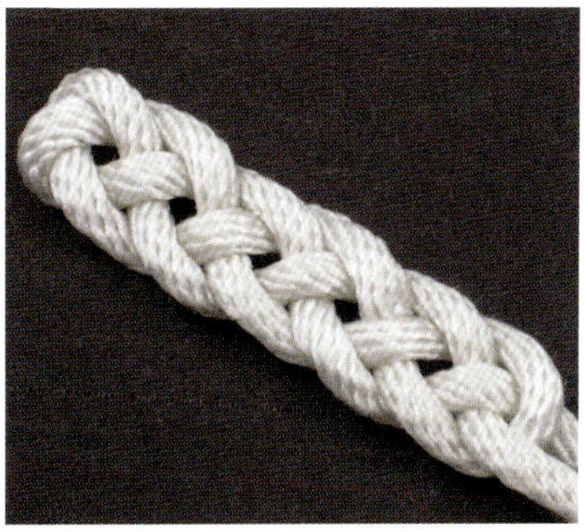

Wie der Name schon andeutet, erinnert der Schlangen-Platting an zwei Schlangen, die sich über- und untereinander schlängeln. Daraus entsteht ein hübsches Band, das so lang oder kurz sein kann, wie Sie es wünschen.

Knotenbestandteile: Historischer Knoten

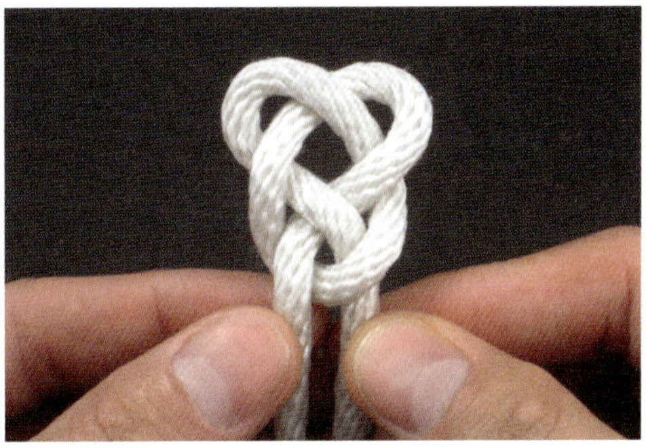

1. Mit Schritt 3 des Kastenknotens beginnen und die Arbeit auf den Kopf stellen.

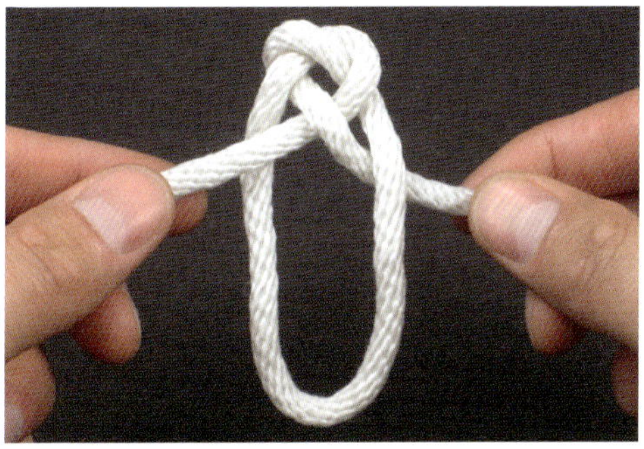

2. Das untere Auge in die Länge ziehen, die für den Schlangen-Platting am Ende gewünscht ist.

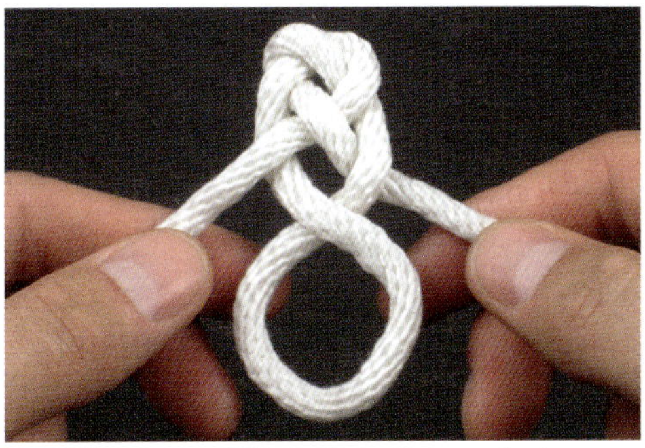

3. Das Auge verdrehen (links über rechts).

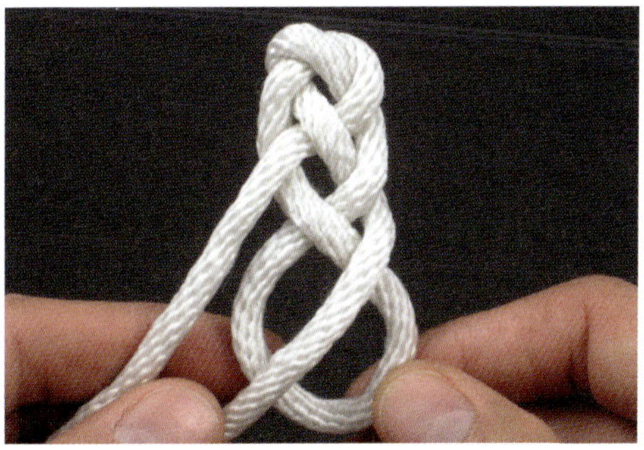

4. Dann die rechte lose Part diagonal über das Auge legen.

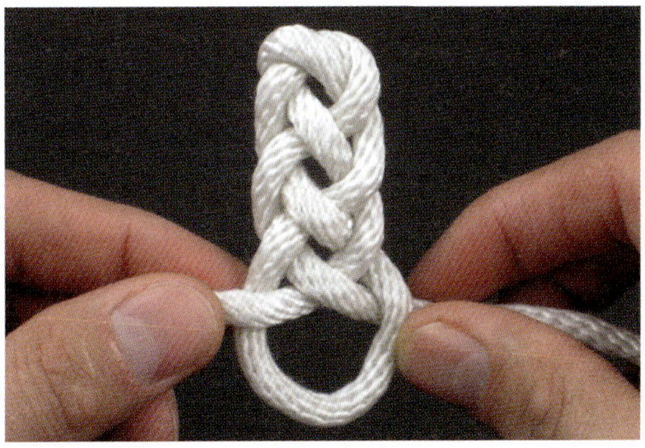

5. Die linke lose Part unter, über und wieder unter die Tampen weben.

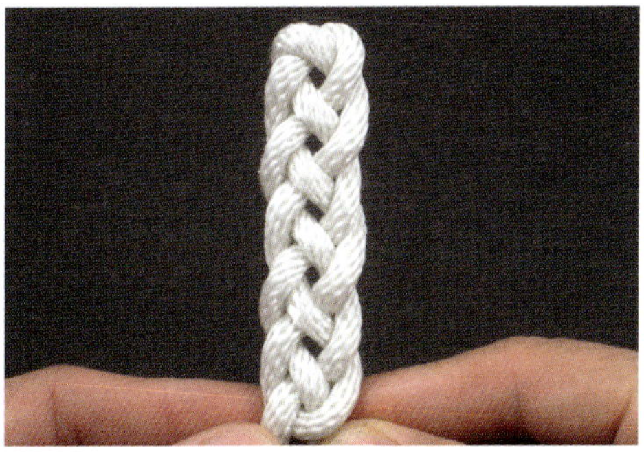

6. Die Schritte 3–5 wiederholen, bis sich das Auge nicht mehr verdrehen lässt.

Dolchknoten

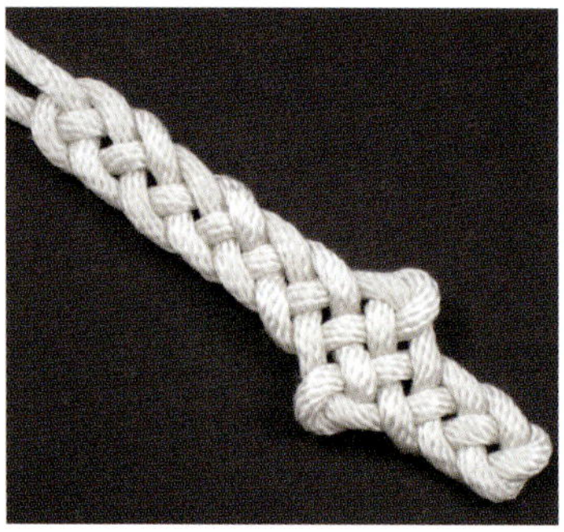

Dolche sind Hieb- und Stichwaffen. Der Dolchknoten jedoch ist dafür ungeeignet. Er ist ein Schlangen-Platting mit einer Drehung und dient rein dekorativen Zwecken. Aber lassen Sie sich deshalb nicht davon abbringen, sich an ihn heranzuwagen!

Knotenbestandteile: Schlangen-Platting + Rundtörns

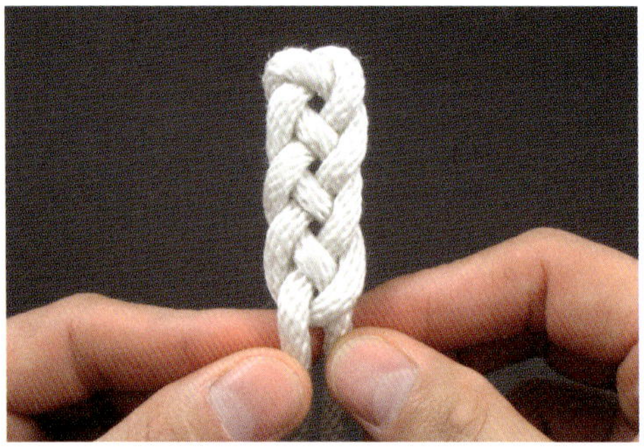

1. Mit einem etwa 5 cm langen Schlangen-Platting beginnen. Dabei aber bereits am Anfang ...

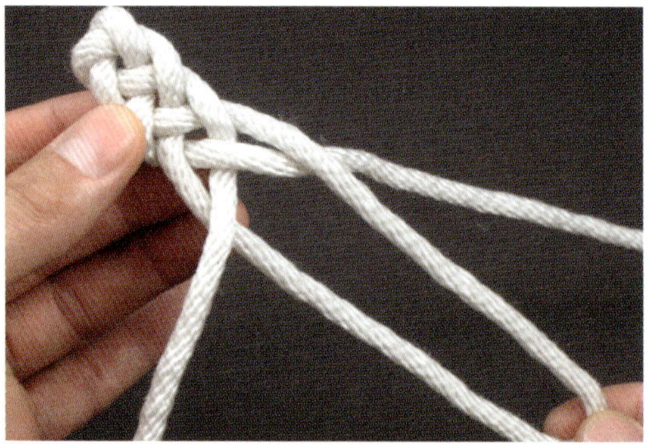

2. ... das untere Auge gute 15 cm lang lassen.

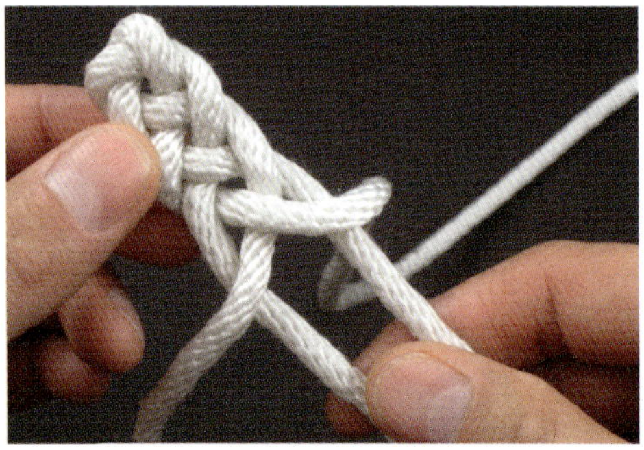

3. Mit der rechten losen Part von oben einen Rundtörn um das Auge machen.

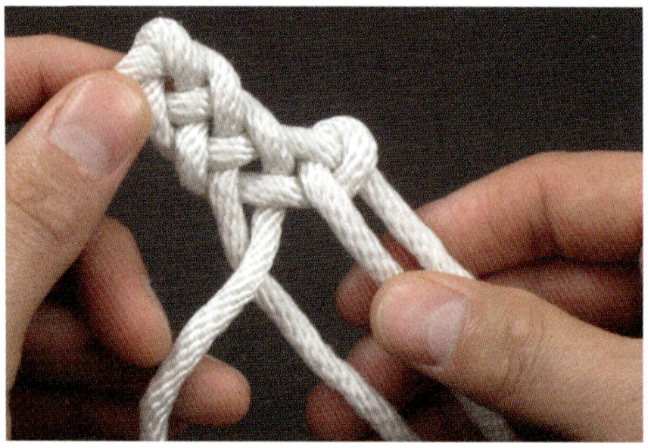

4. Die lose Part dann von oben über den Rundtörn wieder nach unten führen.

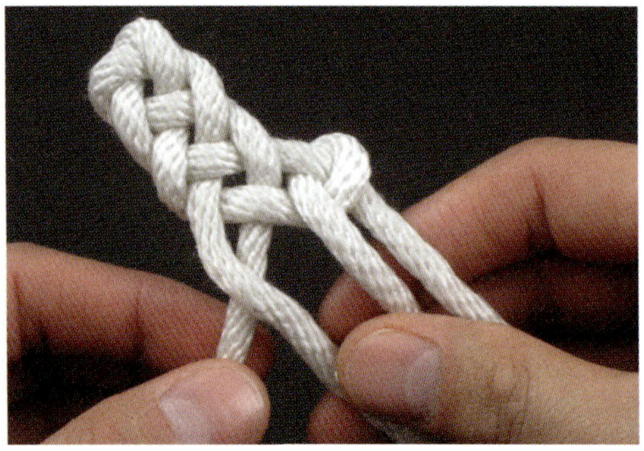

5. Dann mit der linken losen Part von unten einen Rundtörn um das Auge machen.

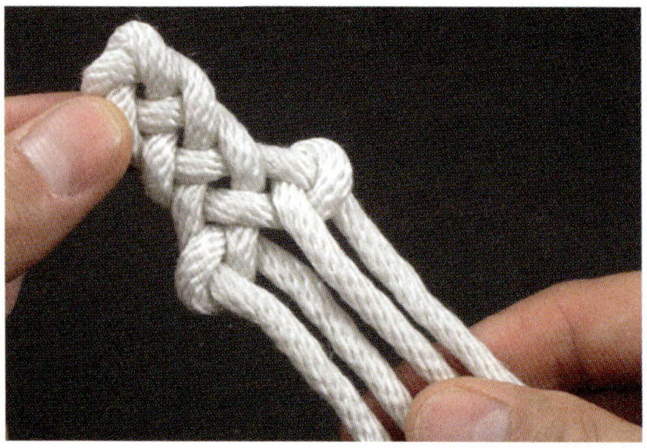

6. Die linke über die rechte lose Part legen, sodass beide Parten unter dem Auge liegen.

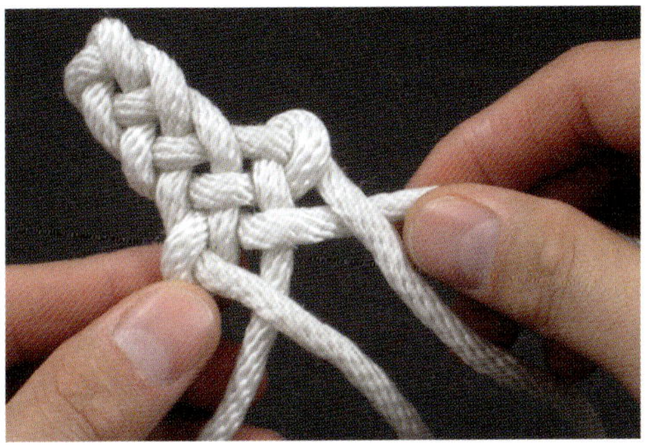

7. Die linke über die rechte lose Part legen, sodass beide Parten unter dem Auge liegen.

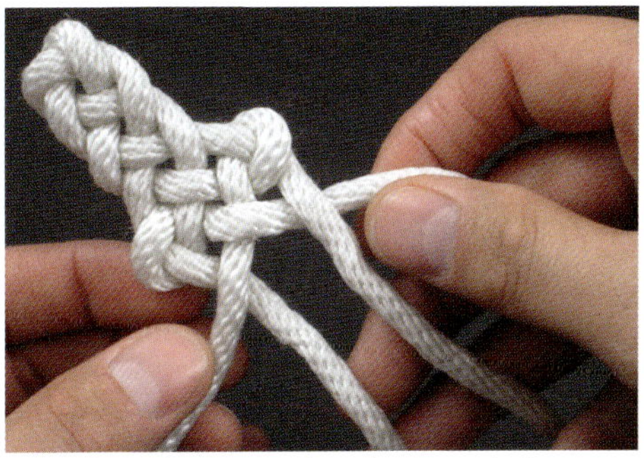

8. Die linke lose Part über das Auge heben.

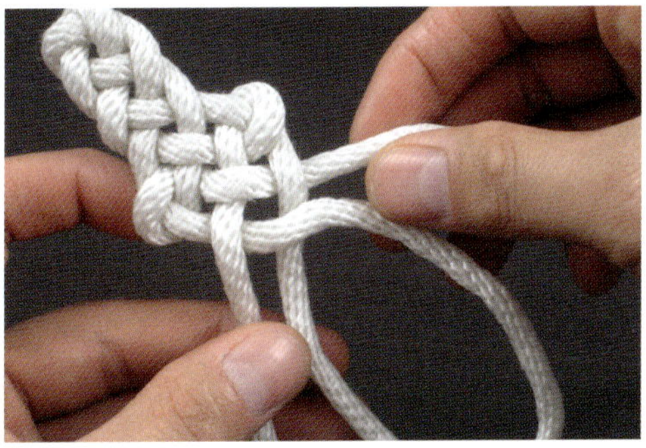

9. Das Auge im Uhrzeigersinn drehen (links über rechts).

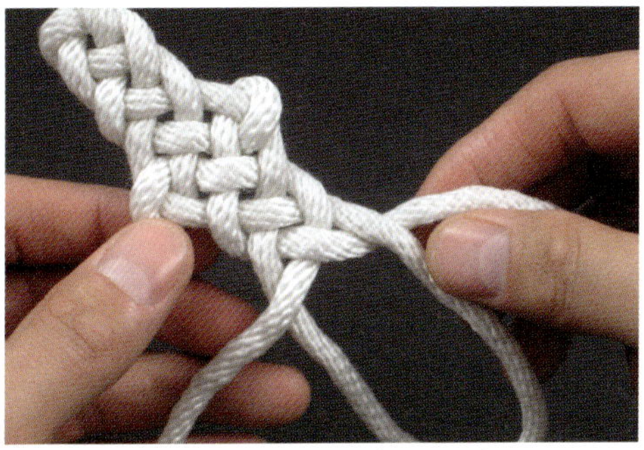

10. Den Schlangen-Platting knoten, bis ...

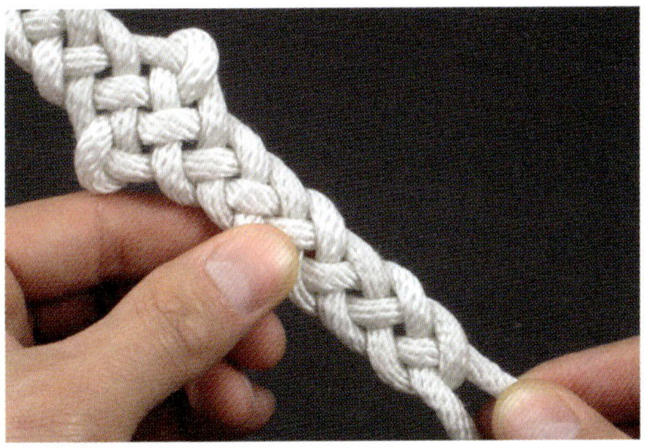

11. ... das Auge nicht weiter verdreht werden kann.

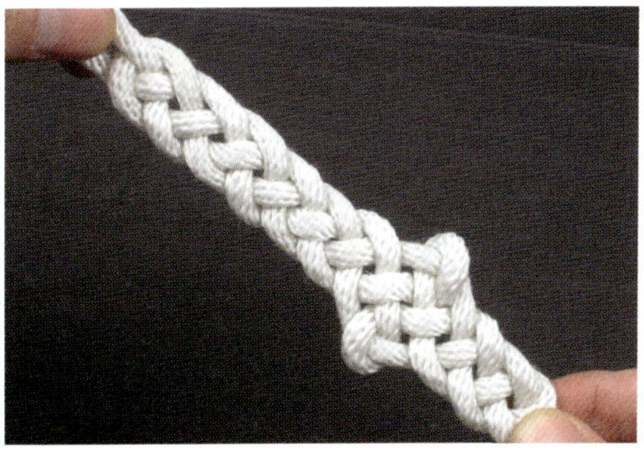

12. Den Knoten steifholen. Die Arbeit umdrehen, um den Dolch zu sehen.

Keltischer Balken

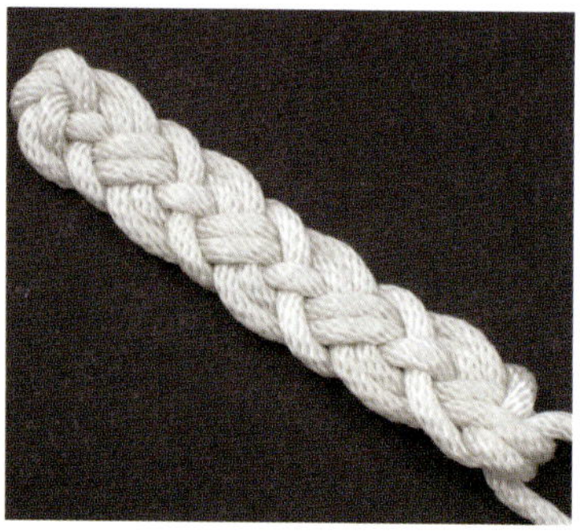

Der Keltische Balken ist eine mit Buchten gewobene Variante des Schlangen-Plattings und macht sich gut als Armband, Gürtel, Kofferanhänger oder Riemen für eine Tasche. Alles in allem ist es nur Ihre Vorstellungskraft, die dem Keltischen Balken in seiner Anwendung Grenzen setzt.

Knotenbestandteile: Schlangen-Platting + verwobene Buchten

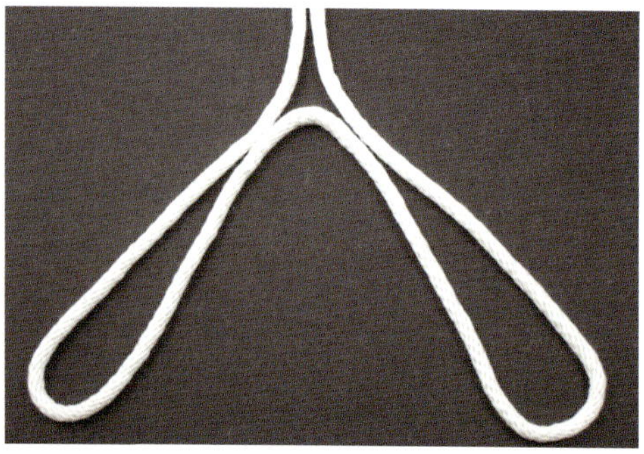

1. Legen Sie ein **Y** mit 2 geschlossenen Buchten, indem Sie eine doppelt genommene Leine aufteilen.

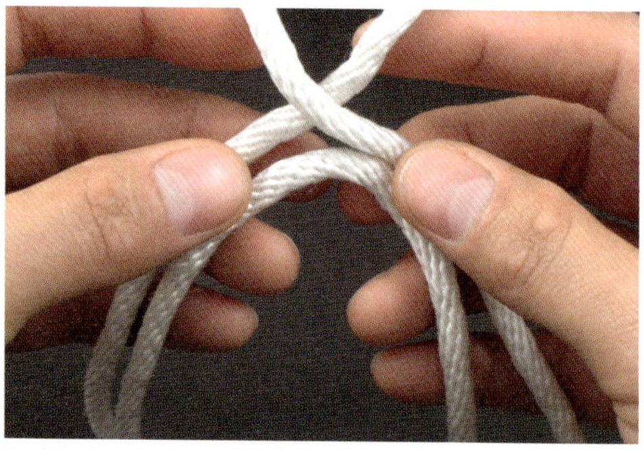

2. Die losen Parten überkreuzen (rechts über links).

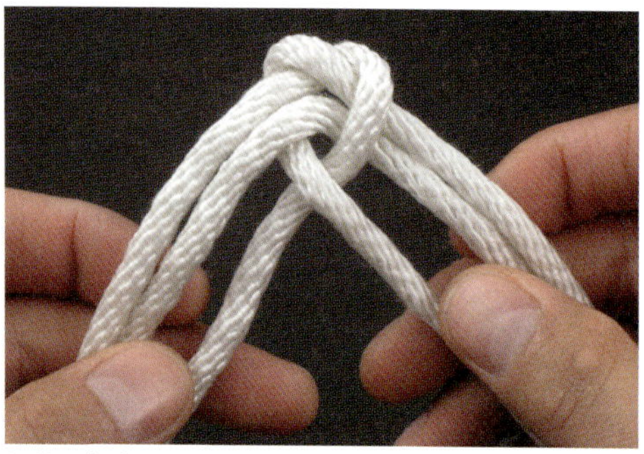

3. Beide lose Parten nach unten führen, dann die linke über die rechte lose Part legen.

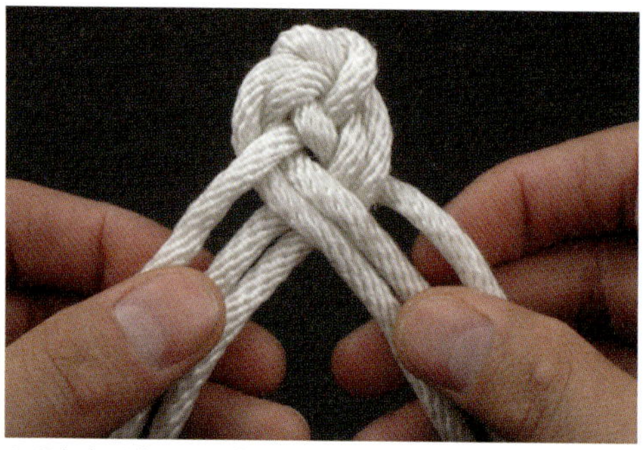

4. Die beiden Buchten nach unten führen und dann die linke über die rechte Bucht legen.

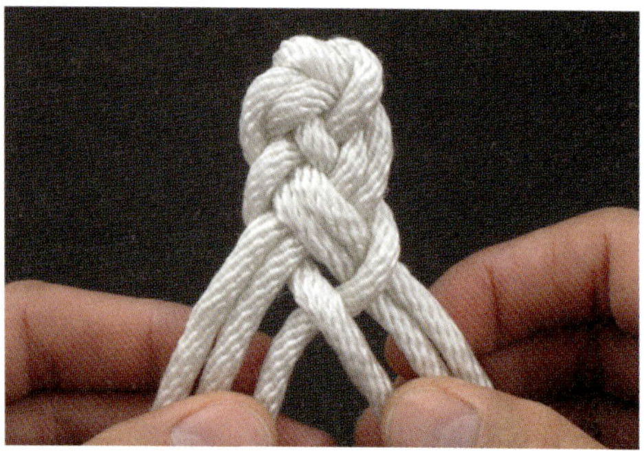

5. Die Schritte 3–4 wiederholen ...

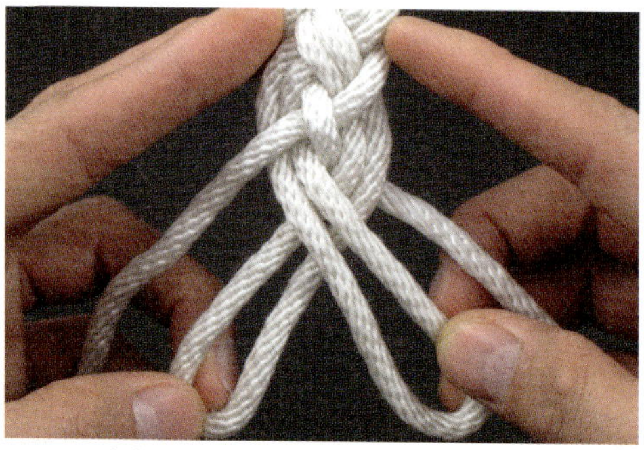

6. ... und dabei hin und her weben, ...

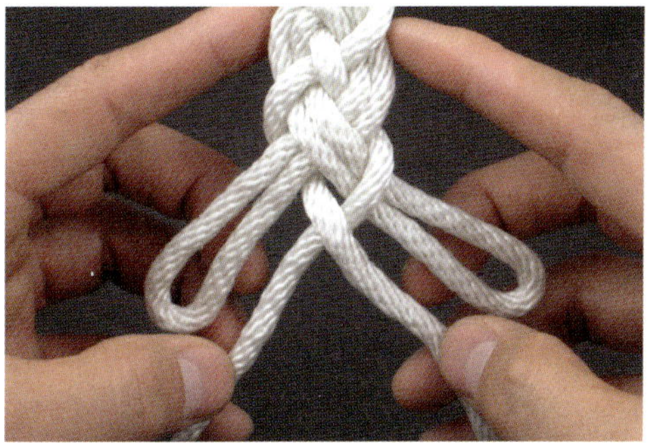

7. ... bis Sie die Buchten nicht weiter ...

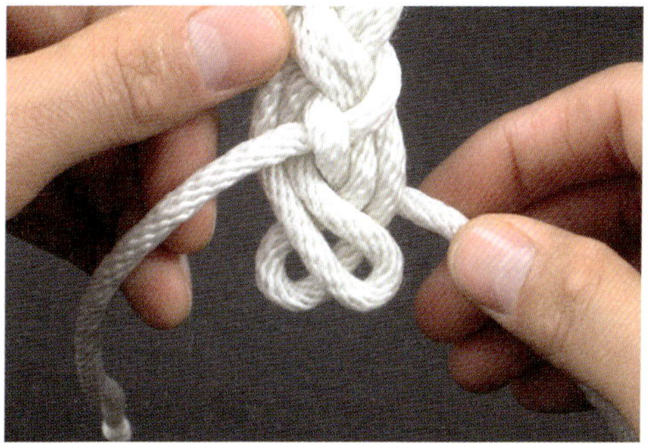

8. ... überkreuzen können.

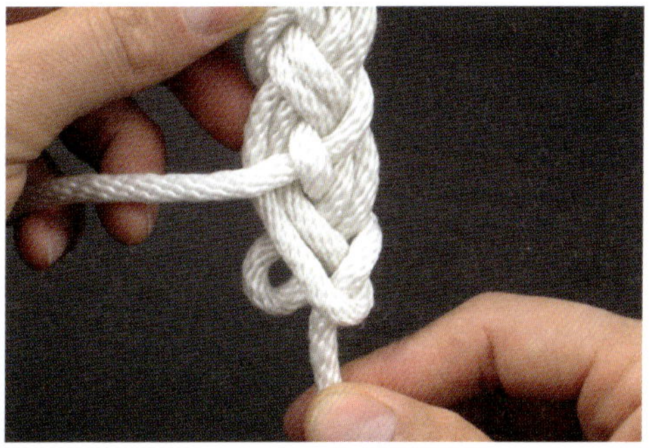

9. Die rechte lose Part von vorn in die darunterliegende Bucht stecken.

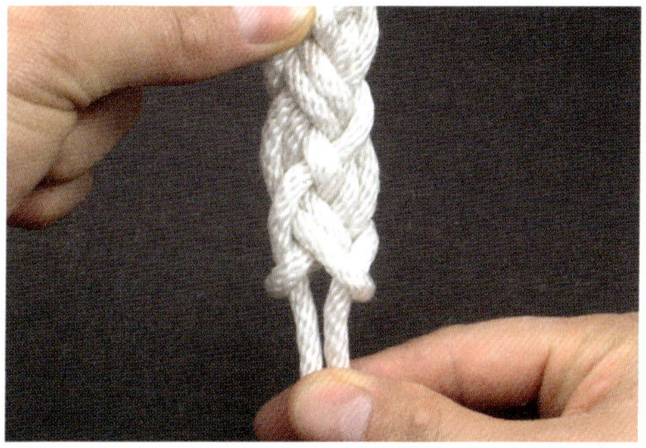

10. Die linke lose Part von hinten in die darunterliegende Bucht stecken.

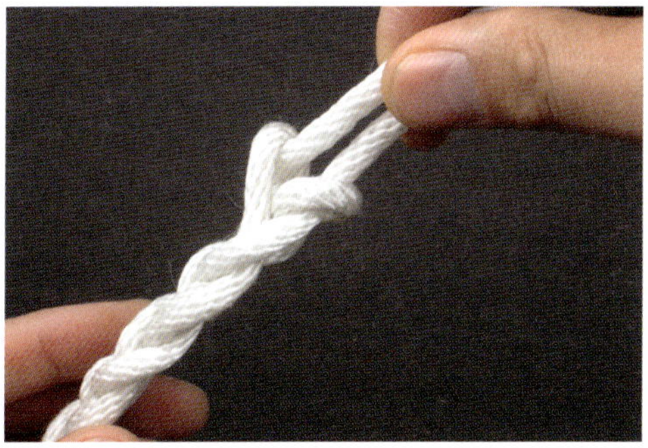

11. Die Arbeit auf die Seite drehen.

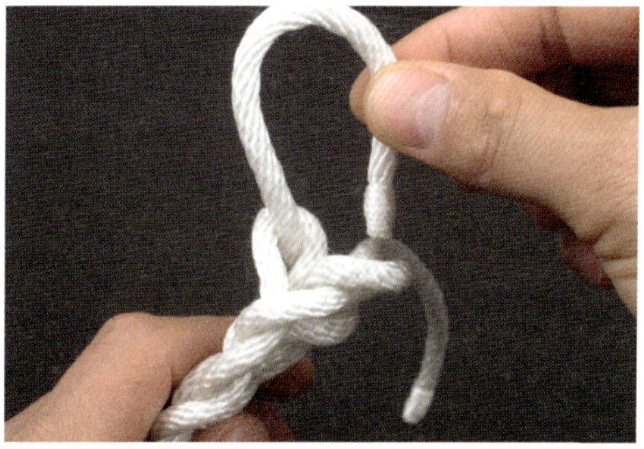

12. Nun die linke lose Part in die Vorderseite ...

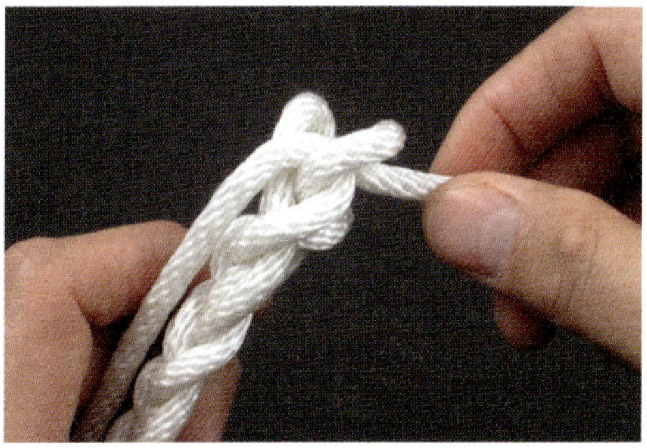

13. ... der gegenüberliegenden Bucht stecken.

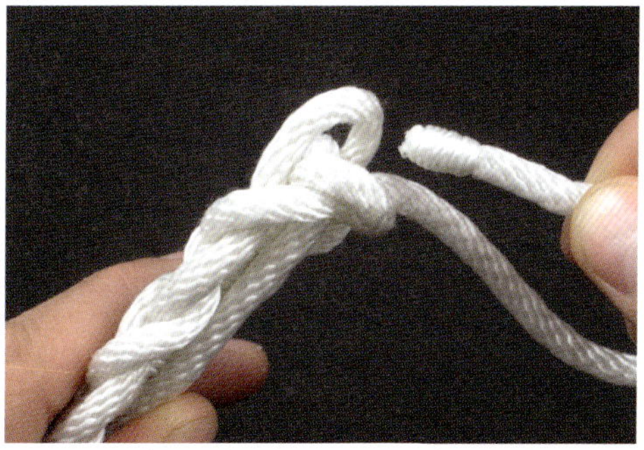

14. Dann die rechte lose Part in die Vorderseite ...

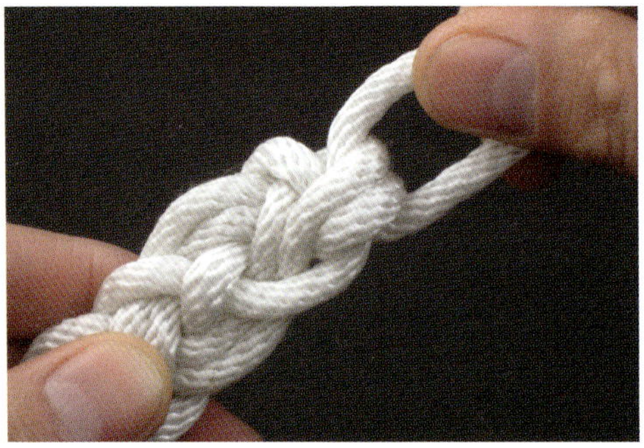

15. ... der gegenüberliegenden Bucht stecken.

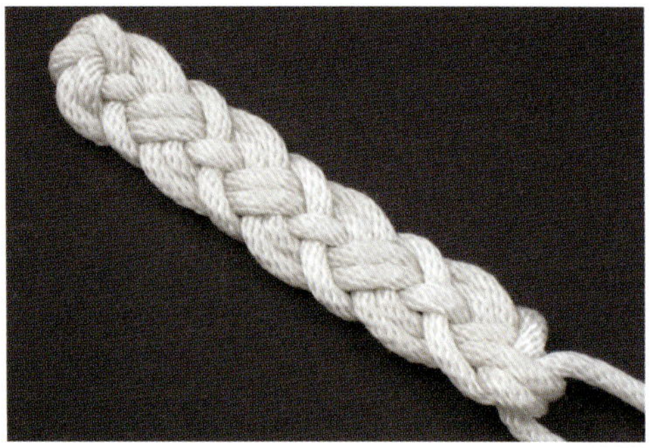

16. Den Knoten steifholen.

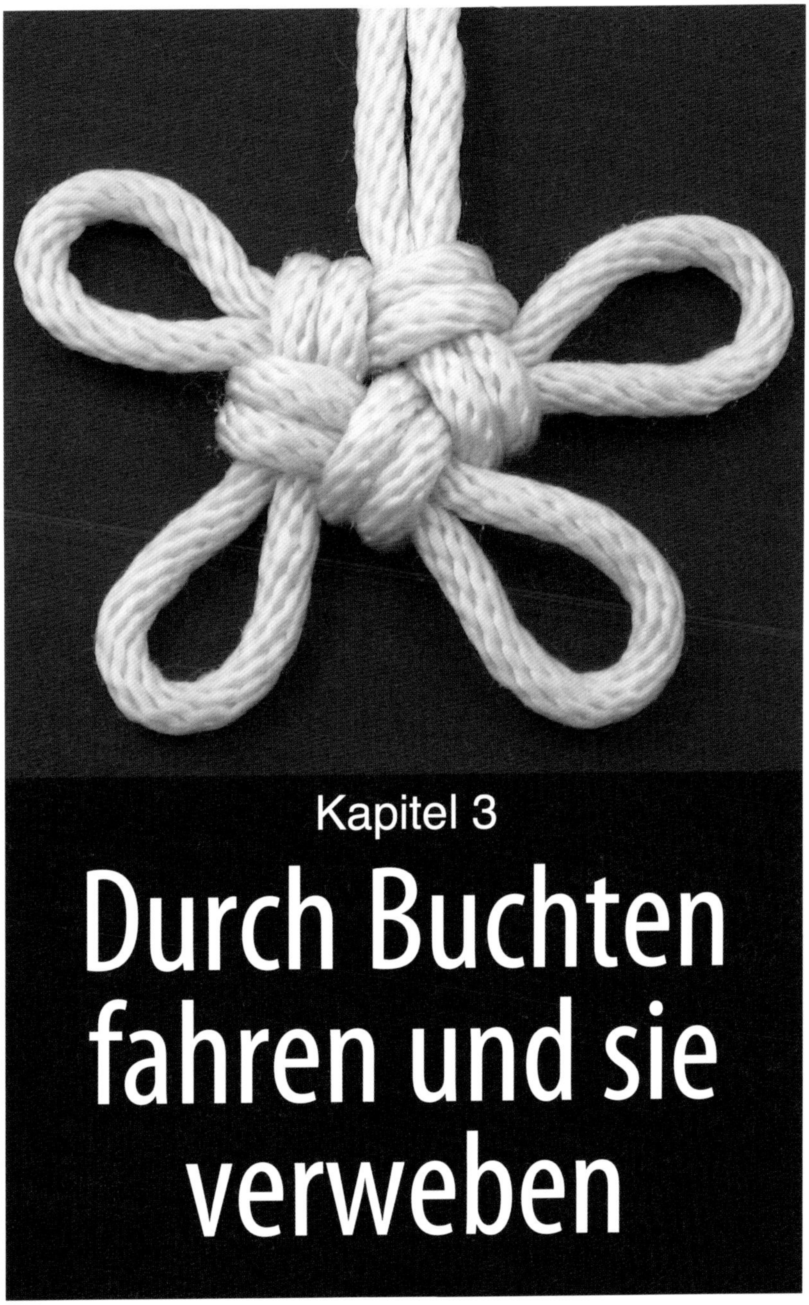

Kapitel 3

Durch Buchten fahren und sie verweben

Halber Glücksknoten

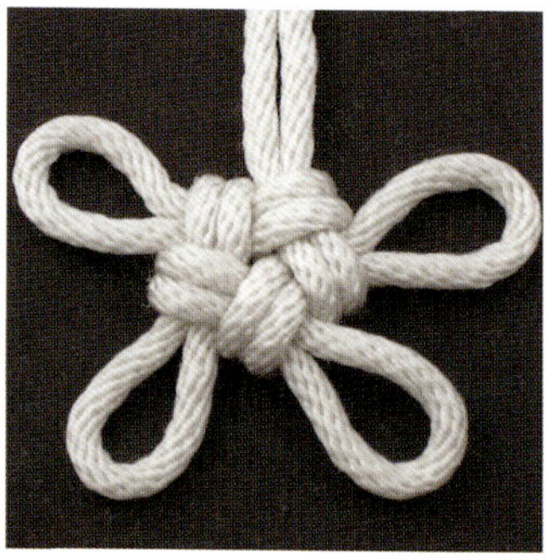

Ein guter Freund sagt gerne: „Er trägt den Namen Glücksknoten, weil man, um ihn knoten zu können, viel Glück braucht." Bei allem gebotenen Respekt könnte das aber von der Wahrheit nicht weiter entfernt sein. Mit seinem eleganten Erscheinungsbild gleitet dieser Knoten ganz leicht in seine Form.

Knotenbestandteile: Historischer Knoten

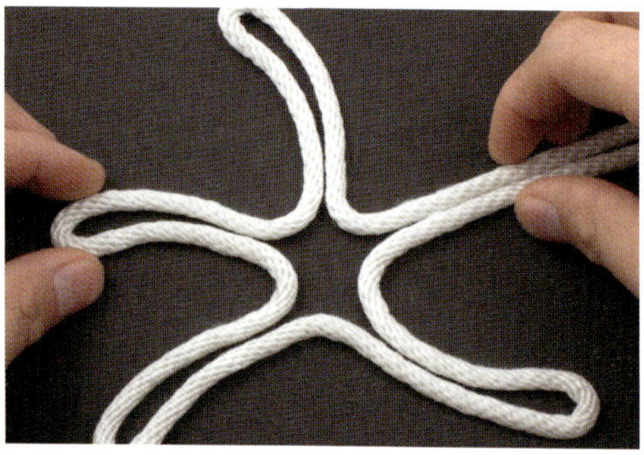

1. Ordnen Sie die Leine fünfstrahlig an, mit 4 Buchten aus 2 losen Parten.

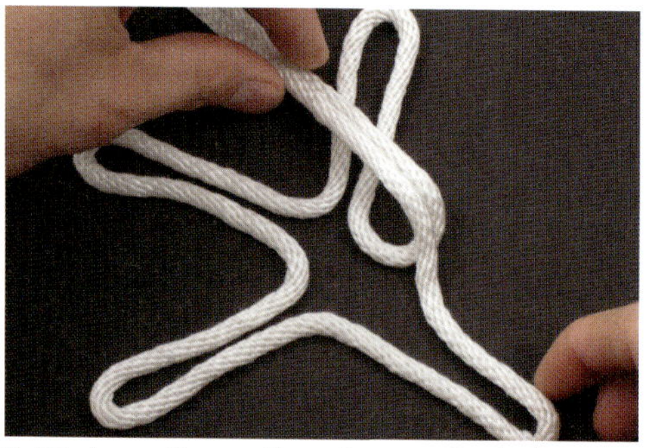

2. Die losen Parten über die erste Bucht legen.

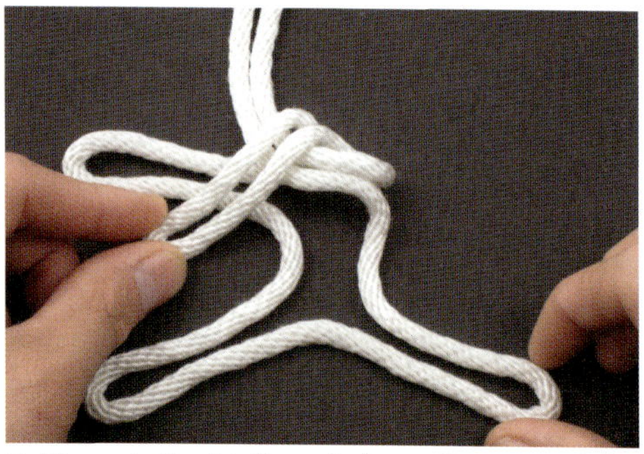

3. Die erste Bucht über die losen Parten und die zweite Bucht legen.

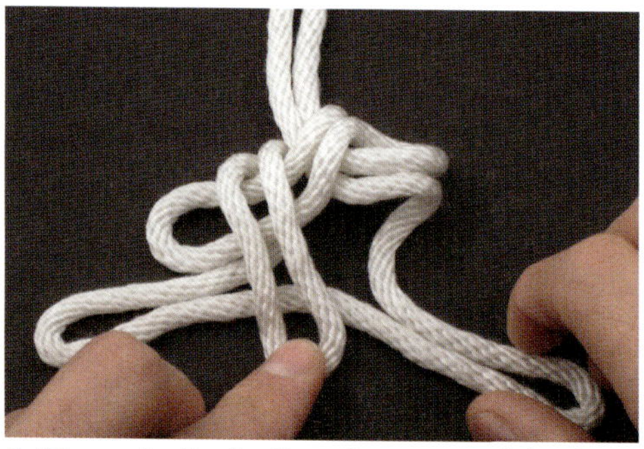

4. Die zweite Bucht über die erste und die dritte Bucht legen.

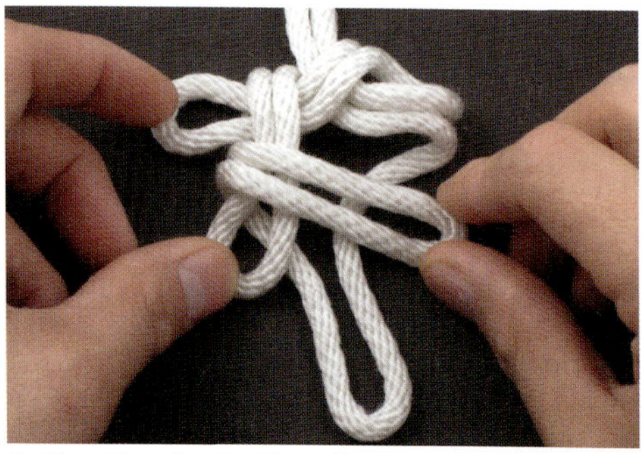

5. Die dritte Bucht über die zweite und die vierte Bucht legen.

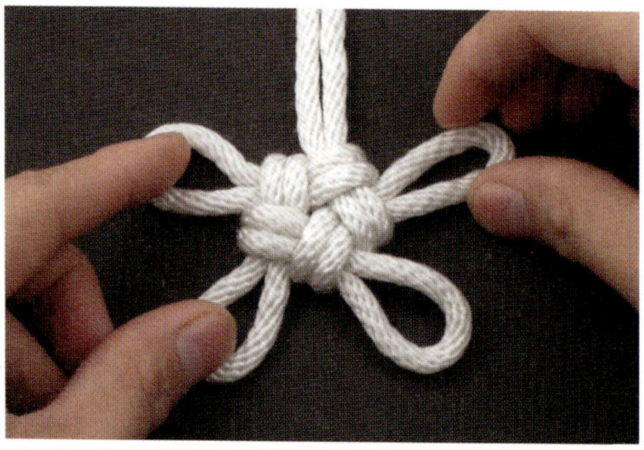

6. Die vierte Bucht über die dritte Bucht legen und in die darüberliegende Bucht und das dortige Auge stecken.

Spiralknoten

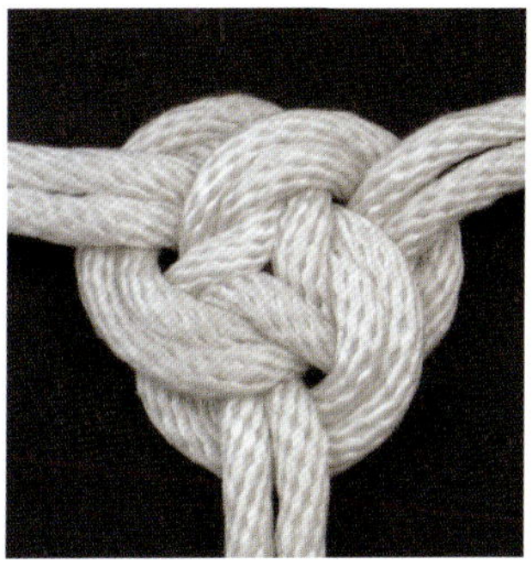

Der Spiralknoten ist ein Glücksknoten mit einer Drehung. Indem nur drei anstatt der fünf „Arme" verwendet werden, werden dem Knoten Richtungsänderungen und Verwebungen hinzugefügt, um eine dreifache Spirale zu erzeugen.

Knotenbestandteile: Glücksknoten + Richtungsänderungen + weben

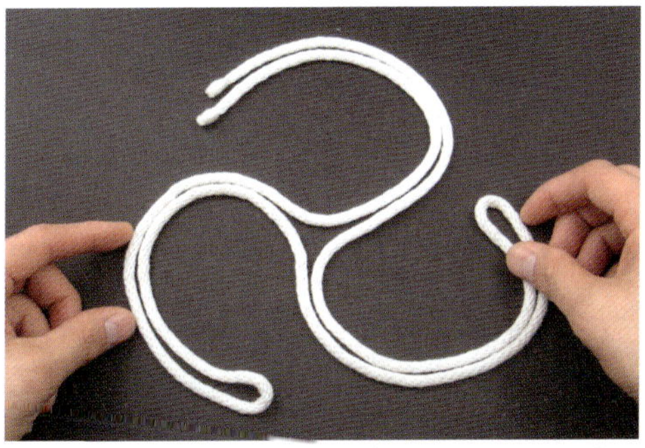

1. Ordnen Sie die Leine zu einem **Y** mit 2 Buchten aus 2 losen Parten an.

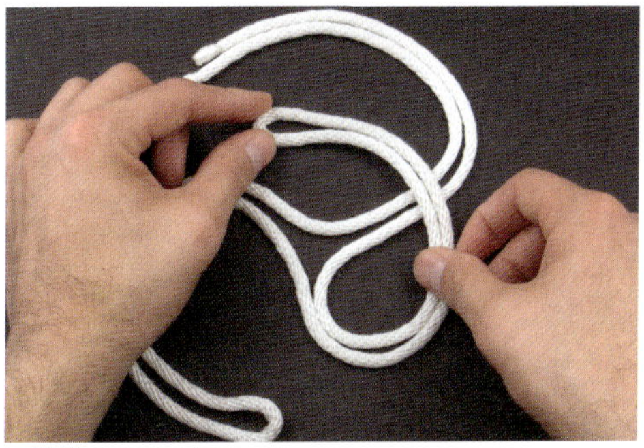

2. Die untere Bucht gegen den Uhrzeigersinn über die losen Parten legen.

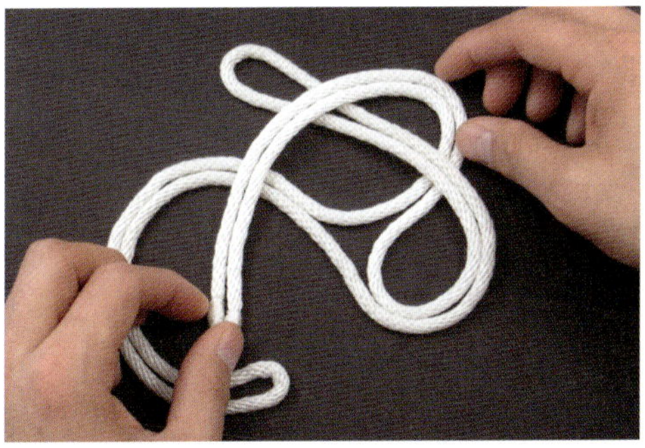

3. Die losen Parten gegen den Uhrzeigersinn über die oben liegende Bucht legen.

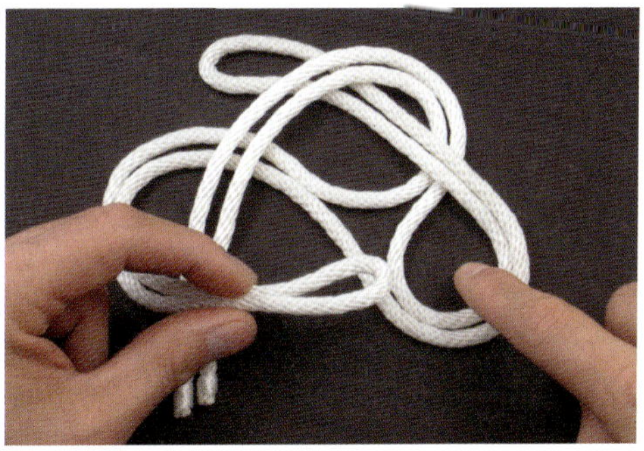

4. Die oben liegende Bucht gegen den Uhrzeigersinn über die losen Parten legen und ...

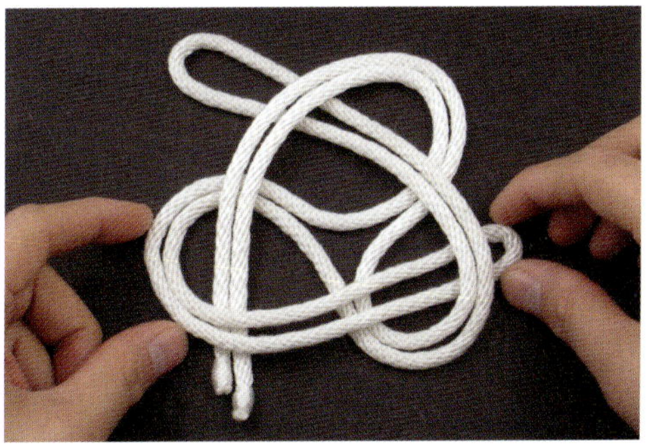

5. ... von oben in die untere Bucht.

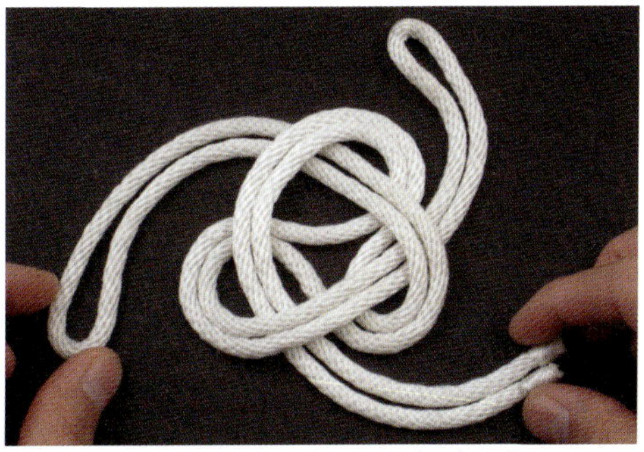

6. Nun die Buchten und Parten locker festziehen.

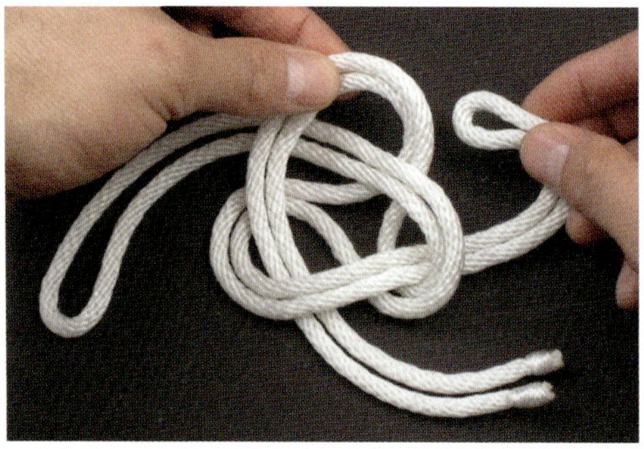

7. Die untere Bucht gegen den Uhrzeigersinn unter und ...

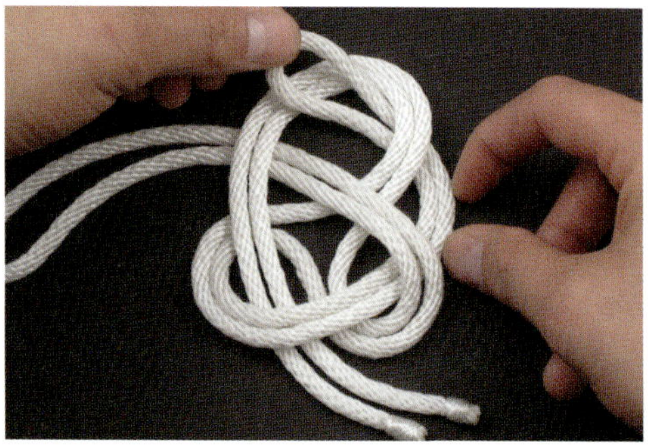

8. ... durch das oben liegende Auge weben.

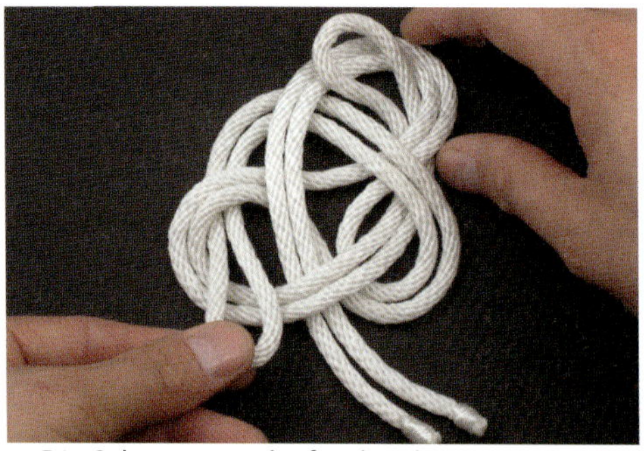

9. Die Schritte 7 und 8 für die obere Bucht wiederholen, dabei aber das unten liegende Auge verwenden.

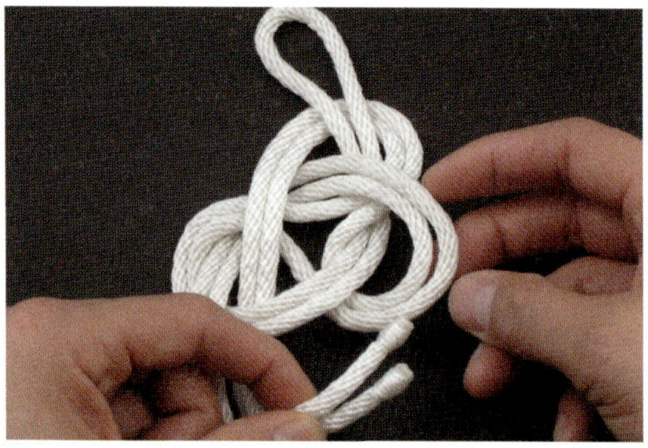

10. Zum Schluss die losen Parten im Uhrzeigersinn unter und ...

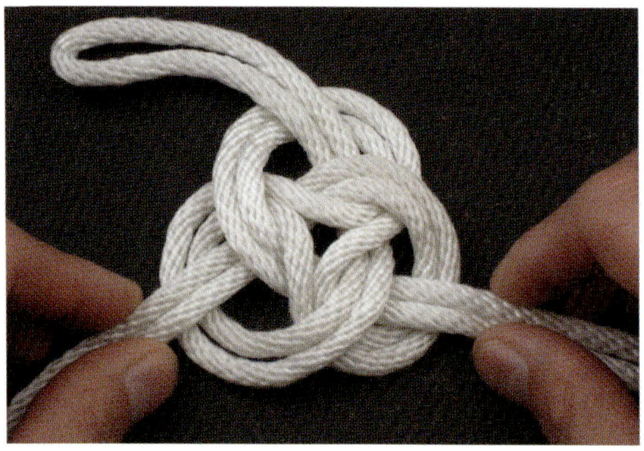

11. ... durch das rechte Auge weben.

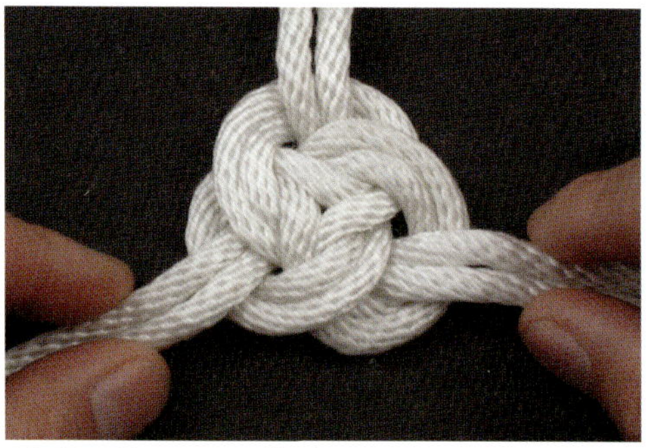

12. Den Knoten steifholen.

Triskel-Knoten

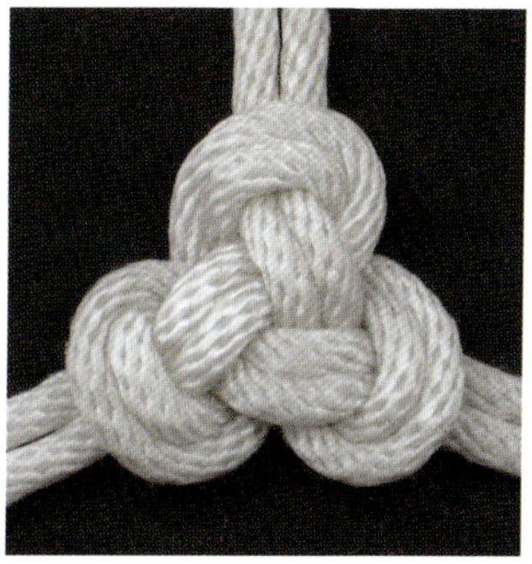

Ein Triskel ist ein Symbol, das aus drei ineinandergreifenden Spiralen mit drei vorstehenden Teilen und einer dreiteiligen Rotationssymmetrie besteht. Der Triskel-Knoten ahmt diese historische Anordnung nach.

Knotenbestandteile: Historischer Knoten + Buchten

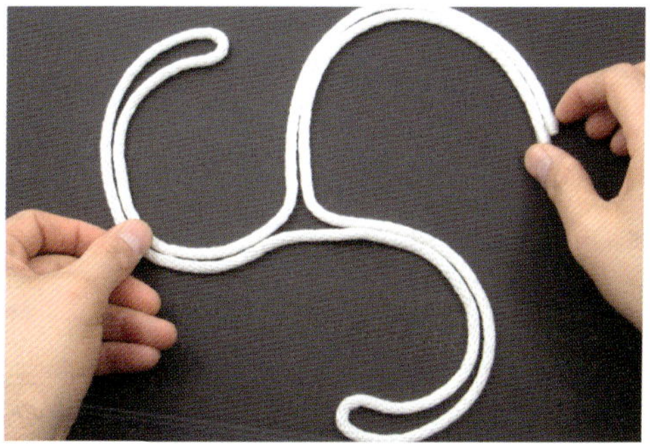

1. Legen Sie ein **Y** aus 2 gebogenen Buchten und den doppelt genommenen losen Parten.

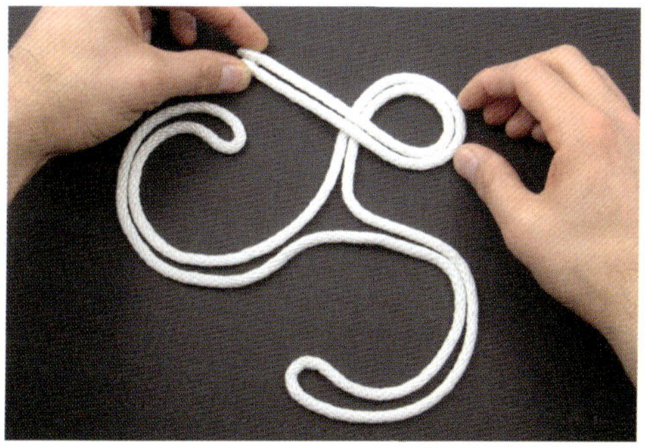

2. Mit den losen Parten ein Auge im Uhrzeigersinn machen.

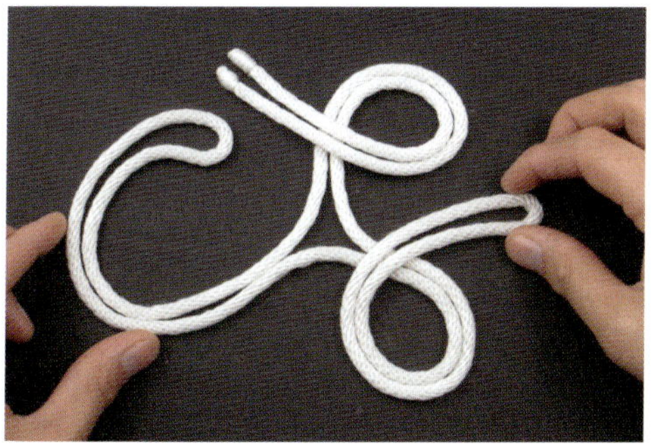

3. Mit der rechten Bucht im Uhrzeigersinn ein Auge über es selbst machen.

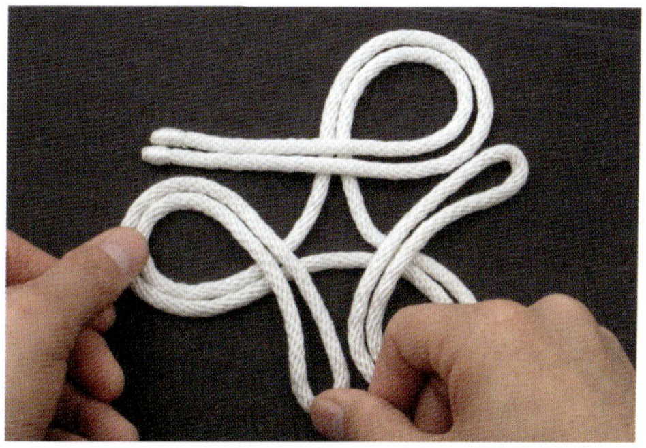

4. Dann mit der linken Bucht im Uhrzeigersinn ein Auge über es selbst machen.

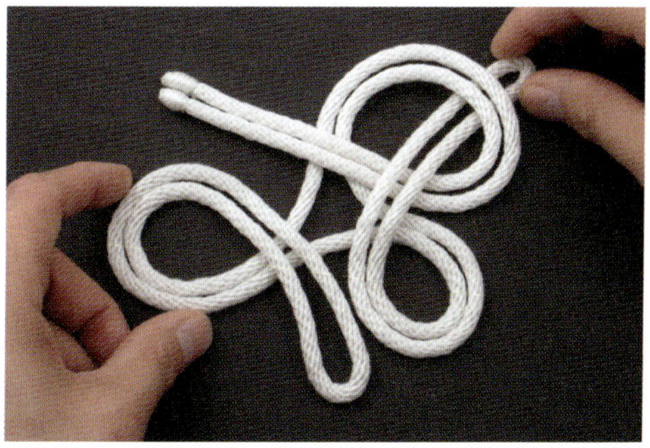

5. Die Spitze der rechten Bucht durch das oben liegende Auge stecken.

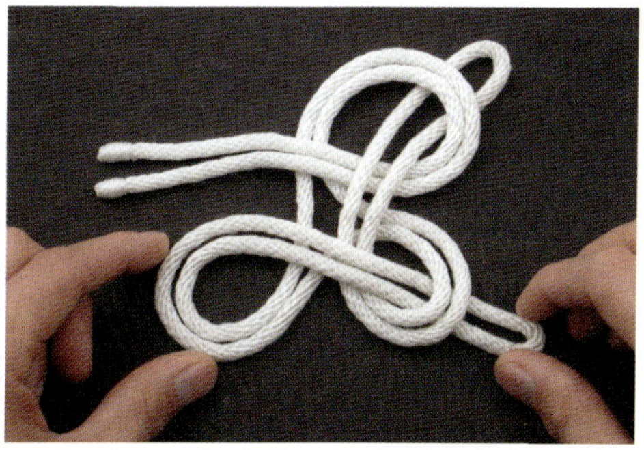

6. Die Spitze der linken Bucht durch das unten rechts liegende Auge stecken.

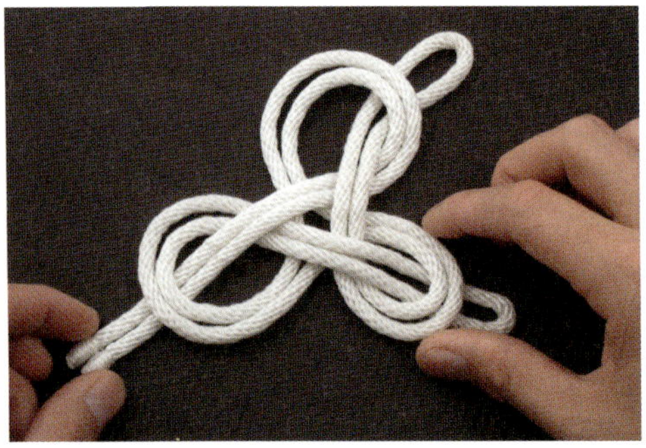

7. Die losen Enden durch das linke Auge stecken.

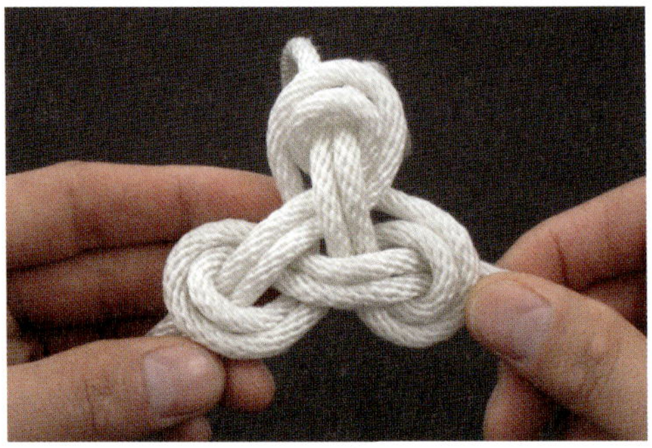

8. Den Knoten steifholen, bis ...

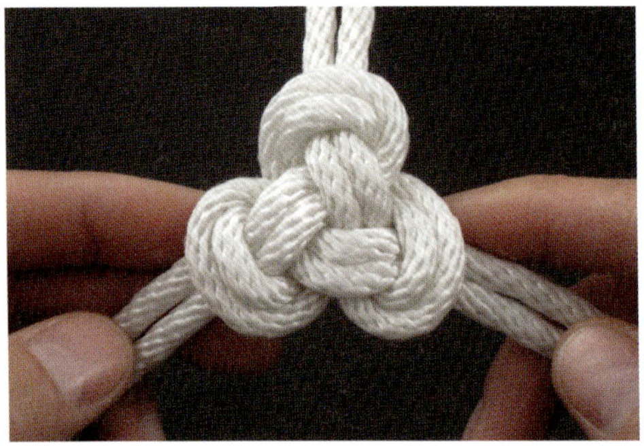

9. ... die laufenden Enden und die Buchten aus einer festen, dreiteiligen Mitte herauskommen.

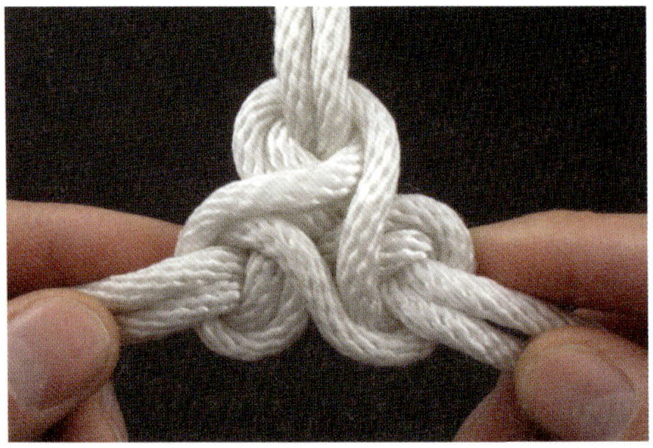

10. Den Knoten umdrehen, um das Triskel zu sehen.

Teetassenknoten

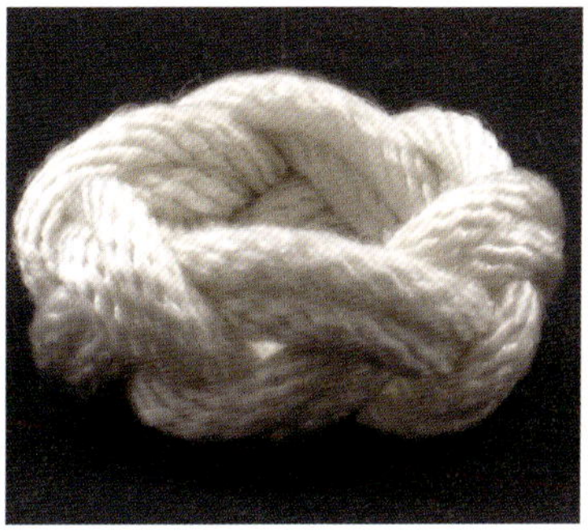

Der Teetassenknoten ist das Produkt meiner Erkundungen hinsichtlich dreidimensionaler Knoten. Er beginnt als eine Variante des Glücksknotens, aber die Techniken, um ihn fertigzustellen, machen ihn zu so viel mehr!

Knotenbestandteile: Glücksknoten + Wendungen + weben + formen

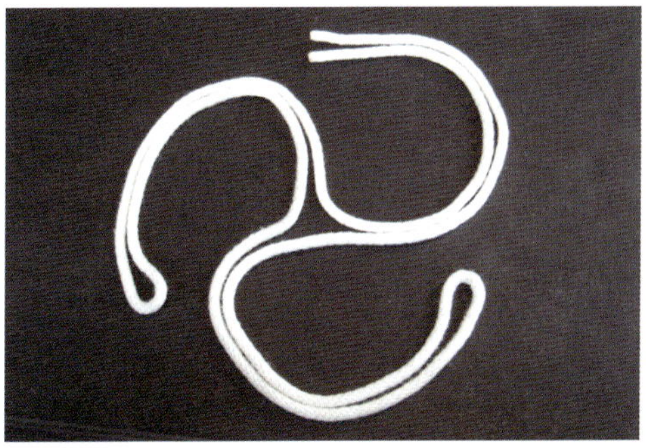

1. Ein **Y** aus 2 gebogenen Buchten und den doppelt genommenen losen Parten legen.

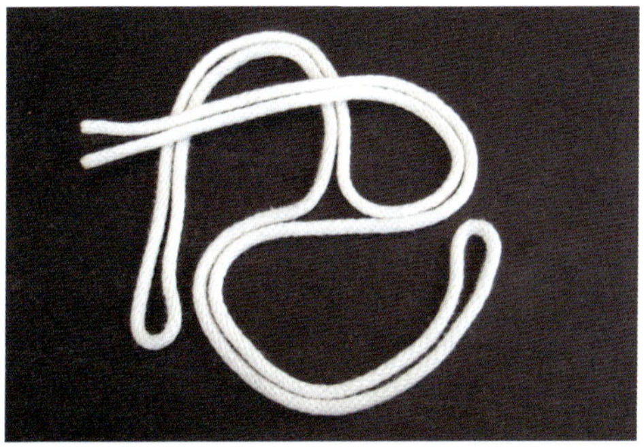

2. Die losen Parten gegen den Uhrzeigersinn über die Biegung der oberen Bucht legen.

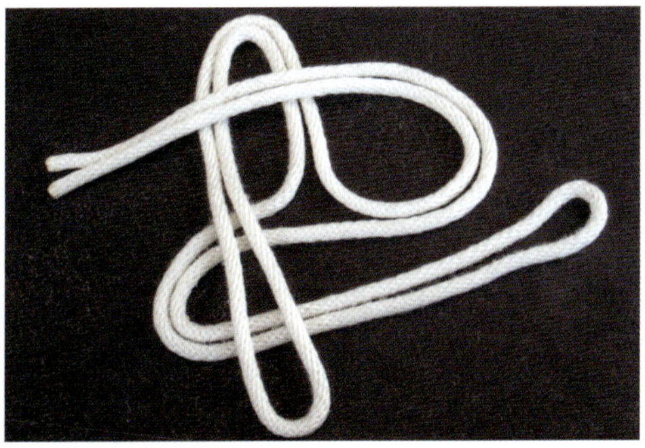

3. Die obere Bucht gegen den Uhrzeigersinn über die Biegung der unteren Bucht legen.

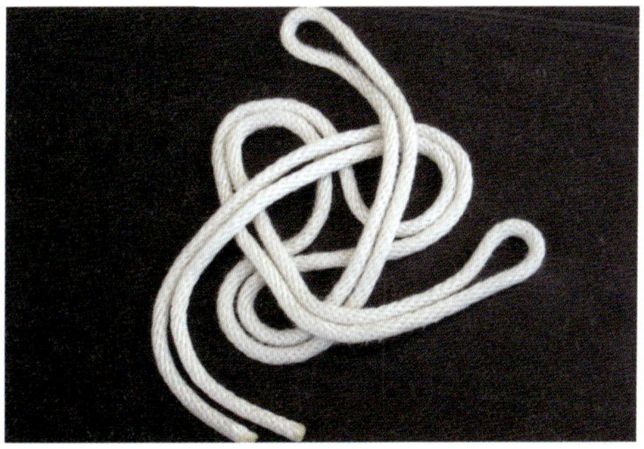

4. Die untere Bucht gegen den Uhrzeigersinn über die Biegung der losen Parten legen.

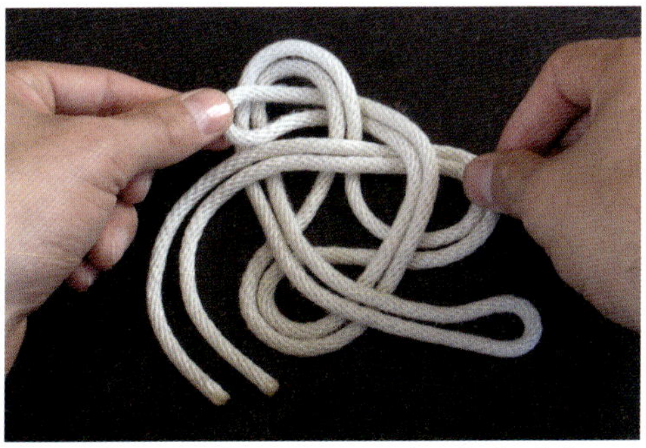

5. Die obere Bucht von unten durch die links liegende Biegung stecken, ...

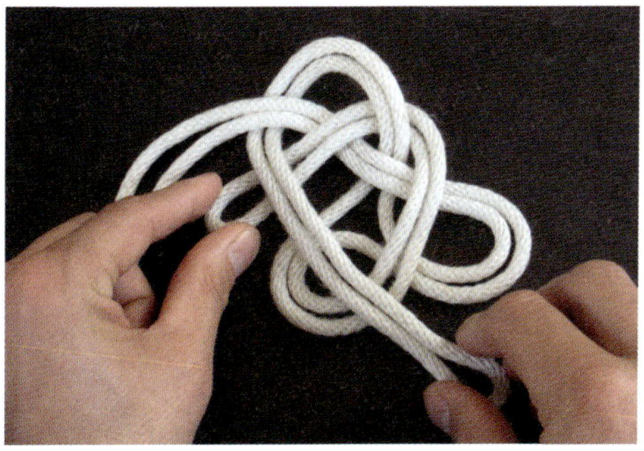

6. ... dann über und unter die losen Parten darunter.

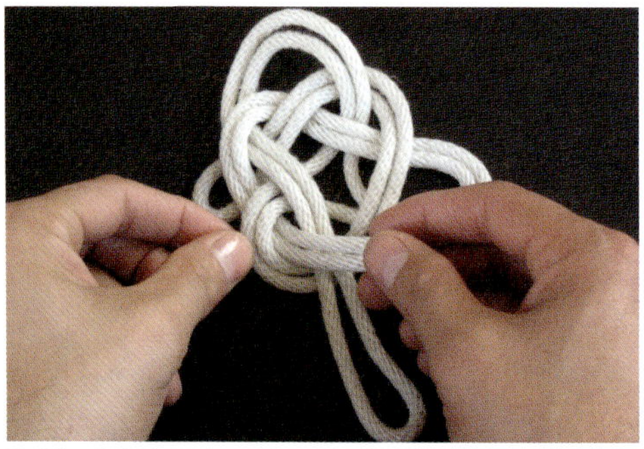

7. Die Schritte 5 und 6 mit den losen Parten nach links ...

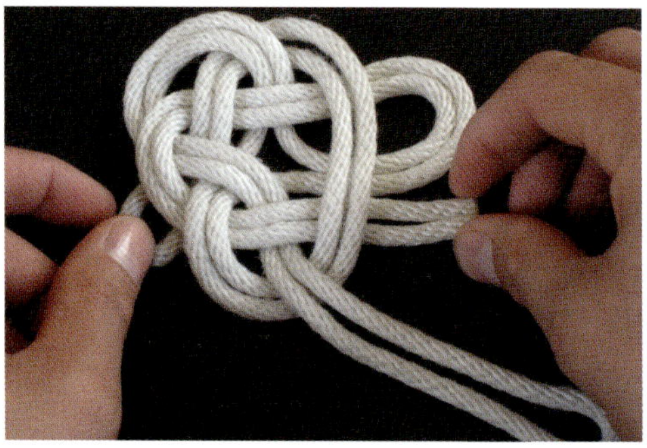

8. ... wiederholen.

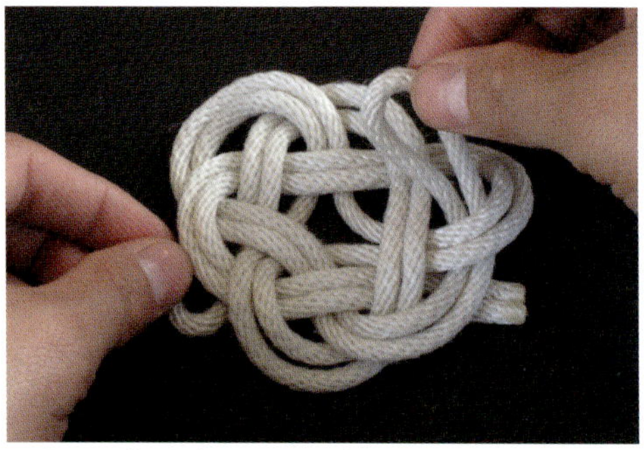

9. Dann die Schritte 5 und 6 erneut mit der unten liegenden ...

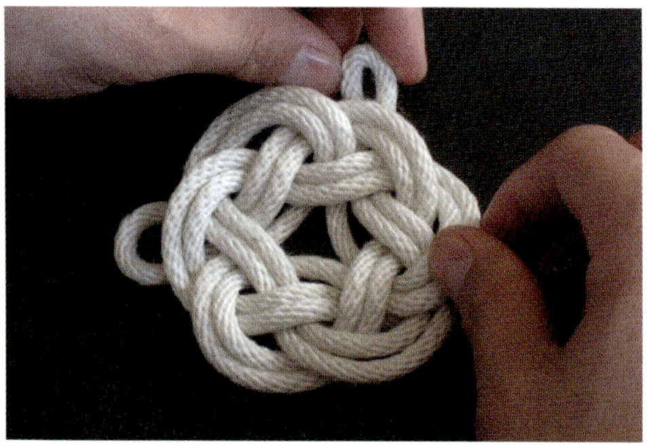

10. ... Bucht wiederholen.

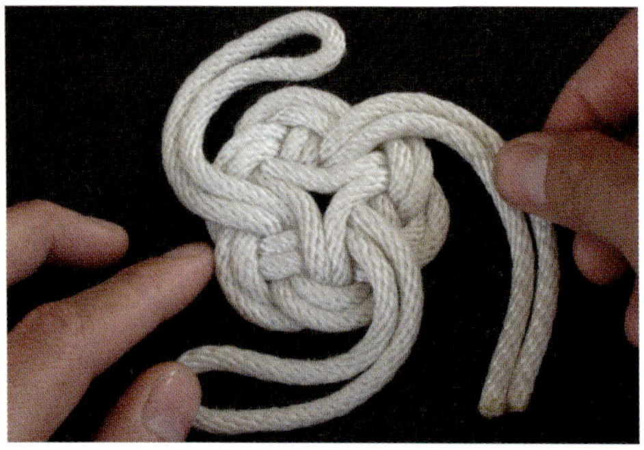

11. Den Knoten umdrehen und festziehen, indem Sie an den losen Parten ziehen.

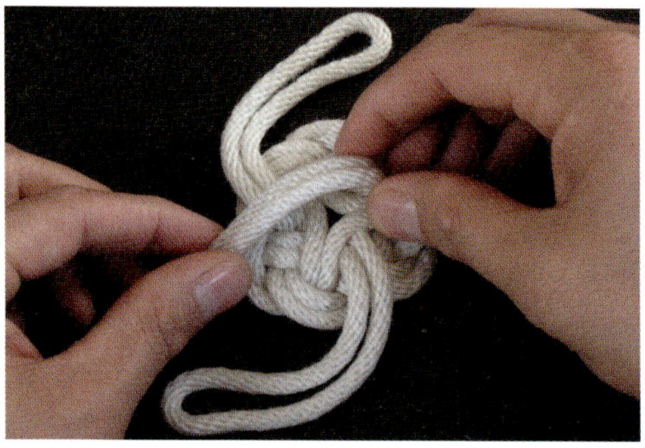

12. Die losen Parten vorn über die obere Bucht legen.

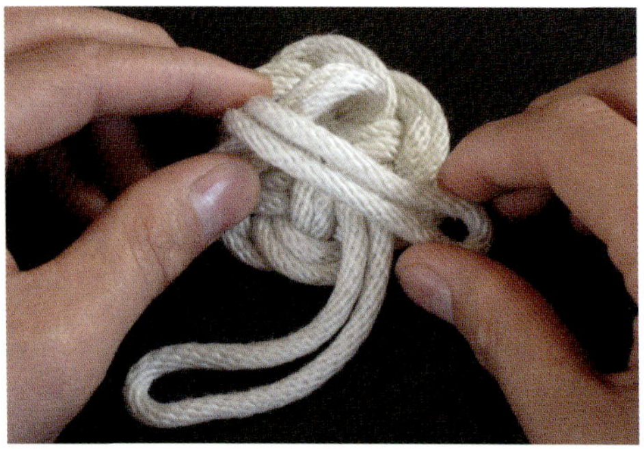

13. Die obere Bucht vorn über die darunterliegende Bucht legen.

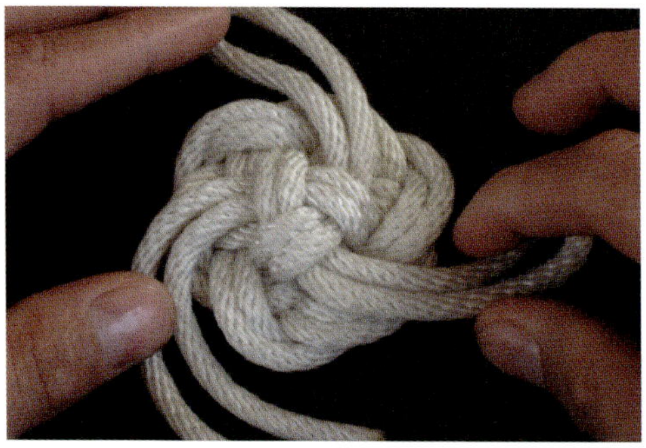

14. Die untere Bucht durch die Biegung der beiden losen Parten stecken.

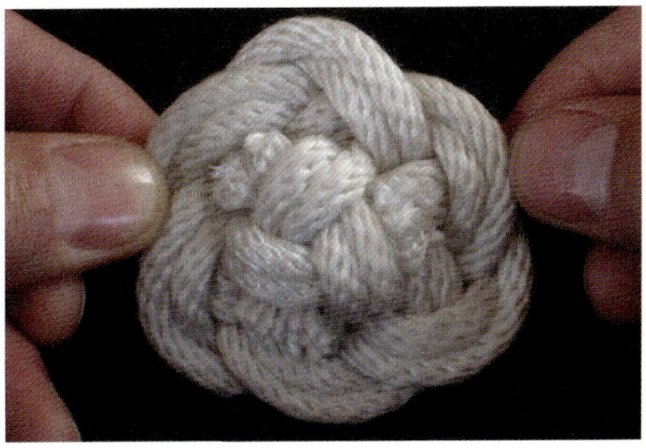

15. An den losen Parten ziehen, bis der Knoten fest ist und dann ganz nah am Knoten abschneiden.

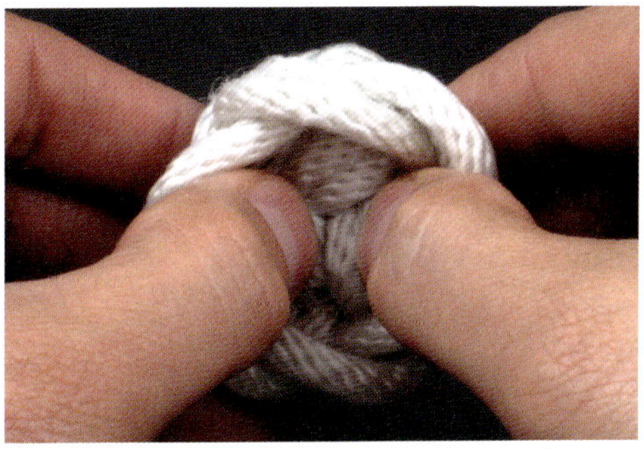

16. Während des Formens des Knotens die Daumen in die Mitte drücken ...

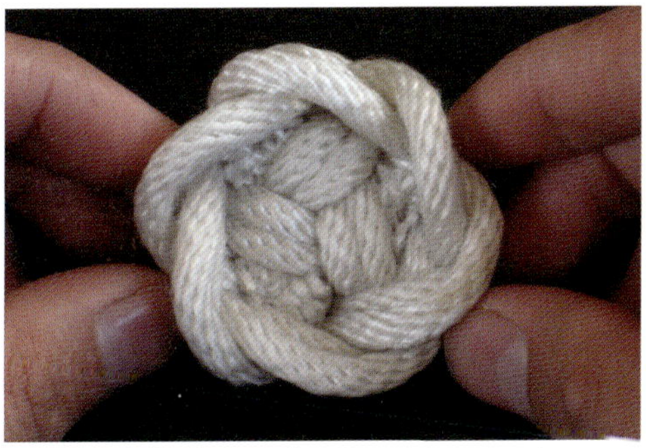

17. ... und die Seiten des Knotens nach oben ziehen.

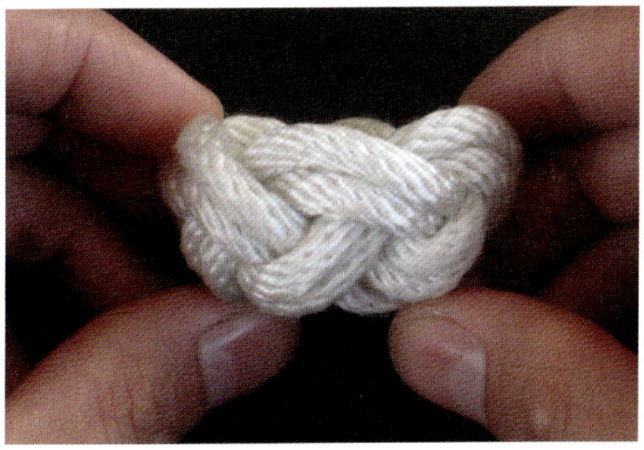

18. Den Knoten steifholen.

Tafelknoten

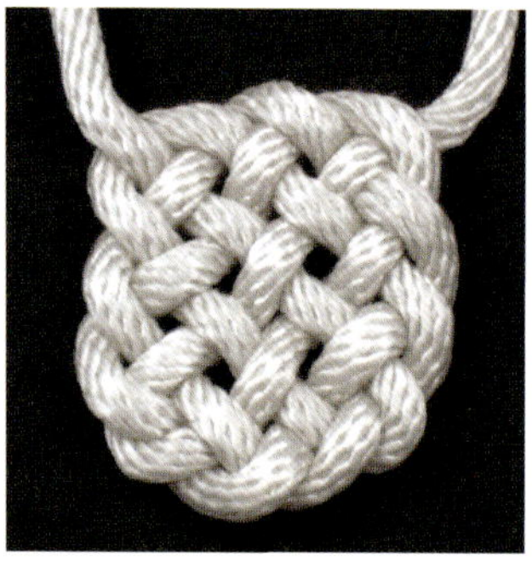

Der Tafelknoten ist ein hübscher, eigenständiger Knoten. Trotzdem handelt es sich auch dabei um eine Knotentechnik, die in eine Vielzahl anderer Knoten eingearbeitet werden kann, um größere und ausgefeiltere Zusammenstellungen zu gestalten.

Knotenbestandteile: Historischer Knoten

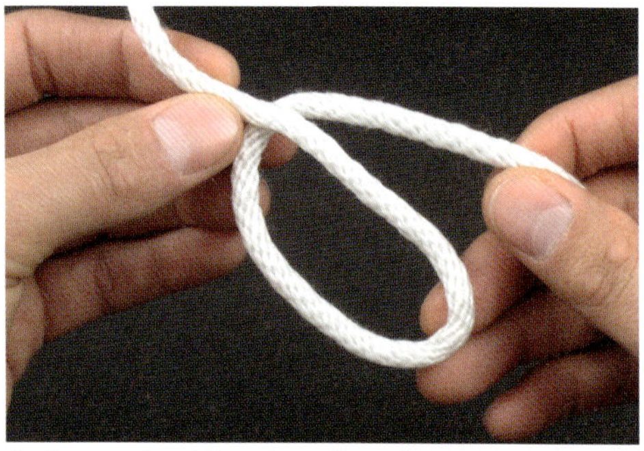

1. Gegen den Uhrzeigersinn ein etwa 8 cm großes Auge machen.

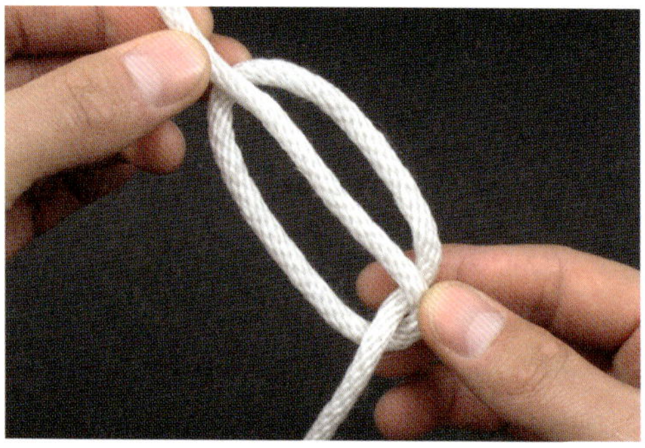

2. Die rechte lose Part unten in das Auge stecken, um eine Bucht zu legen.

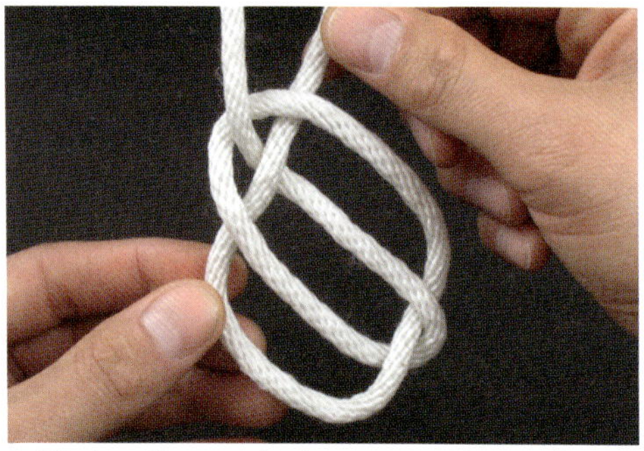

3. Die lose Part nach oben unter, über und wieder unter die oben liegenden Tampen weben.

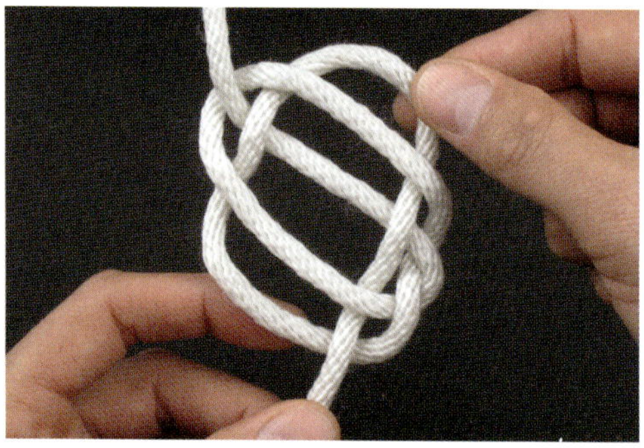

4. Die lose Part neben sich selbst nach unten weben.

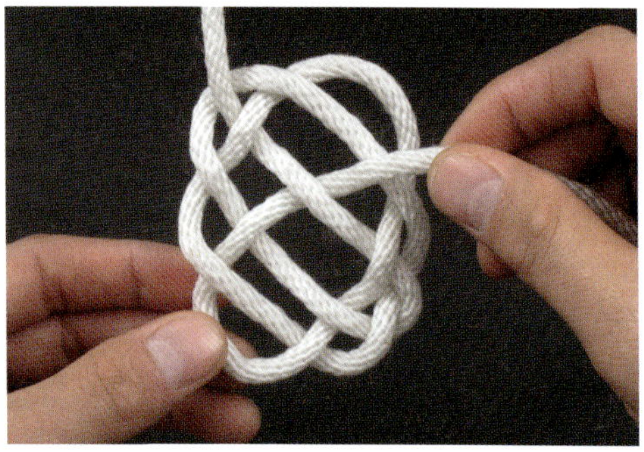

5. Die lose Part über, unter, über, unter, ...

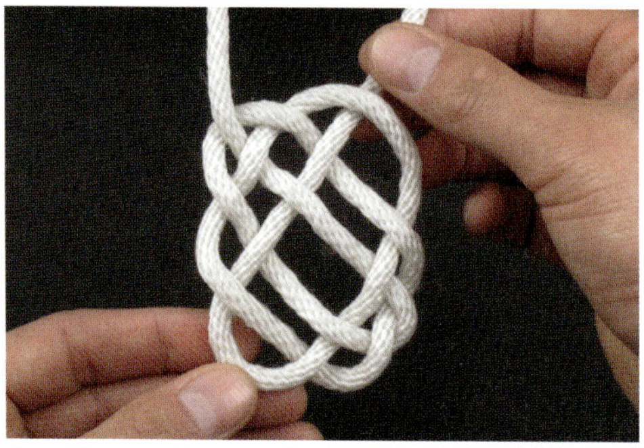

6. ... über und unter die darüberliegenden Leinen weben.

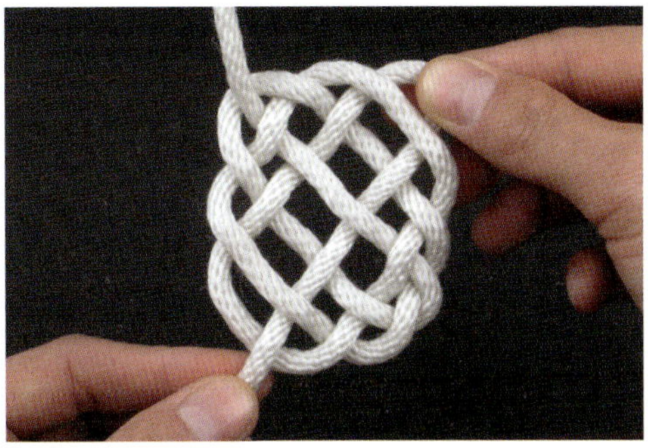

7. Schritt 4 wiederholen.

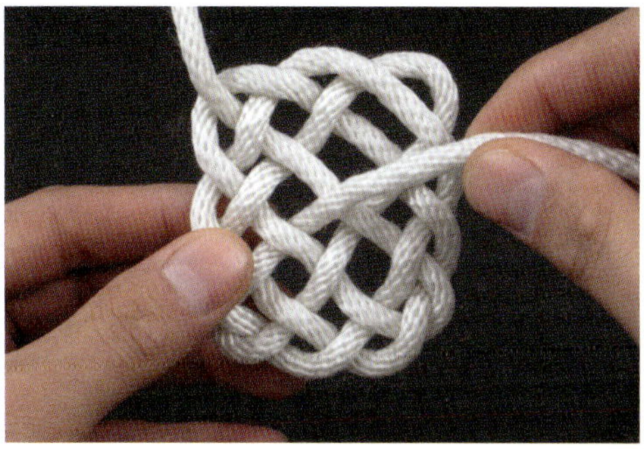

8. Dann die lose Part unter, über, unter, ...

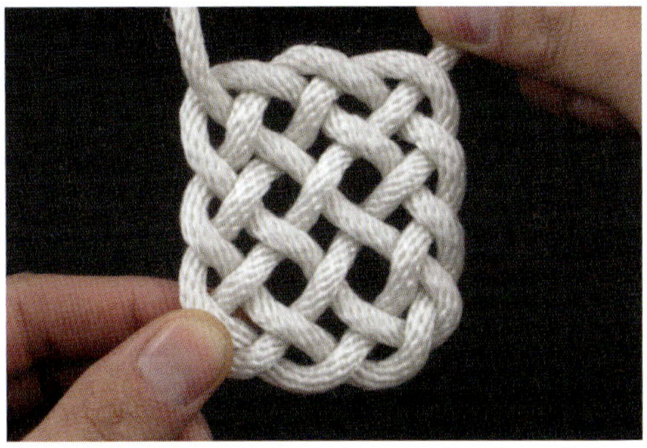

9. ... über, unter, über und unter die oben liegenden Tampen weben.

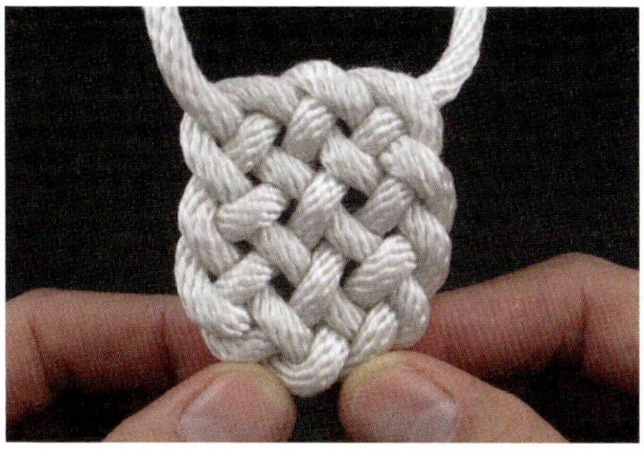

10. Den Knoten steifholen.

Langhornrinderknoten

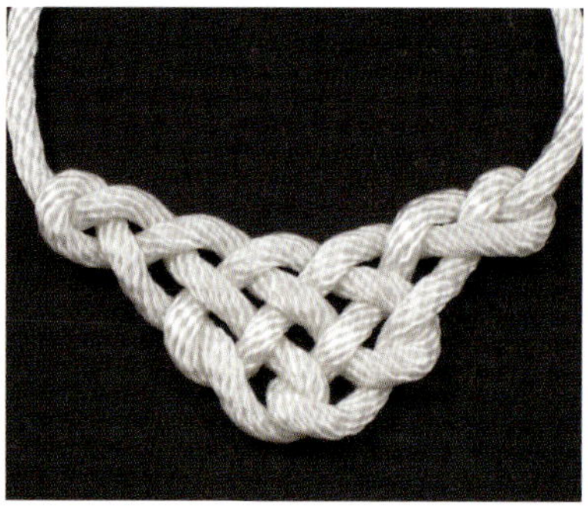

Namensgebend für diesen attraktiven Knoten sind Kopf und Hörner der texanischen Rinder. Er sieht allein gut aus, kann aber auch als Element in einem größeren Stück dienen und seine elegante Form macht ihn zu einer hervorragenden Basis für Ketten oder Halsbänder.

Knotenbestandteile: Tafelknoten + verdrehte Buchten

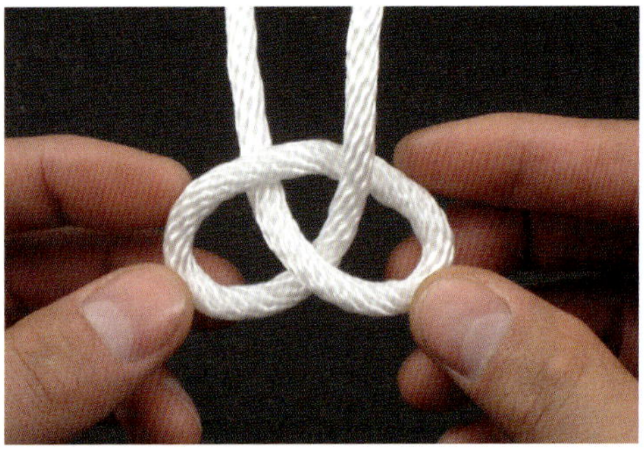

1. Einen halben Schlag knoten, dann die rechte über die linke lose Part legen.

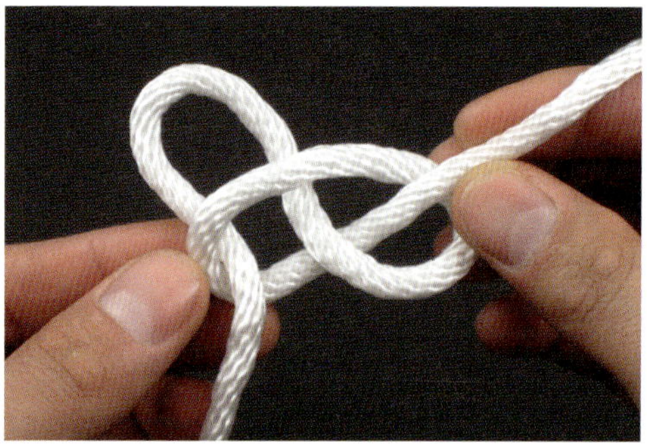

2. Die linke lose Part nach unten stecken, um eine Bucht zu erzeugen.

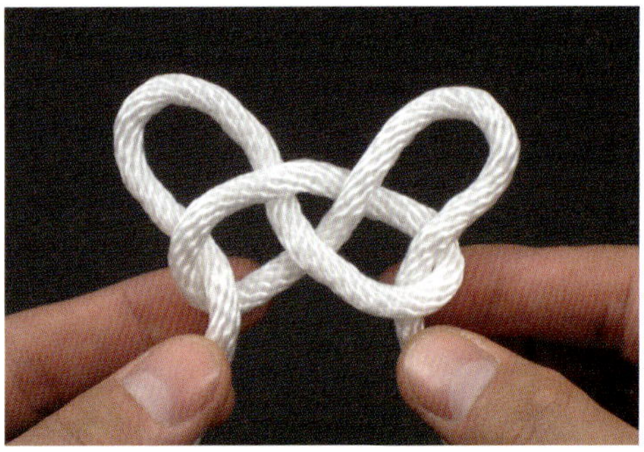

3. Die rechte lose Part nach unten stecken, um eine zweite Bucht zu erzeugen.

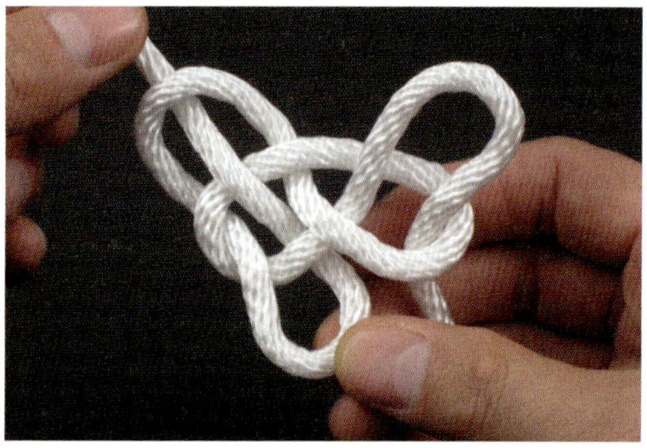

4. Die linke lose Part nach oben weben: unter, über und unter die Tampen weben.

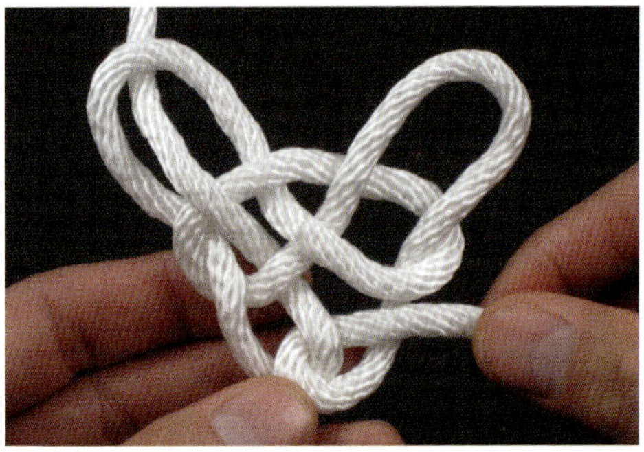

5. Die rechte lose Part über und dann durch die linke, untere Bucht stecken.

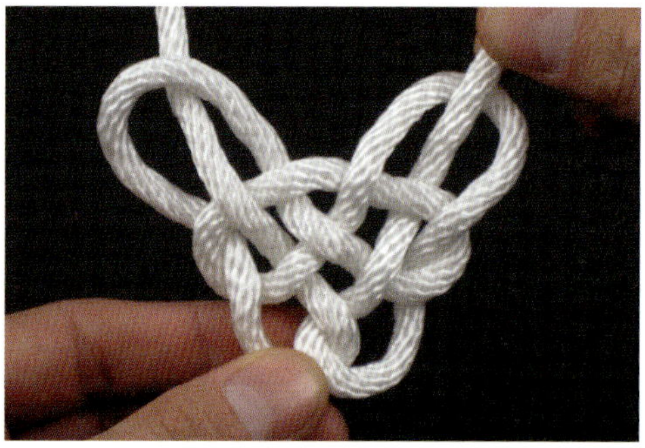

6. Nun die rechte lose Part über, unter und über die Tampen weben.

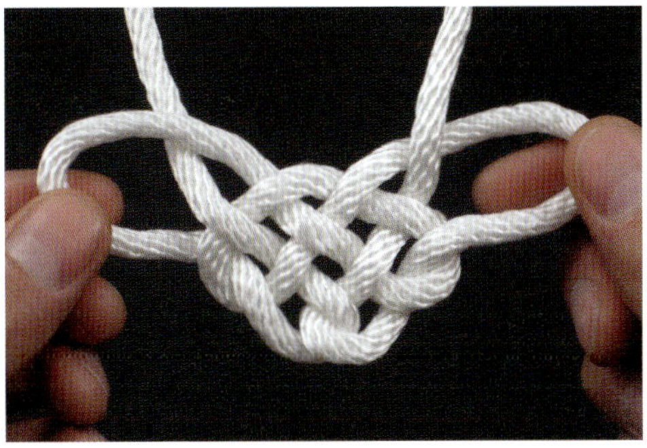

7. Den Knoten zurechtziehen, bis die Buchten oben links und rechts hervorstehen.

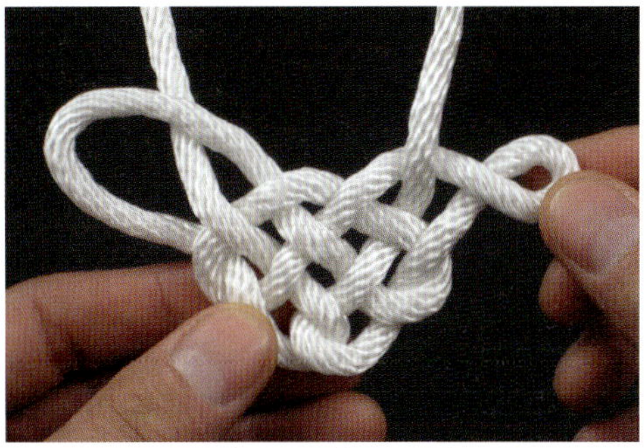

8. Die rechte Bucht von oben nach unten verdrehen, um ein Auge zu erzeugen.

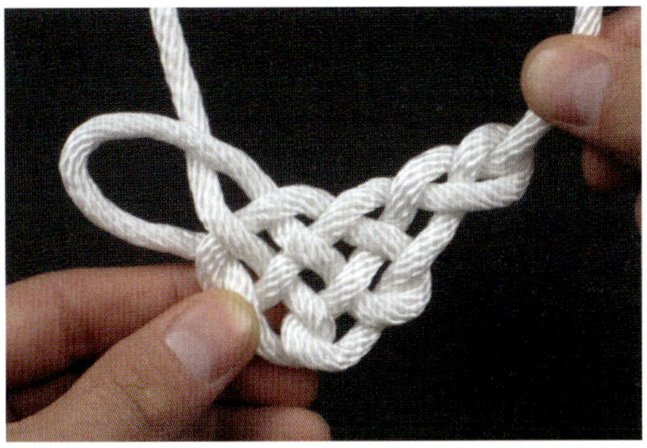

9. Die rechte lose Part durch die Rückseite des soeben entstandenen Auges stecken.

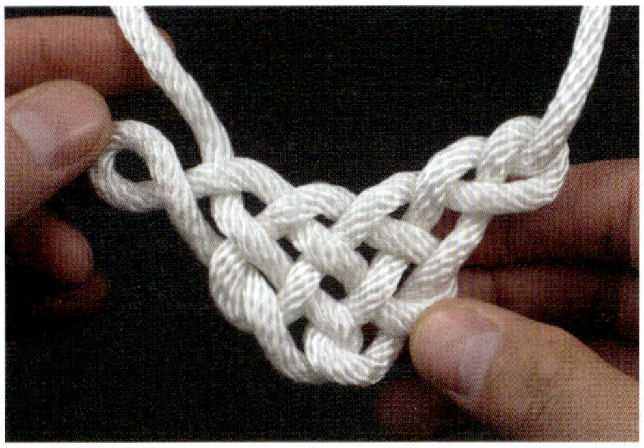

10. Die linke Bucht von unten nach oben verdrehen, um ein Auge zu erzeugen.

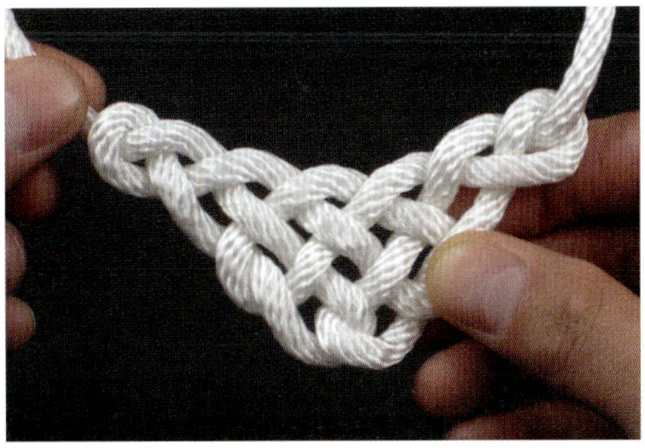

11. Die linke lose Part durch die Vorderseite des eben entstandenen, zweiten Auges stecken.

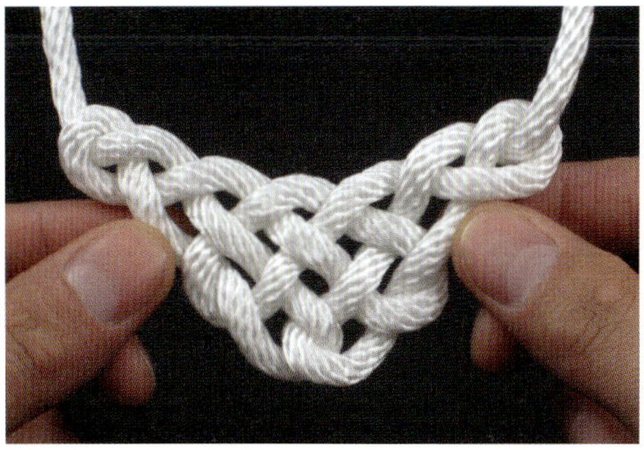

12. Den Knoten zurechtziehen, bis er seine unverkennbare Form hat.

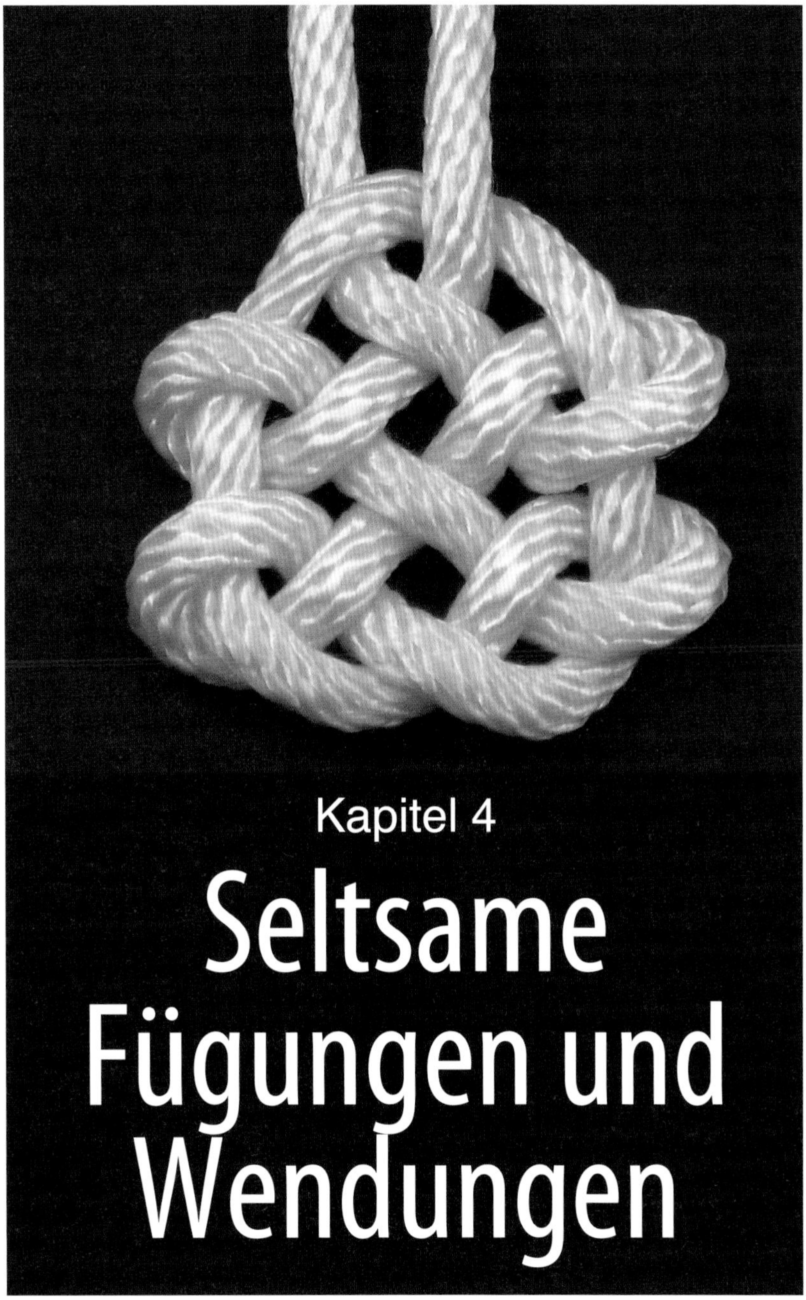

Kapitel 4

Seltsame Fügungen und Wendungen

Anhängerknoten

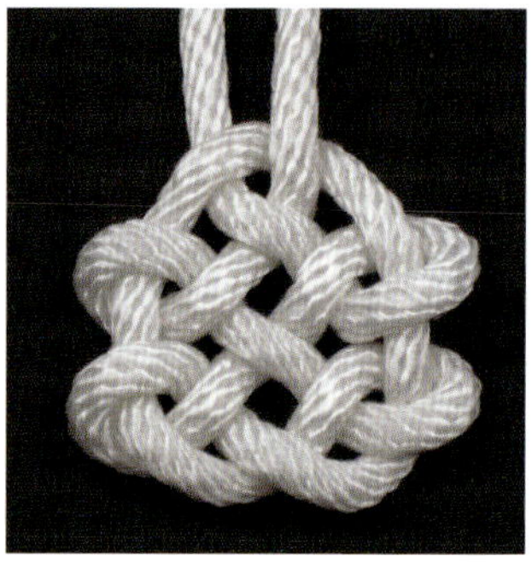

Entstanden aus dem Wunsch, ein einfaches, aber trotzdem schönes Accessoire zu einer Kette zu kreieren, hat sich der Anhängerknoten als sehr wertvoll erwiesen. Einige Knoten verdanken ihre Schönheit zumindest teilweise dieser Knotentechnik.

Knotenbestandteile: Rundtörns in gegenüberliegenden Augen

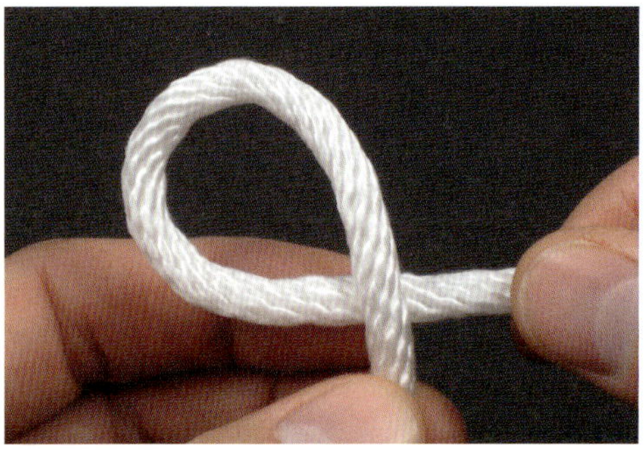

1. Ein Auge im Uhrzeigersinn legen (von unten kommende Part über oben liegende).

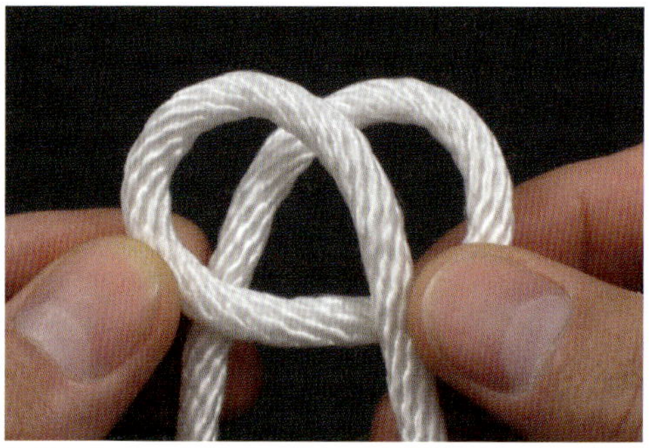

2. Die rechte lose Part nach links biegen und die Form einer Brezel beschreiben.

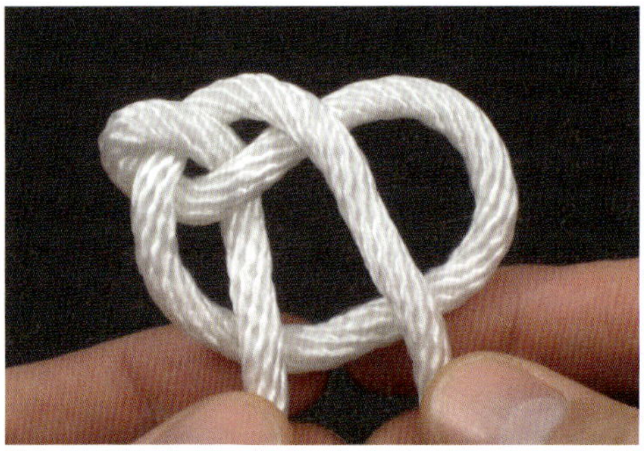

3. Dann mit der rechten losen Part von hinten einen Rundtörn um das Auge machen, die Part über sich selbst herausführen und auf der Vorderseite des Auges enden.

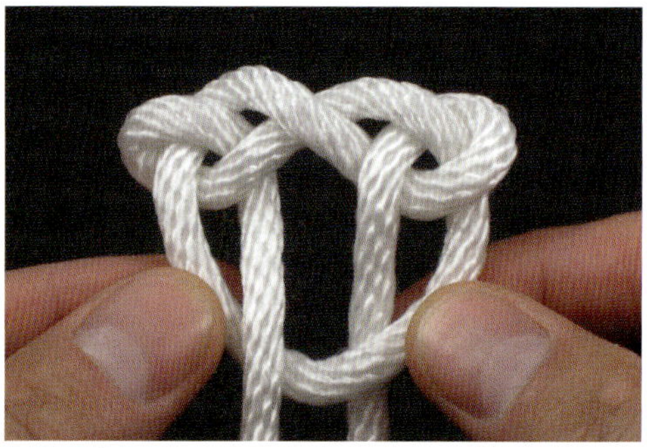

4. Mit der anderen losen Part von vorn einen Rundtörn um das Auge machen, die Part über sich selbst herausführen und auf der Rückseite des Auges enden.

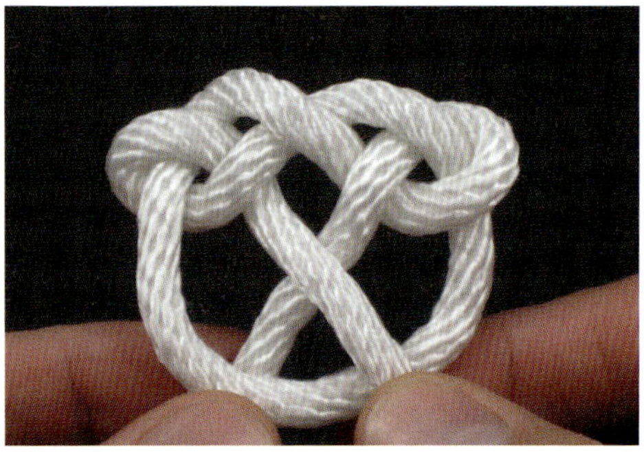

5. Die linke lose Part über die rechte legen.

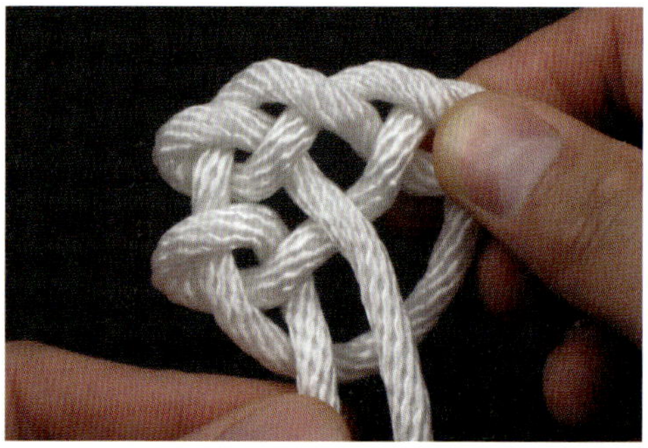

6. Schritt 3 wiederholen.

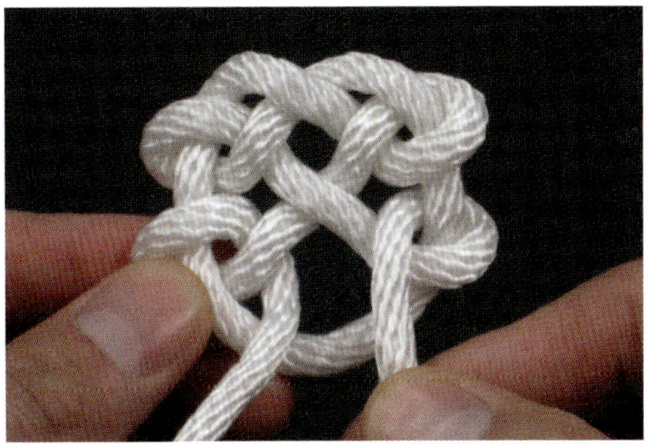

7. Schritt 4 wiederholen.

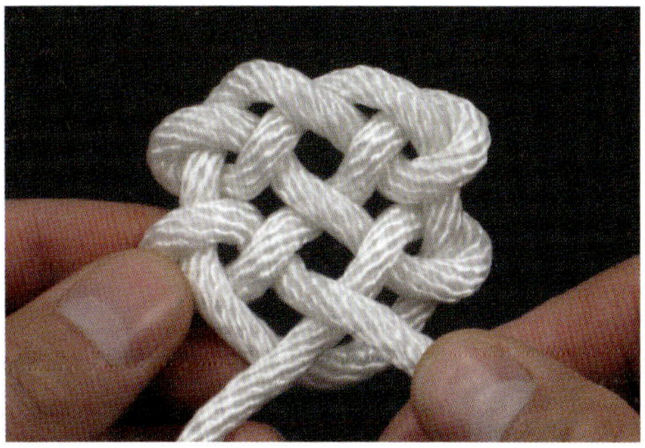

8. Schritt 5 wiederholen.

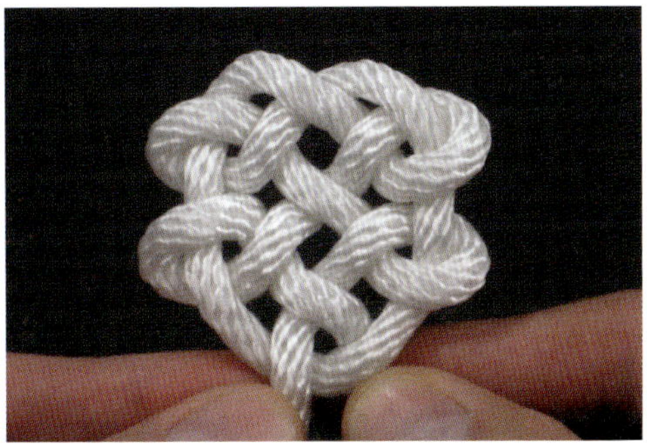

9. Das Stück fertigstellen, indem die linke lose Part unter das Auge gesteckt wird.

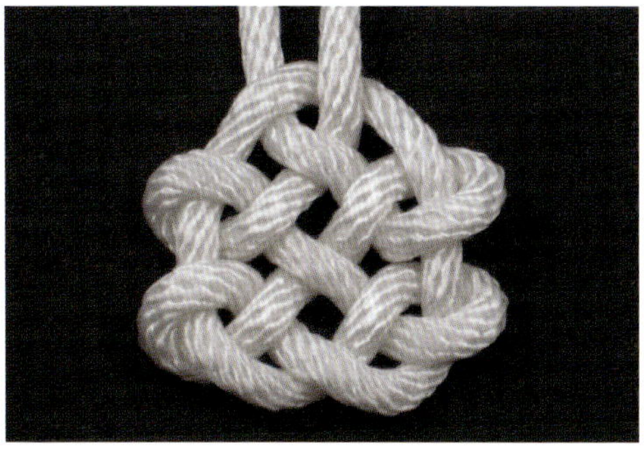

10. Den Knoten steifholen. Das Stück umdrehen, um den Anhänger zu erhalten.

Knoten der Herausforderung

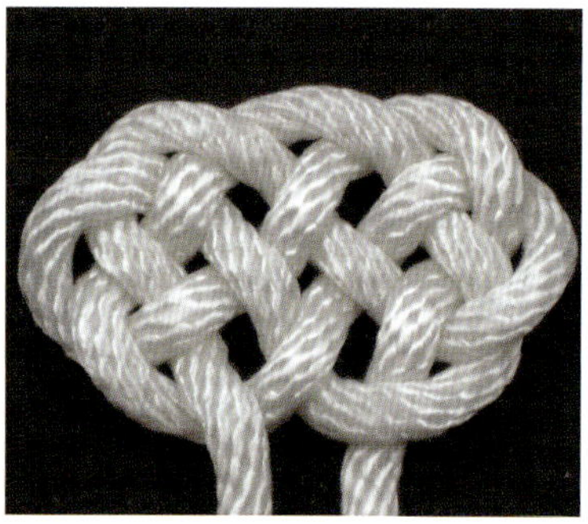

Der Name des Knotens der Herausforderung rührt von der Konzentration, die es während seiner Gestaltung braucht. Dieser Knoten stellt sowohl die Geduld als auch das Geschick auf die Probe. Dennoch ist die Schönheit des Knotens die Herausforderung wert!

Knotenbestandteile: Historischer Knoten

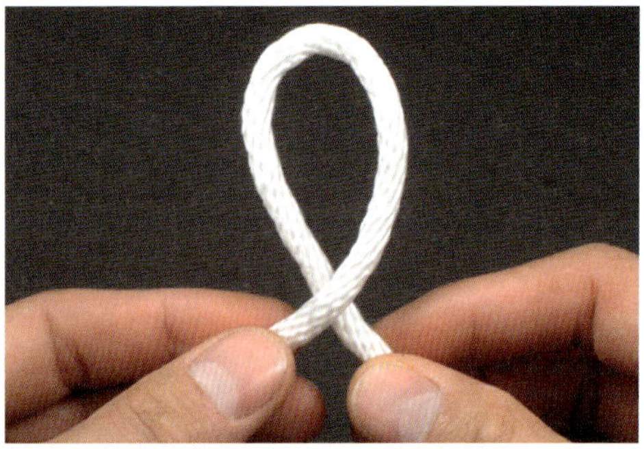

1. Ein Auge im Uhrzeigersinn legen (linke über rechte Part).

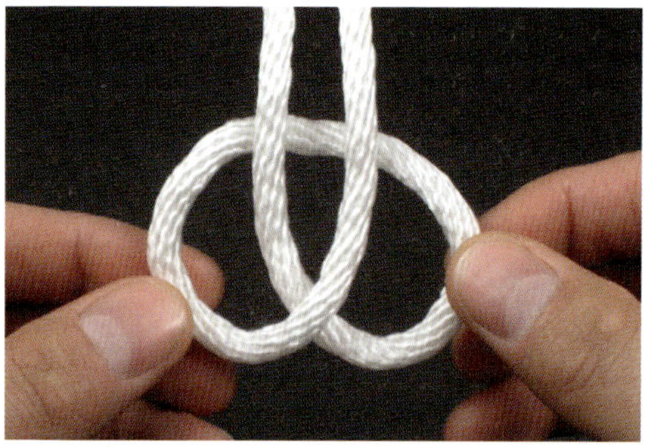

2. Die überkreuzten losen Parten nach oben drehen und über das Auge legen.

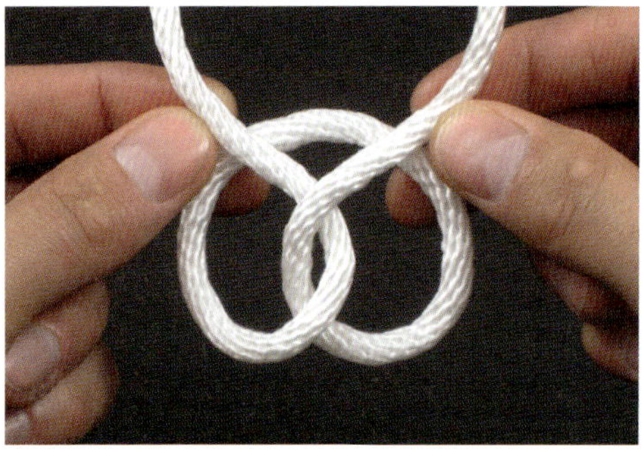

3. Die linke lose Part über die rechte legen und ...

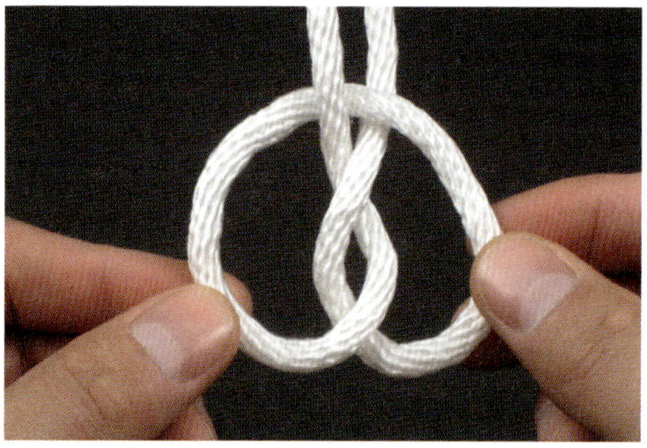

4. ... unter das Auge stecken. So entstehen ein rechtes und ein linkes Auge.

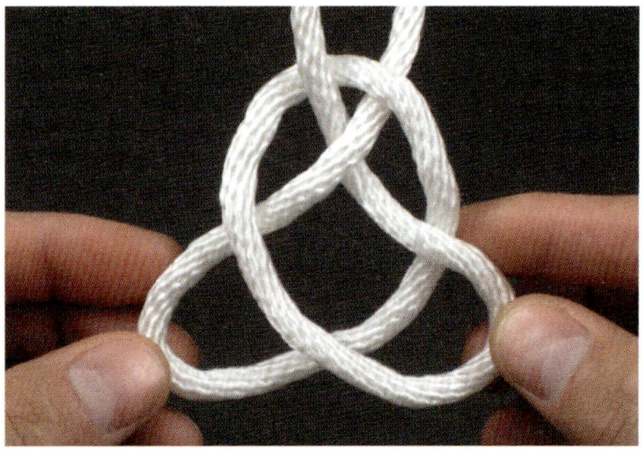

5. Das linke Auge über das rechte schieben.

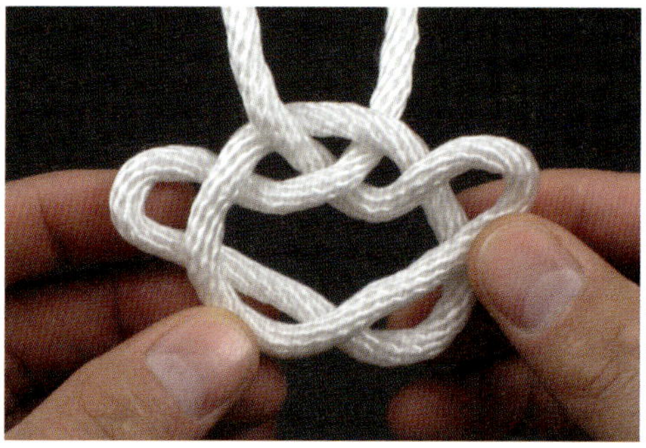

6. Das linke und das rechte Auge auseinanderziehen und so eine liegende Acht beschreiben.

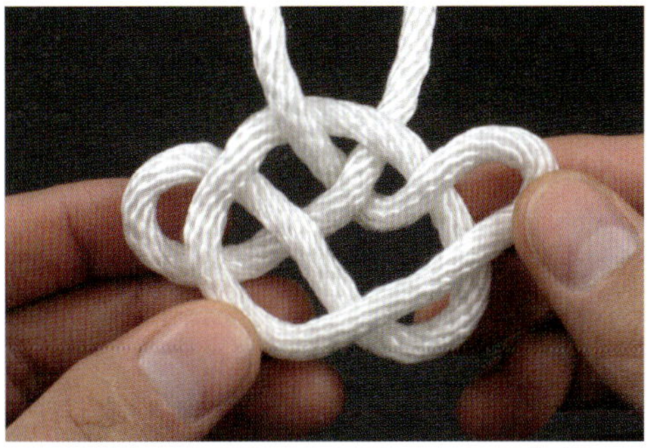

7. Das linke Auge im Uhrzeigersinn verdrehen (Unter- über Oberteil).

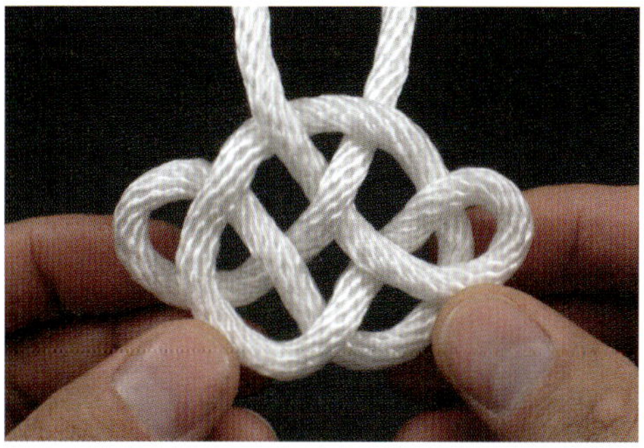

8. Das rechte Auge im Uhrzeigersinn verdrehen (Ober- über Unterteil).

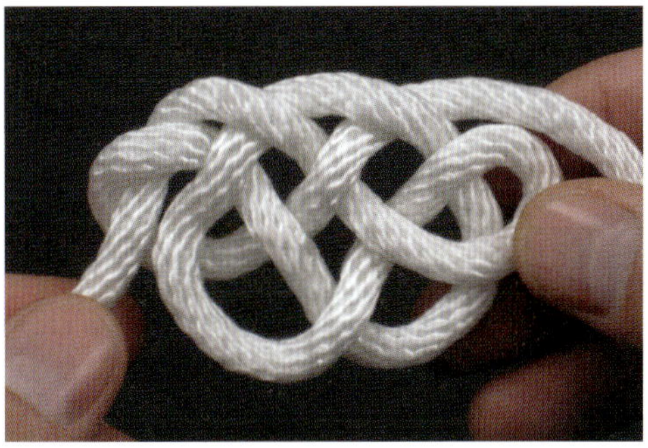

9. Nun die linke lose Part in einer Diagonale unter, ...

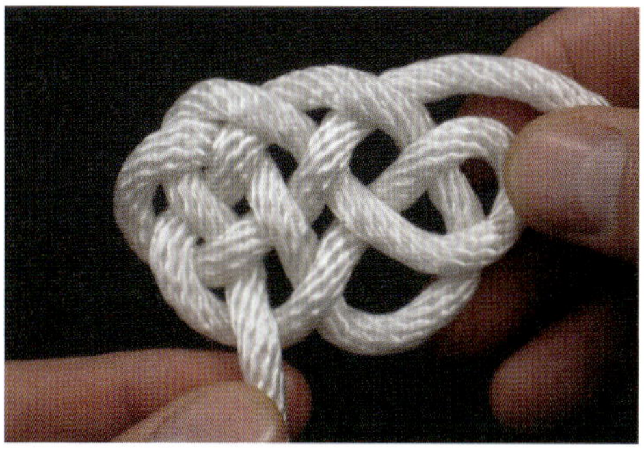

10. ... über, unter und wieder über die darunterliegenden Tampen weben.

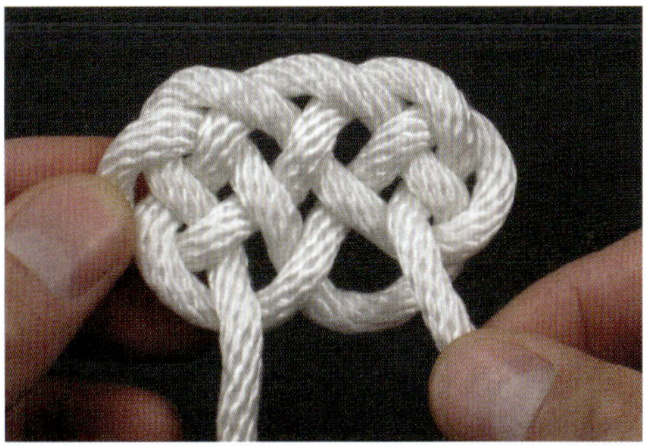

11. Die rechte lose Part in einer Diagonale über, unter, über und ...

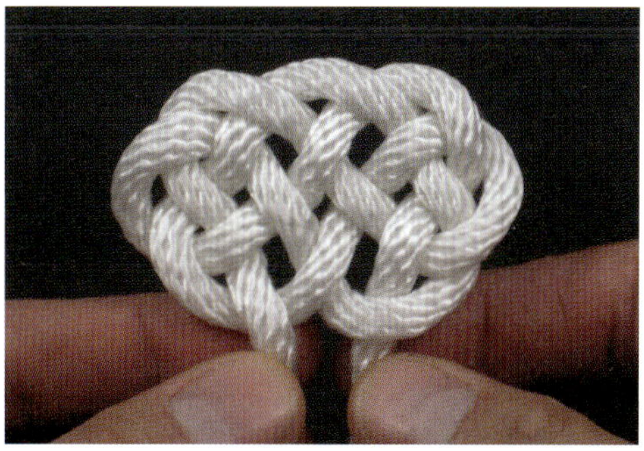

12. ... unter die darunterliegenden Tampen weben. Den Knoten steifholen.

Korbflechterknoten

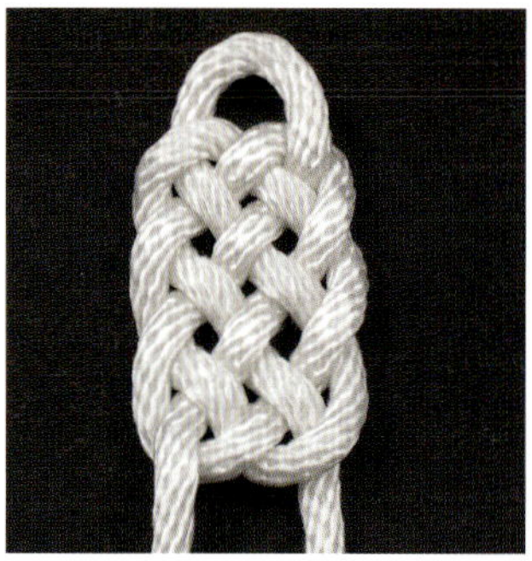

Das Erscheinungsbild des Korbflechterknotens ist zum Verwechseln ähnlich mit dem Wohlstandsknoten, jedoch mit zwei großen Ausnahmen: Er ist leichter zu knoten und leichter steifzuholen. Meine Hoffnung ist, dass Sie diesen Knoten als eine elegante Ergänzung zu Ihrem wachsenden Repertoire an rechteckigen Plattings betrachten.

Knotenbestandteile: Historischer Knoten

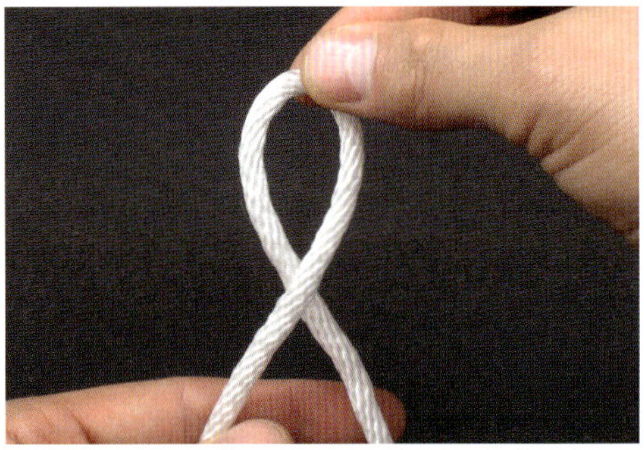

1. Ein Auge im Uhrzeigersinn legen (linke über rechte Part).

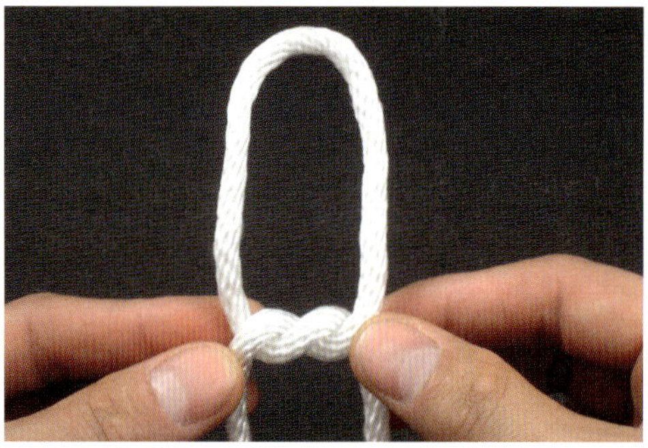

2. Einen halben Schlag knoten und etwa 8 cm lang ziehen.

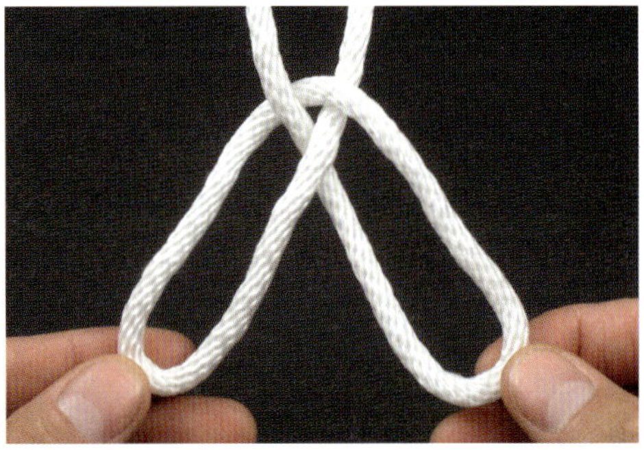

3. Die losen Parten anheben und die so entstandenen Augen auseinanderziehen.

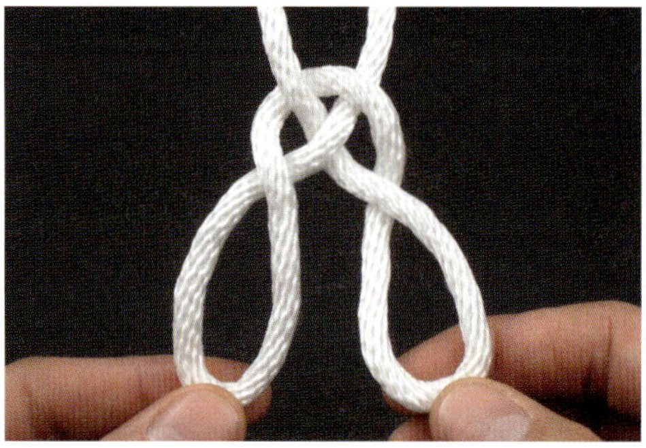

4. Beide Augen verdrehen (links über rechts).

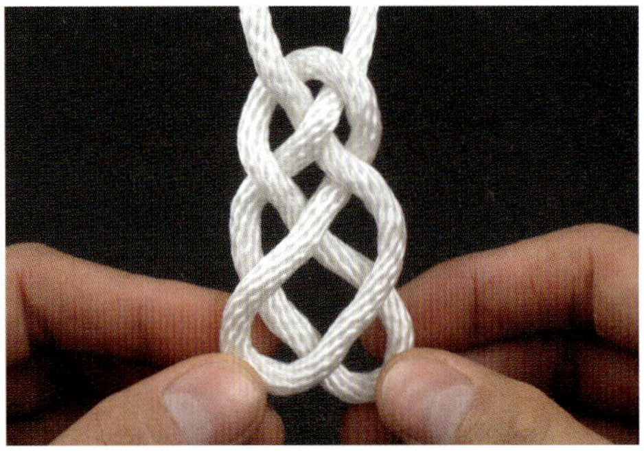

5. Das linke Auge unter das rechte legen.

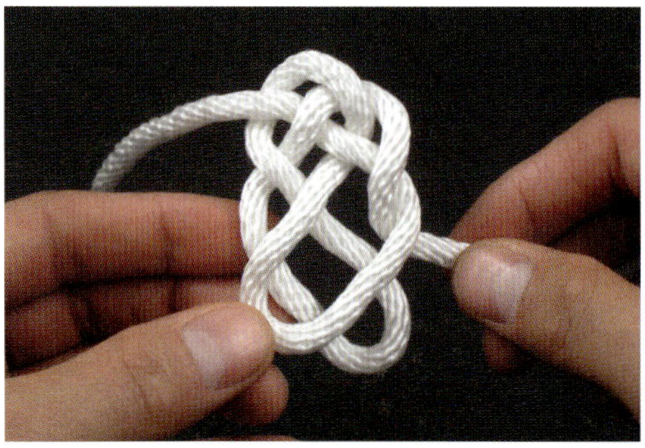

6. Die rechte lose Part diagonal über, ...

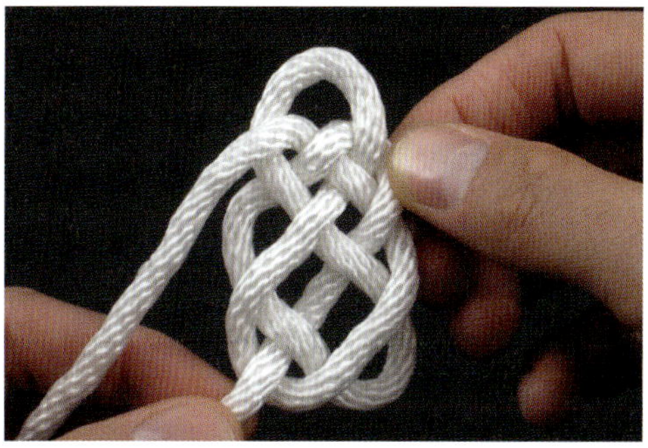

7. ... zweimal unter und wieder über die unten liegenden Tampen weben.

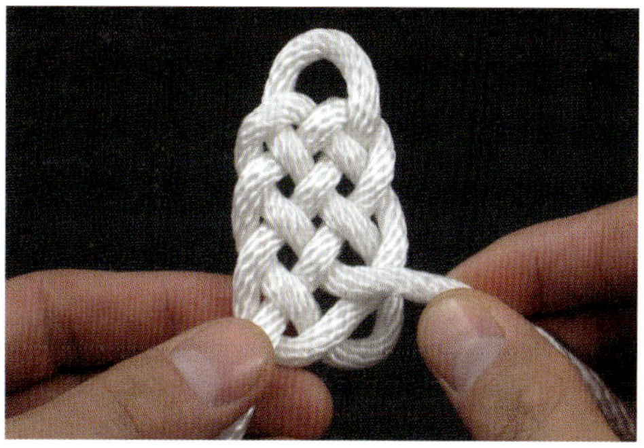

8. Dann die linke lose Part diagonal unter, über, unter, ...

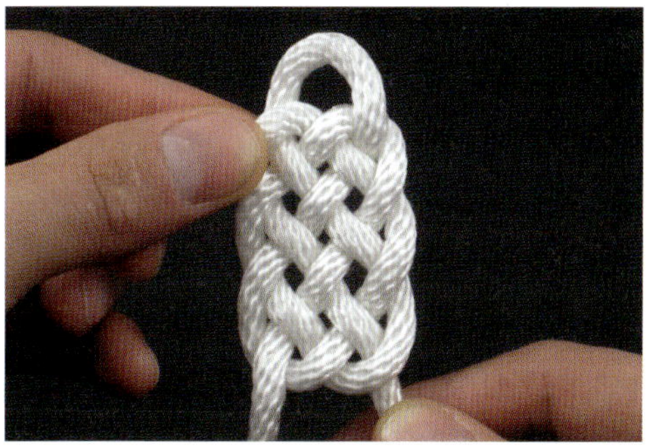

9. ... über und unter die unten liegenden Tampen weben.

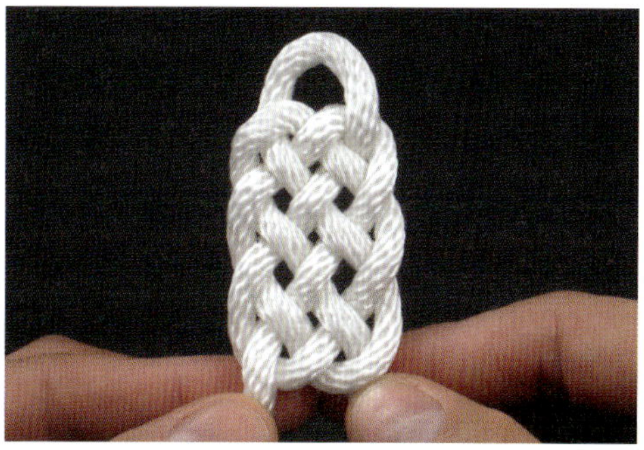

10. Den Knoten steifholen.

Knoten der Brigid

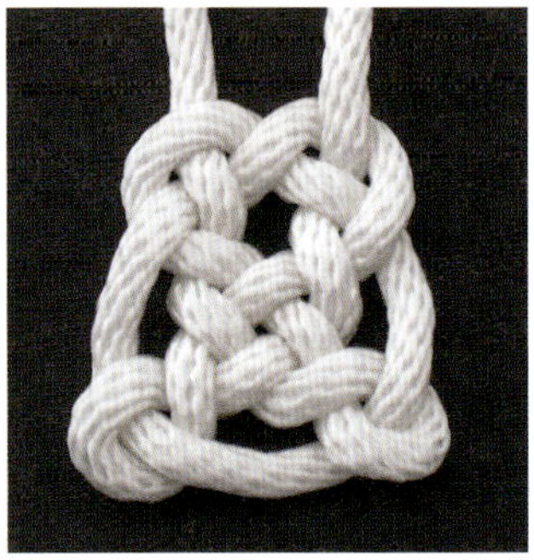

Christen sehen in Brigida von Kildare eine Heilige. Heiden glauben, sie sei eine Göttin. Beide verherrlichen ihre Schönheit und ihre grenzenlose Güte. Der Knoten der Brigid stellt diese sagenumwobene Frau dar, indem er ihr Symbol, ein gewebtes Kreuz, mit einem offenen Herzen verflicht.

Knotenbestandteile: Korbflechterknoten + Rundtörns um gegenüberliegende Augen + Schlüssellochknoten

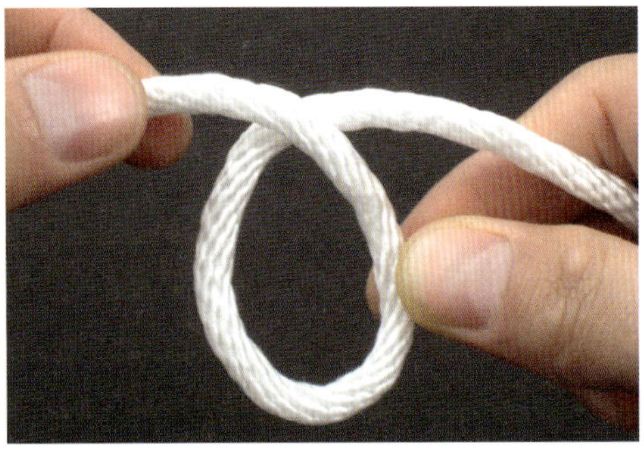

1. Ein etwa 5 cm großes Auge gegen den Uhrzeigersinn (links über rechts) legen.

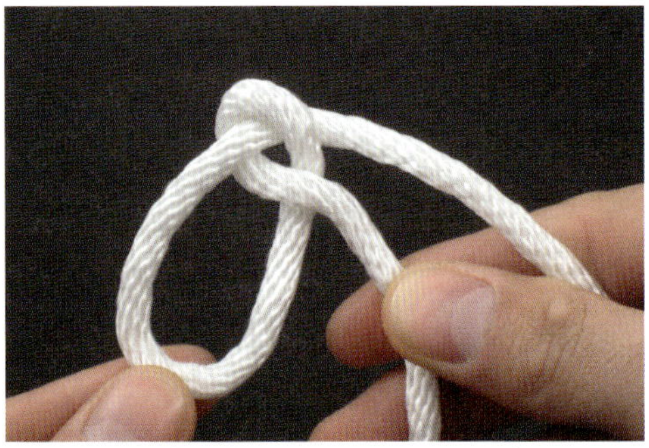

2. Mit der linken losen Part einen Rundtörn um den Tampen schlagen und sie dann durch das Auge führen.

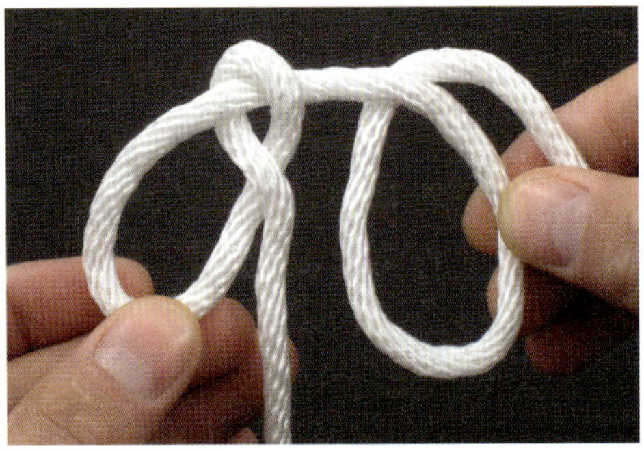

3. Etwa 2,5 cm entfernt vom ersten Auge ein zweites Auge derselben Größe machen.

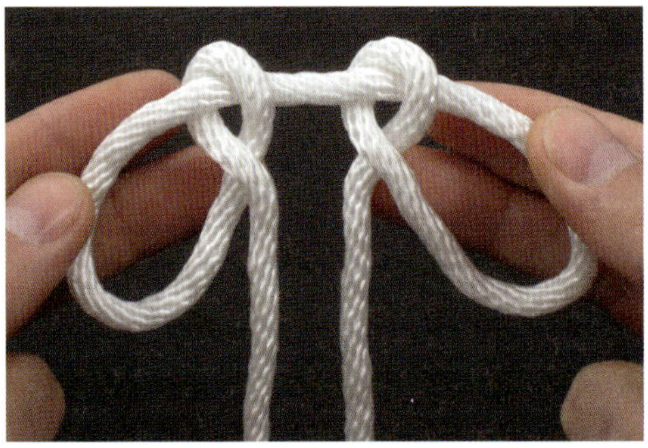

4. Die lose Part um den Tampen und durch das Auge führen.

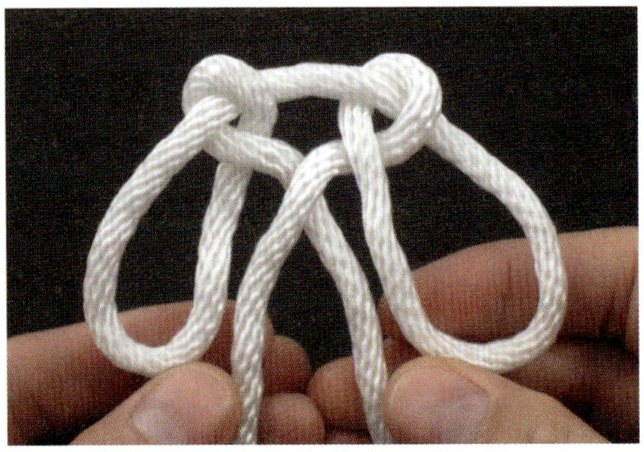

5. Die rechte über die linke lose Part legen.

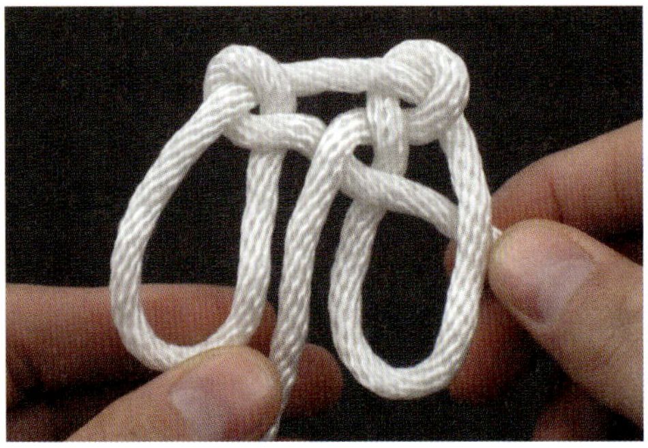

6. Die andere lose Part über und durch das rechte Auge stecken.

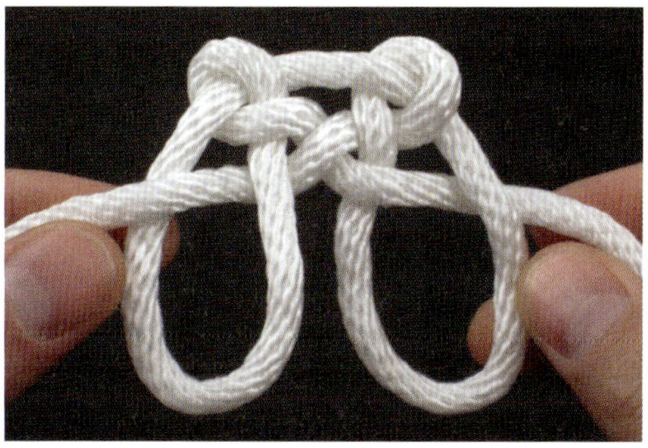

7. Die linke lose Part unter und durch das linke Auge stecken.

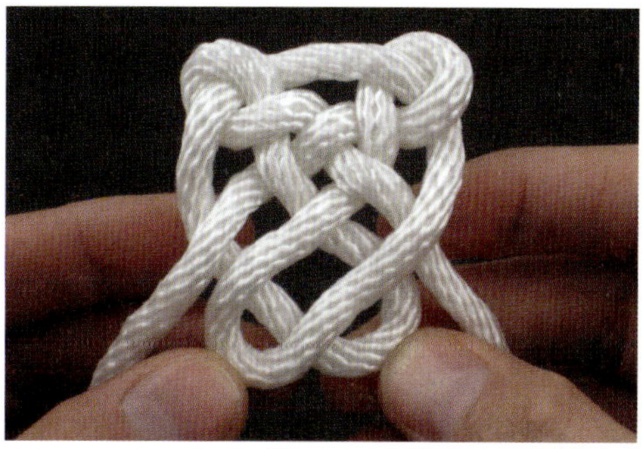

8. Das rechte Auge über das linke legen.

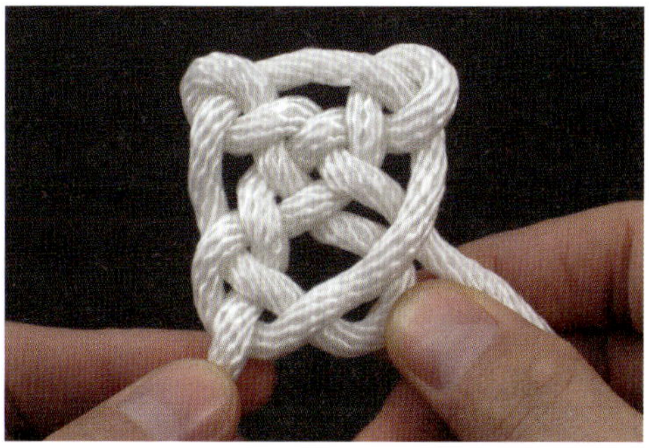

9. Die linke lose Part über, unter und über die darunterliegenden Tampen weben.

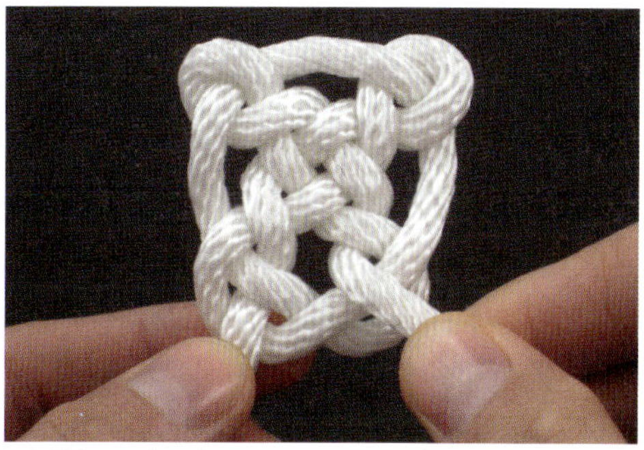

10. Die rechte lose Part unter, über und ...

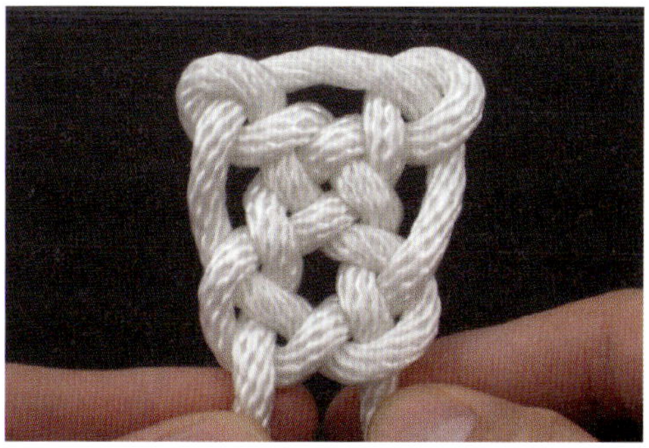

11. ... unter die darunterliegenden Tampen weben.

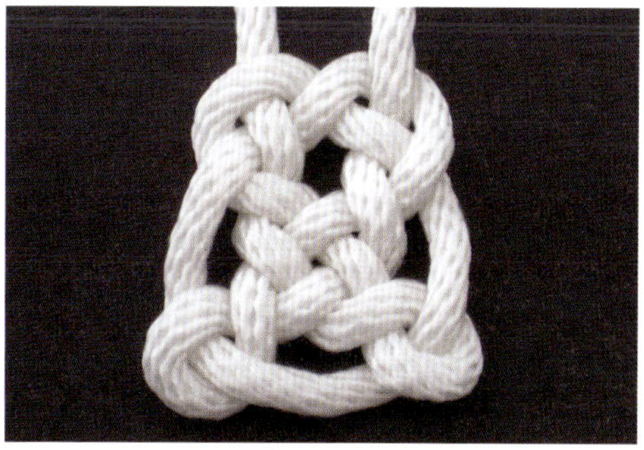

12. Den Knoten steifholen und dann umdrehen, um das Kreuz und das Herz zu sehen.

Körbchenknoten

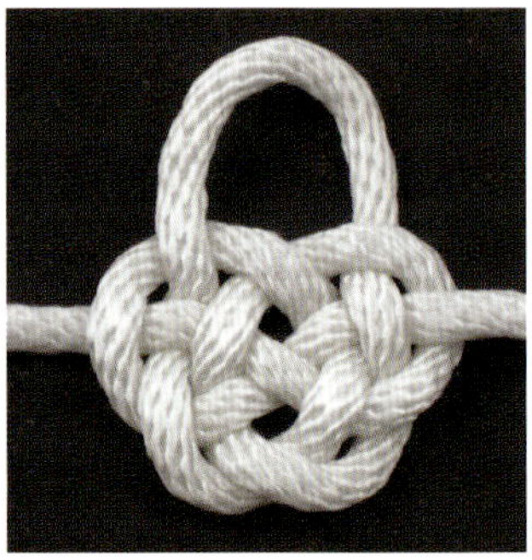

Mit der gleichen Silhouette wie der Wolkenknoten kann der Körbchenknoten für sich allein stehen. Seine Wurzeln hat er in einer keltischen Gestaltung, die ich in einem historischen Motiv gefunden habe. Seitdem habe ich diesen Knoten in zahlreiche Fusionsknoten eingebaut.

Knotenbestandteile: Historischer Knoten

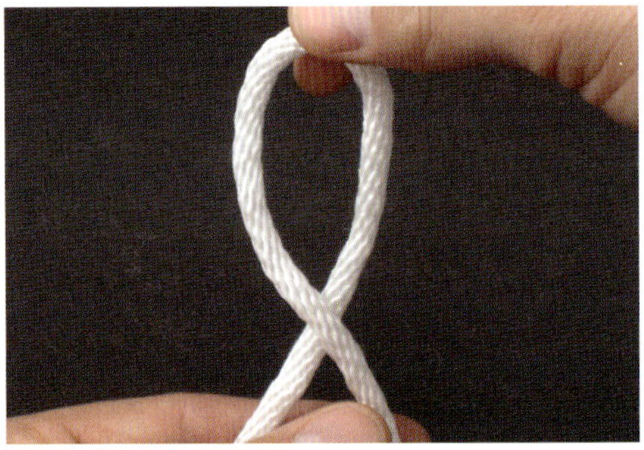

1. Ein Auge gegen den Uhrzeigersinn (rechts über links) legen.

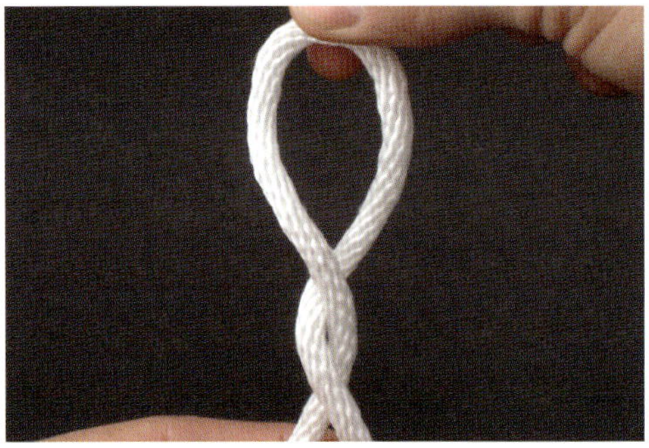

2. Das Auge gegen den Uhrzeigersinn verdrehen.

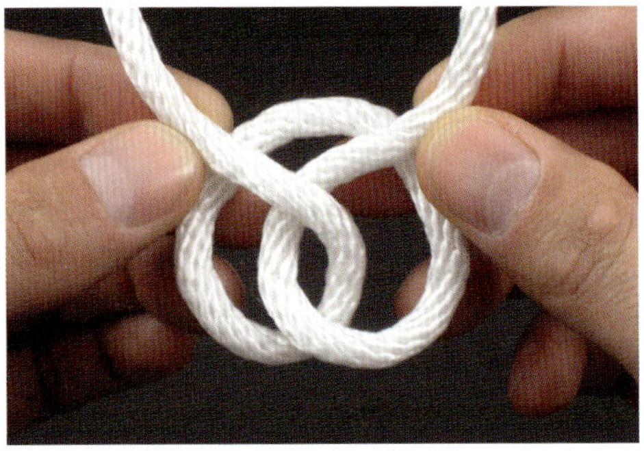

3. Die Verdrehung hinauf in die Mitte des Auges drehen.

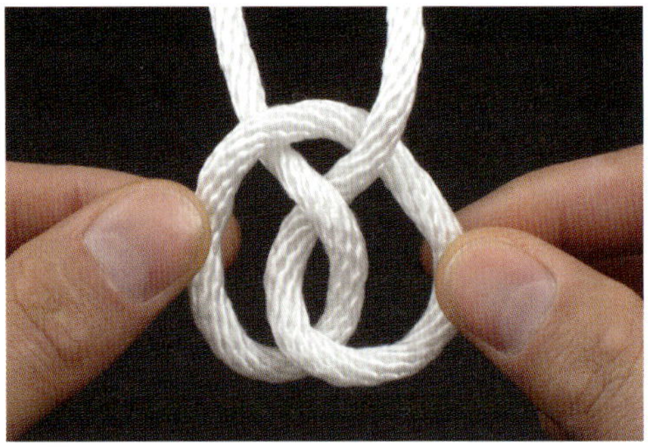

4. Die linke lose Part unter den linken Rand des Auges stecken.

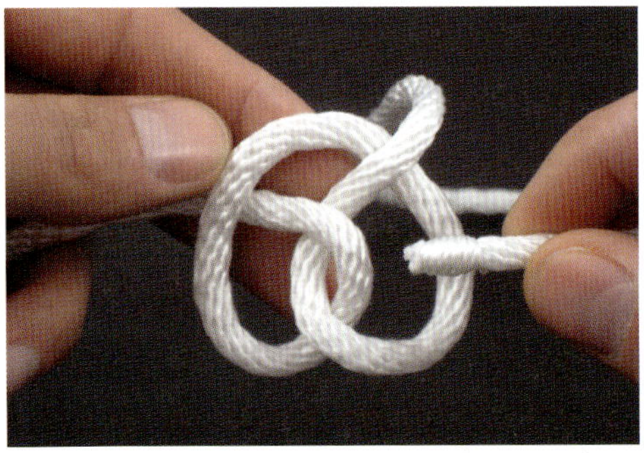

5. Die rechte lose Part nach unten biegen, über den rechten Rand des Auges stecken ...

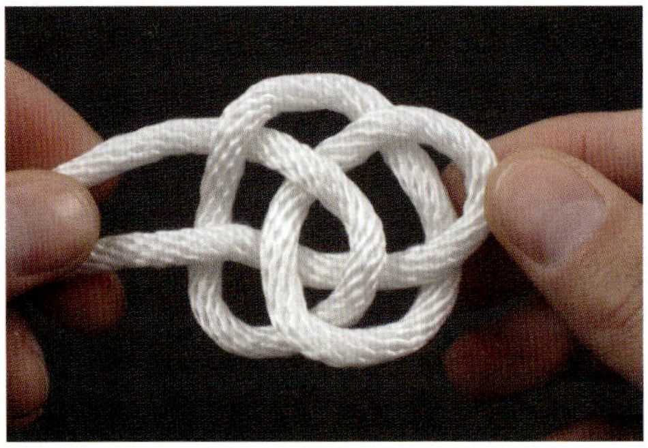

6. ... und dann zweimal unter die Tampen, dann über den linken Rand des Auges stecken.

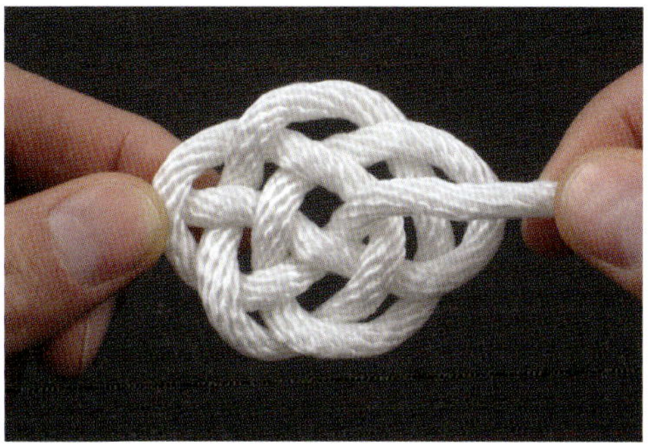

7. Die linke lose Part von unten nach oben führen, dann oben beginnend ...

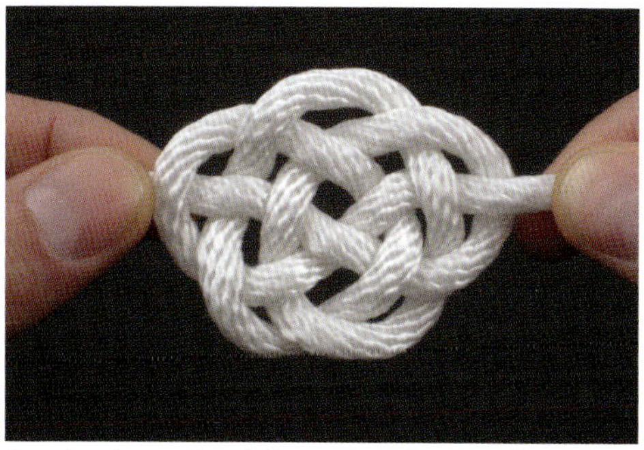

8. ... horizontal auf die andere Seite weben.

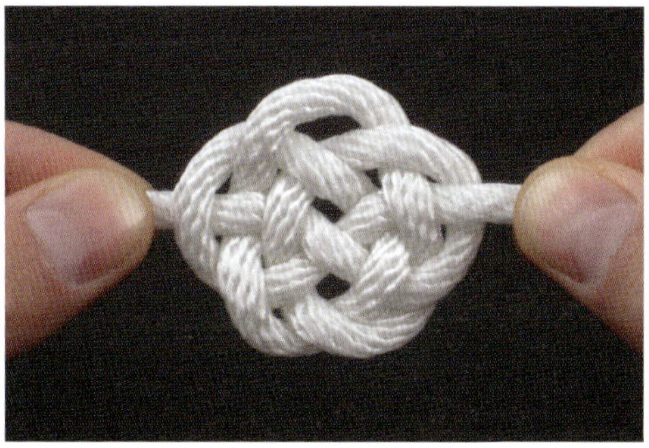

9. Den Knoten steifholen und dabei ...

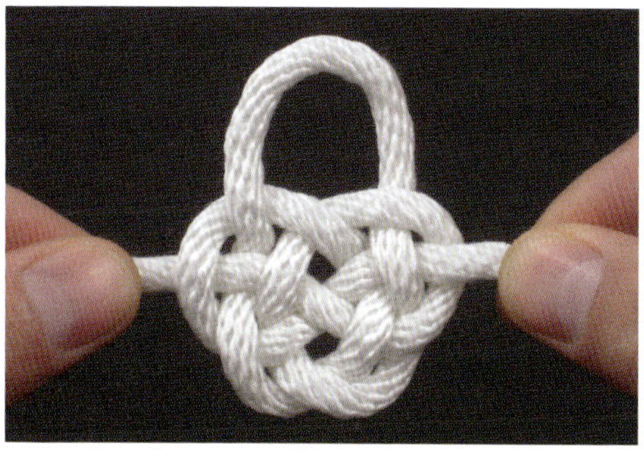

10. ... das obere Auge herausziehen, damit der Knoten wie ein Körbchen aussieht.

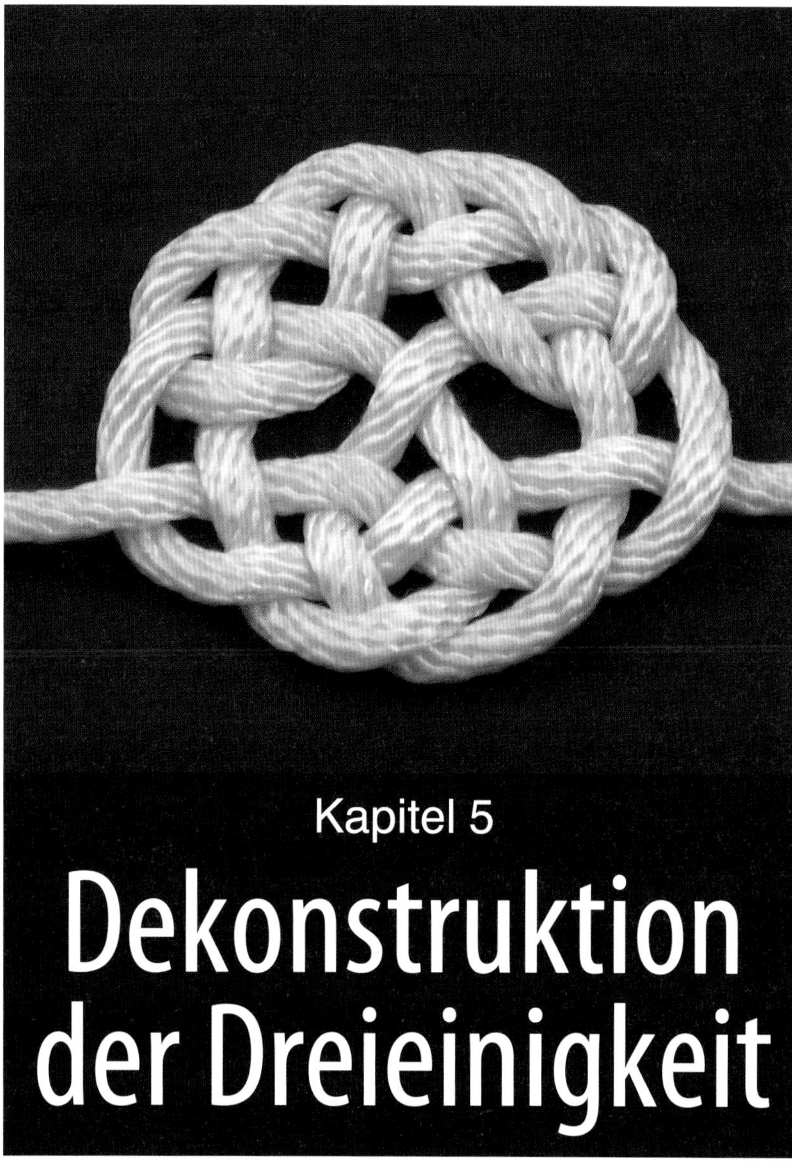

Kapitel 5

Dekonstruktion der Dreieinigkeit

Dreieinigkeitsknoten

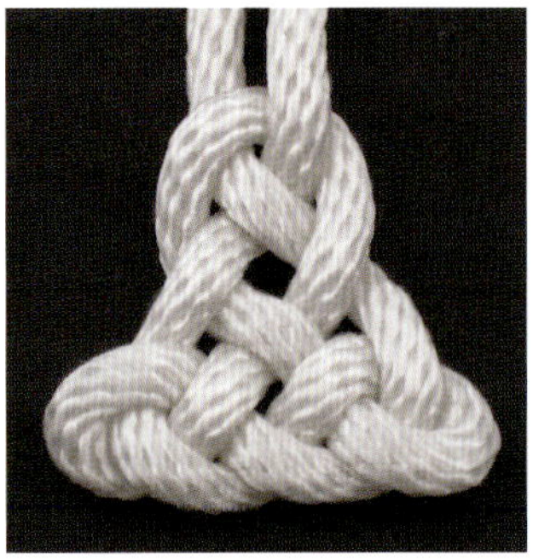

Den Dreieinigkeitsknoten kann man überall auf den Britischen Inseln in keltischen Motiven finden. Diese Ausführung wurde auch von den Römern und Germanen der Antike verwendet. Ganz allgemein erklärt handelt es sich bei diesem Knoten um ein Symbol für eine Dreiheit von Dingen oder Personen.

Knotenbestandteile: Historischer Knoten

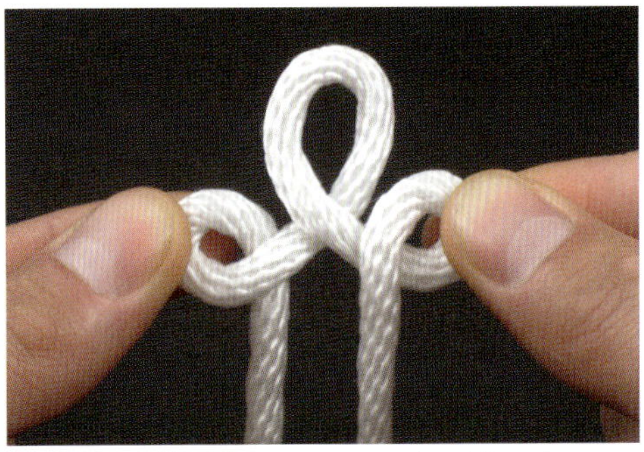

1. Machen Sie 3 Augen gegen den Uhrzeigersinn (rechte Enden über linke Enden).

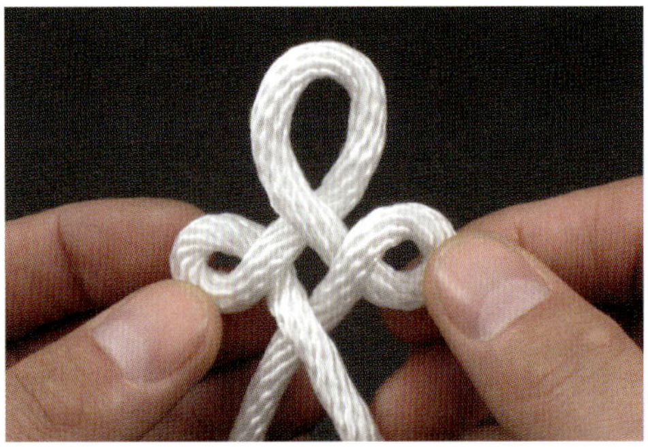

2. Legen Sie die linke lose Part über die rechte.

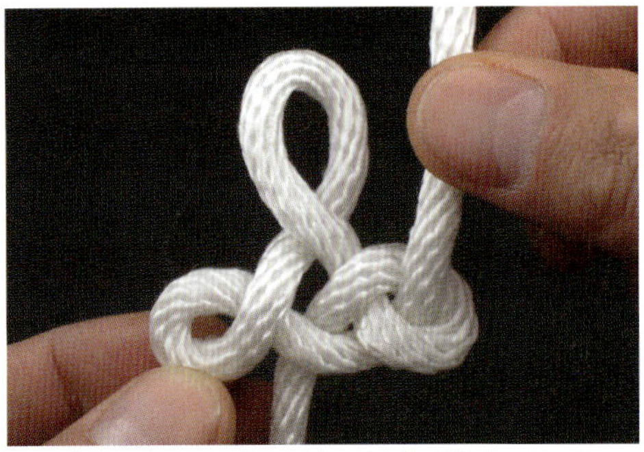

3. Führen Sie sie dann durch die Rückseite des rechten Auges nach oben ...

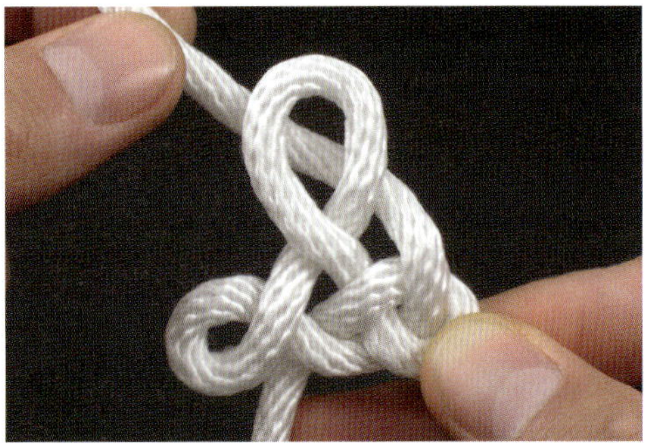

4. ... und entlang der Rückseite des mittleren Auges.

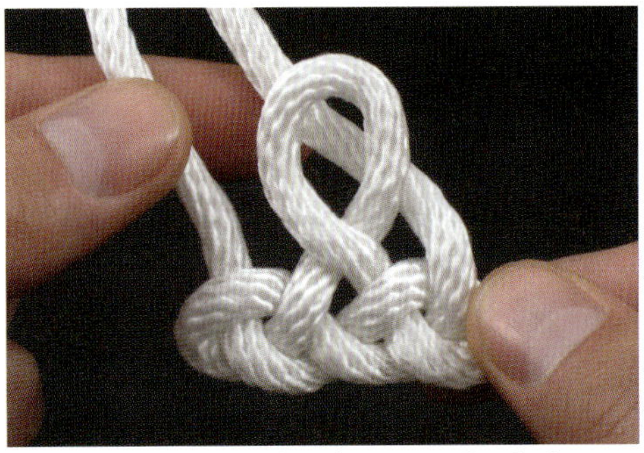

5. Führen Sie die andere lose Part durch die Vorderseite des linken Auges ...

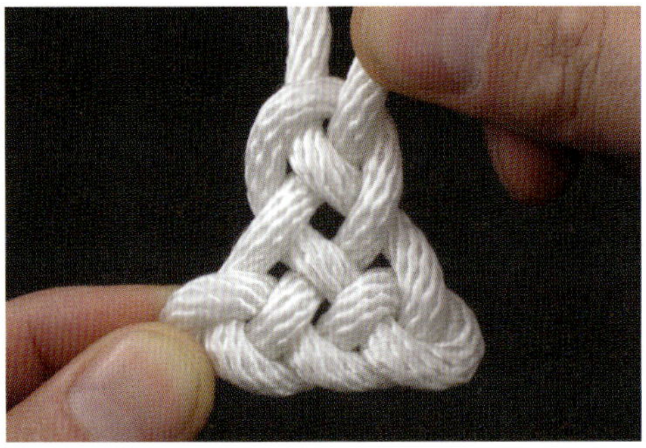

6. ... und weben Sie dann in einer Diagonalen über, unter und wieder über die nach oben führenden Tampen.

Hammerknoten

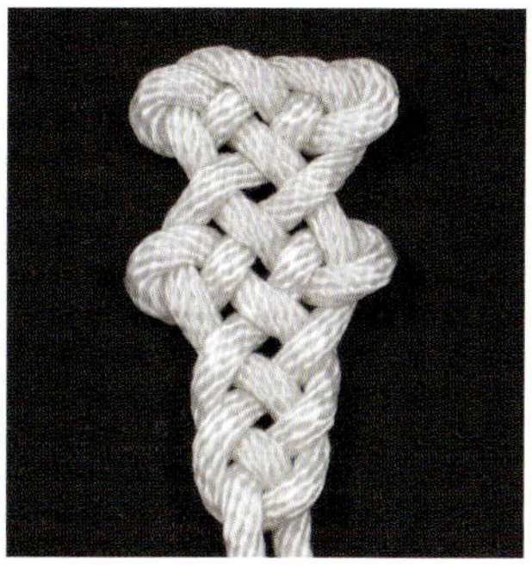

In der Wikingerzeit trug man als Glücksbringer Miniaturen von Thors Hammer um den Hals. Der Hammerknoten erweckt dieses historische Symbol zu neuem Leben und erlaubt uns die Gestaltung eines Amulettes mit ähnlicher Form aus Seilwerk.

Knotenbestandteile: Dreieinigkeitsknoten + Schlangen-Platting + gegenüberliegende Rundtörns

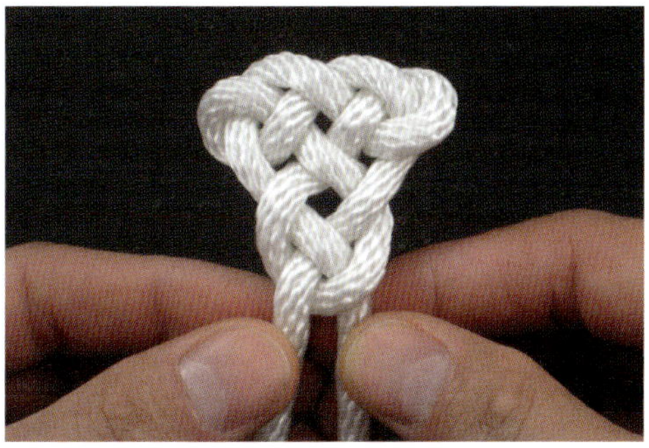

1. Mit einem Dreieinigkeitsknoten beginnen.

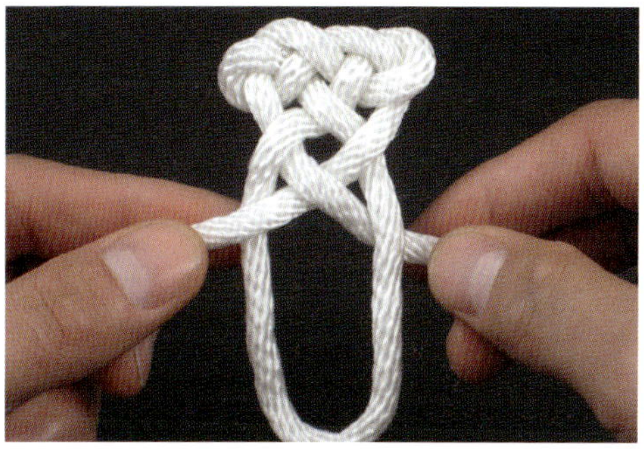

2. Das untere Auge etwa 5 cm in die Länge ziehen.

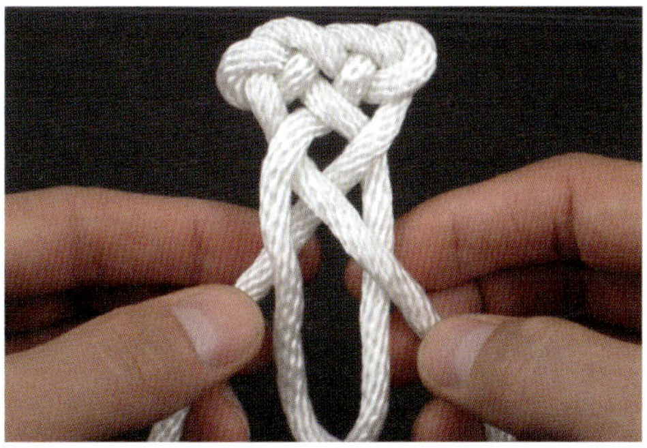

3. Vertauschen Sie oben und unten bei den losen Parten.

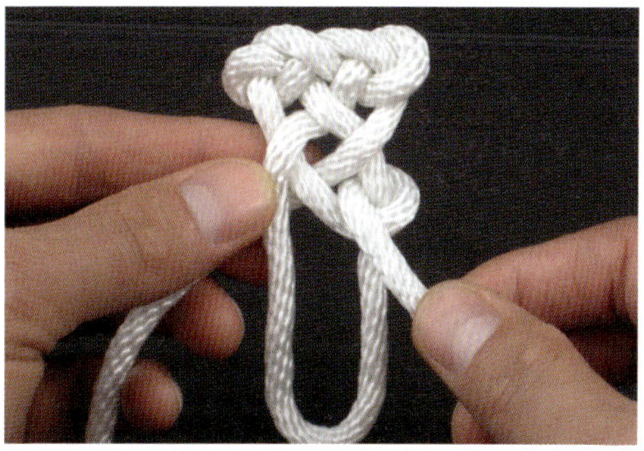

4. Mit der rechten losen Part einen Rundtörn um das Auge machen und die Part über sich selbst herausführen.

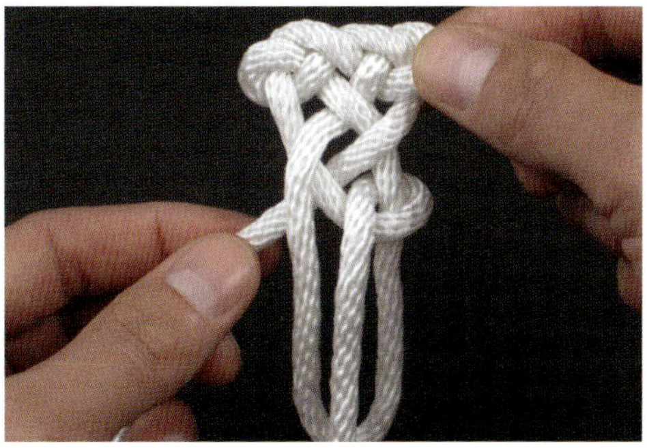

5. Die linke lose Part führen und ...

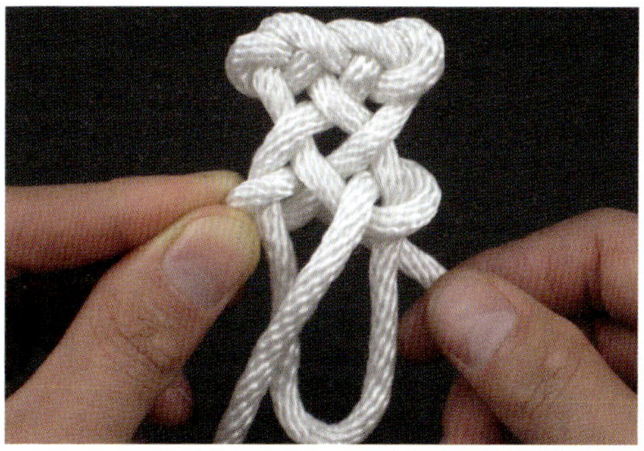

6. ... einen Rundtörn um das Auge beschreiben. Die Part unter sich selbst herausführen und ...

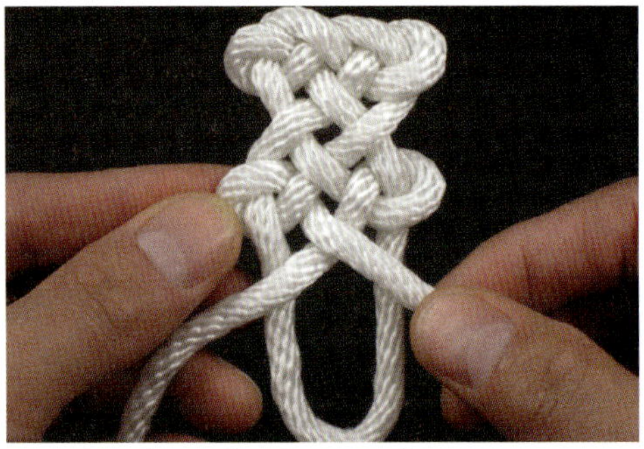

7. ... über die andere lose Part legen.

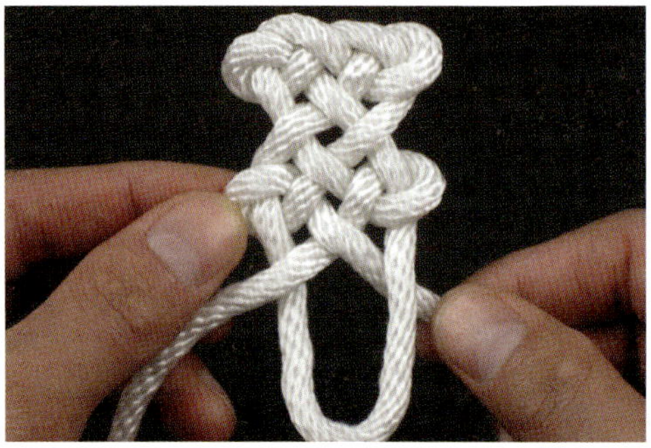

8. Die rechte lose Part unter das Auge stecken.

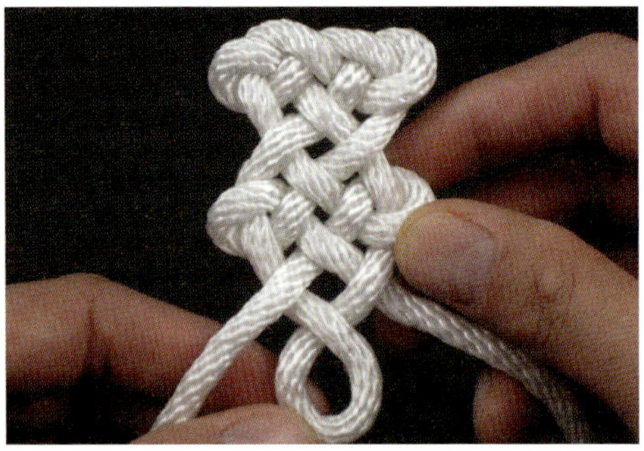

9. Das Auge verdrehen (links über rechts).

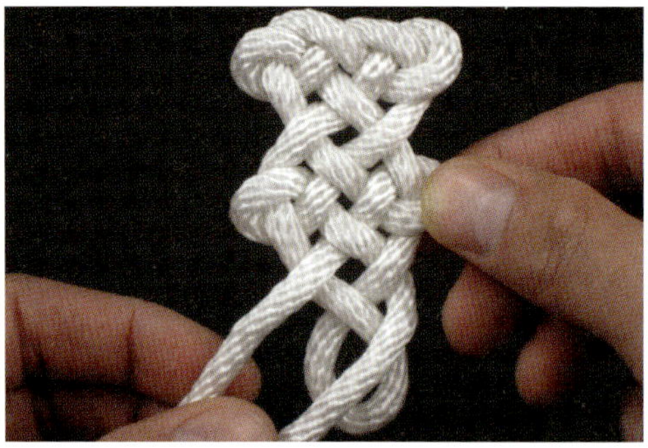

10. Die rechte lose Part über das Auge legen.

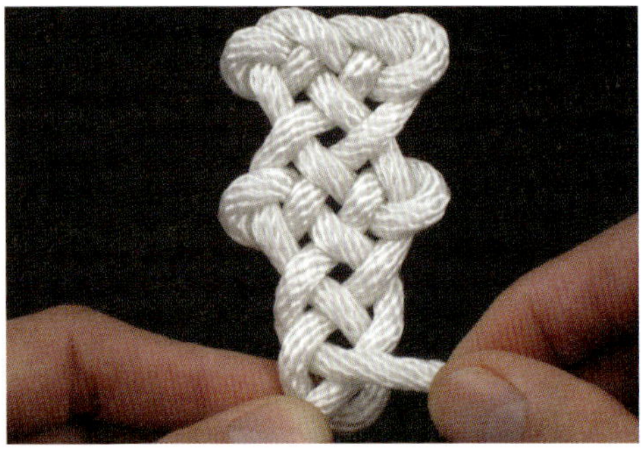

11. Mit der linken losen Part von links nach rechts unter, über und ...

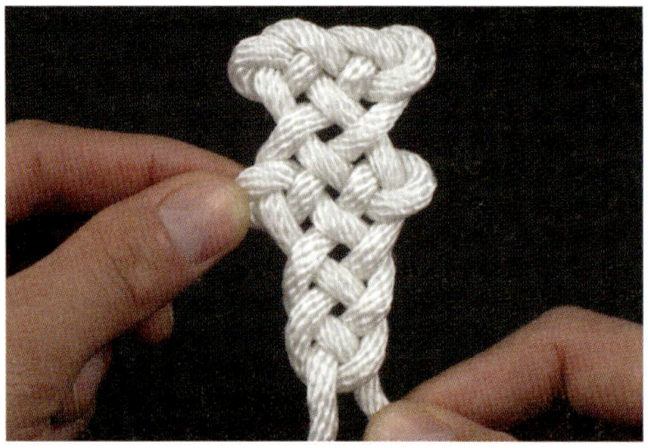

12. ... unter die darunterliegenden Tampen weben, dann den Knoten steifholen.

Knoten der dreigestaltigen Göttin

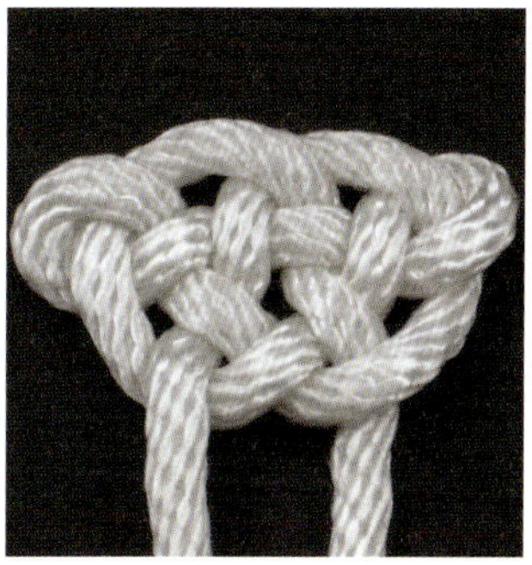

Das Zeichen der dreigestaltigen Göttin des zunehmenden, vollen und abnehmenden Mondes soll die Eigenschaften von Jungfrau, Mutter und Greisin darstellen. Dieser Knoten bringt alle drei Stadien des Lebens einer Frau gleichermaßen zum Ausdruck.

Knotenbestandteile: Dreieinigkeitsknoten + Münzenringknoten

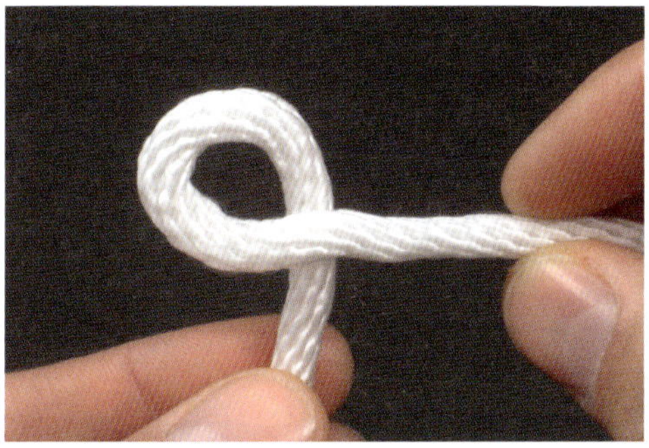

1. Ein Auge gegen den Uhrzeigersinn legen (rechts über links).

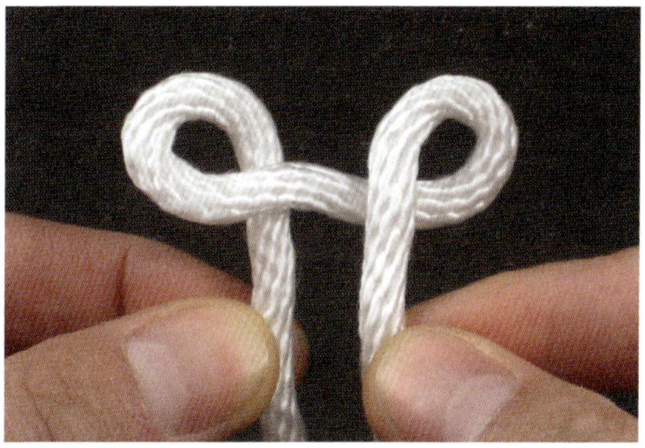

2. Dann ein zweites Auge rechts des ersten Auges gegen den Uhrzeigersinn legen.

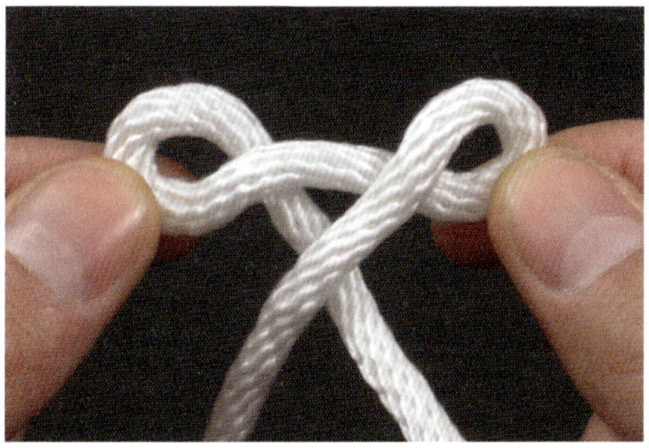

3. Die rechte lose Part über die linke legen.

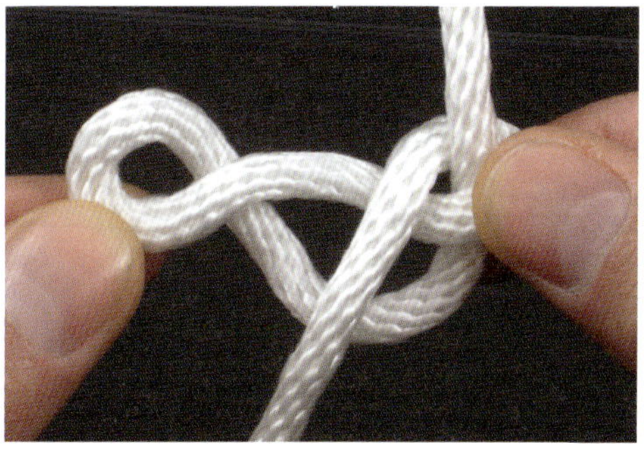

4. Die linke lose Part nach oben biegen und von hinten durch das rechte Auge stecken.

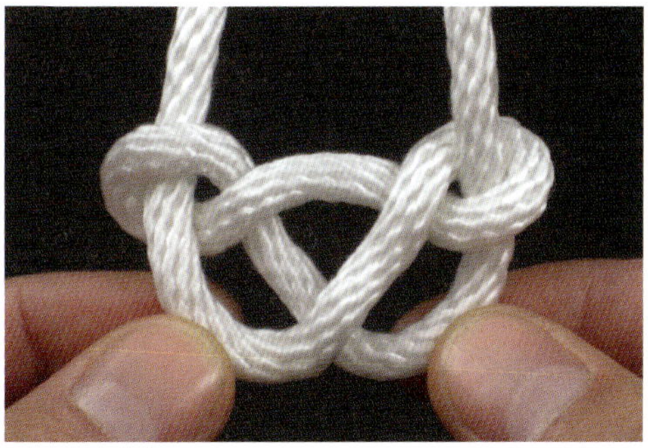

5. Die rechte lose Part nach links biegen und von vorn durch das linke Auge stecken.

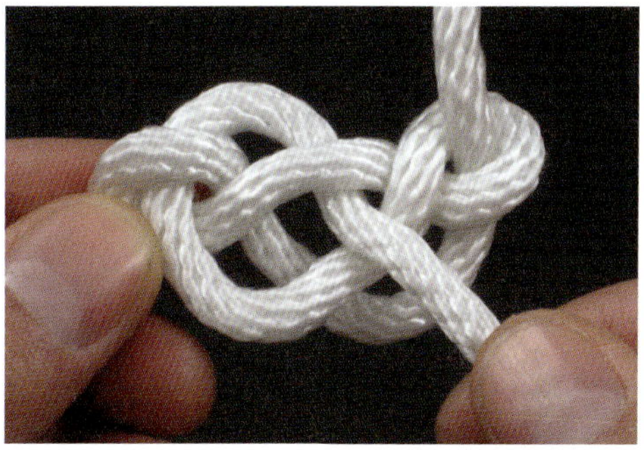

6. Die linke lose Part verweben und dabei diagonal unter, über und ...

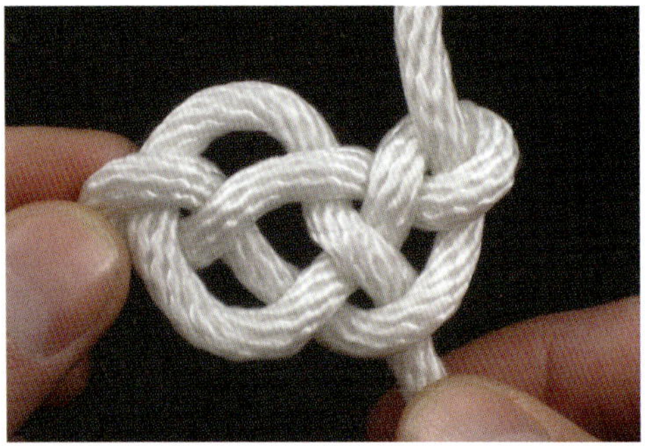

7. ... unter die darunterliegenden Tampen stecken.

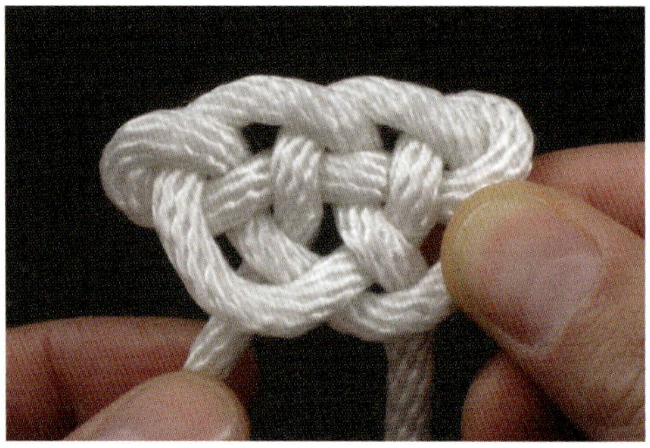

8. Die rechte lose Part verweben: Diagonal unter den oben links liegenden Tampen und über, ...

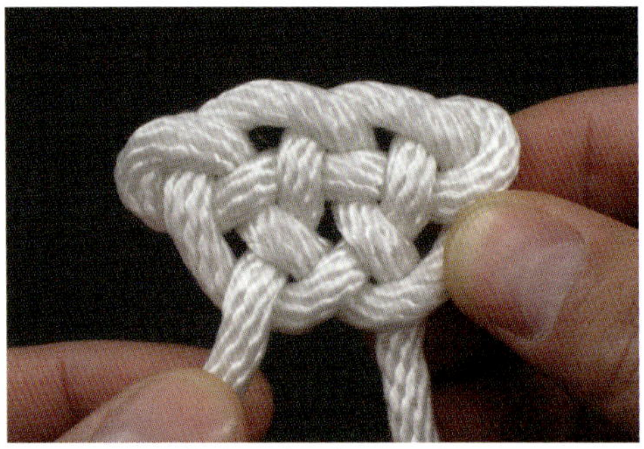

9. ... unter und über die darunterliegenden Tampen.

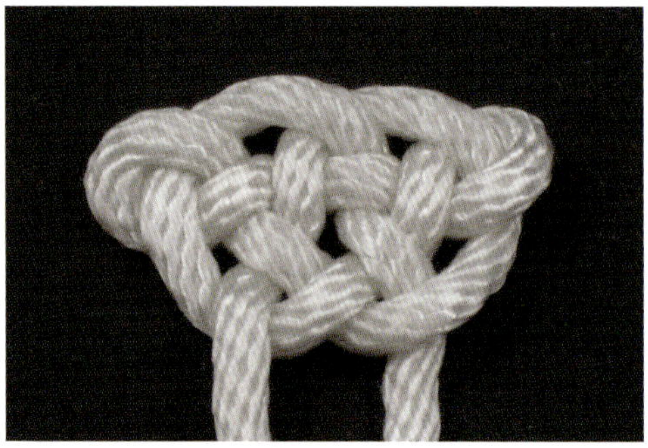

10. Den Knoten steifholen.

Cupcake-Knoten

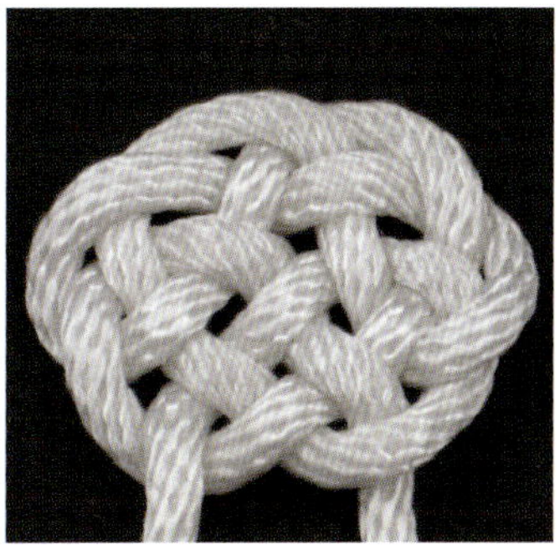

Ich habe lange nach einem Namen für diesen Knoten gesucht und bin letzten Endes bei „Cupcake-Knoten" gelandet, weil ... naja, er nun mal aussieht wie ein Cupcake. Wenn Sie also Geburtstag haben oder es einfach nur Zeit für ein Geschenk ist, dann ist dieser Leckerbissen genau das Richtige!

Knotenbestandteile: Dreieinigkeitsknoten + Münzenringknoten

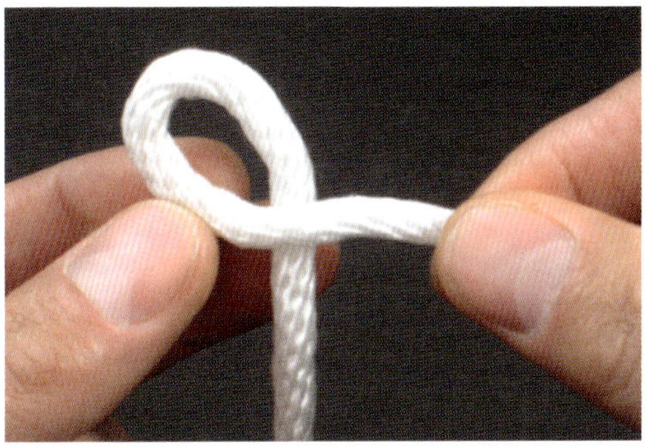

1. Ein Auge gegen den Uhrzeigersinn legen (rechts über links).

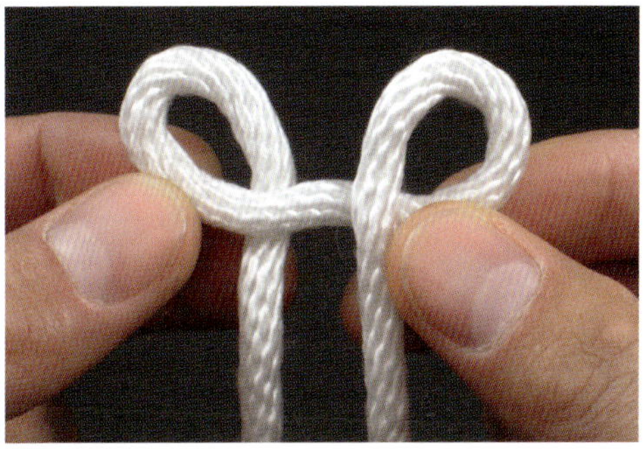

2. Dann ein zweites Auge rechts des ersten Auges gegen den Uhrzeigersinn legen.

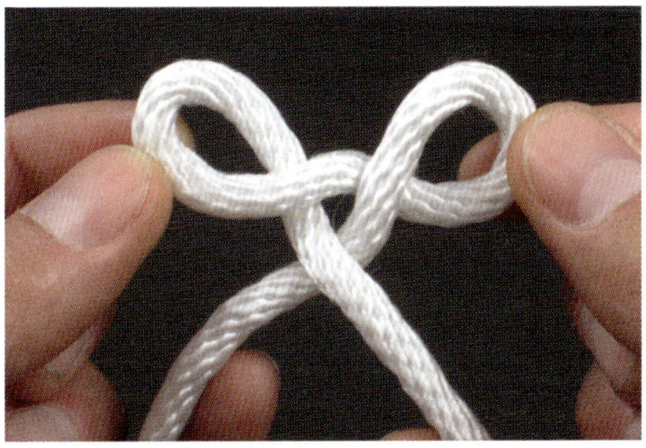

3. Die linke lose Part über die rechte legen.

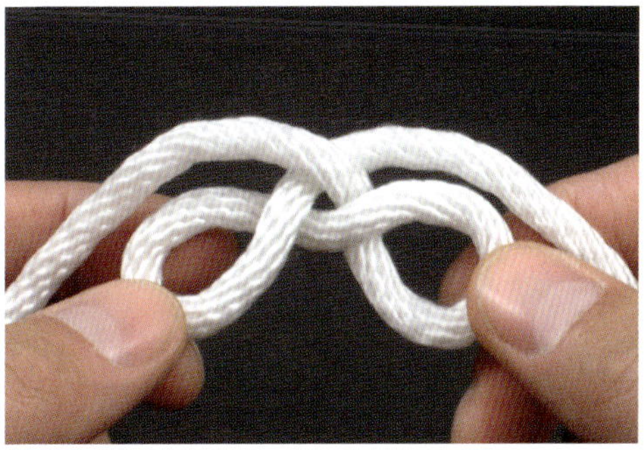

4. Die Arbeit auf den Kopf stellen und auf die Rückseite legen.

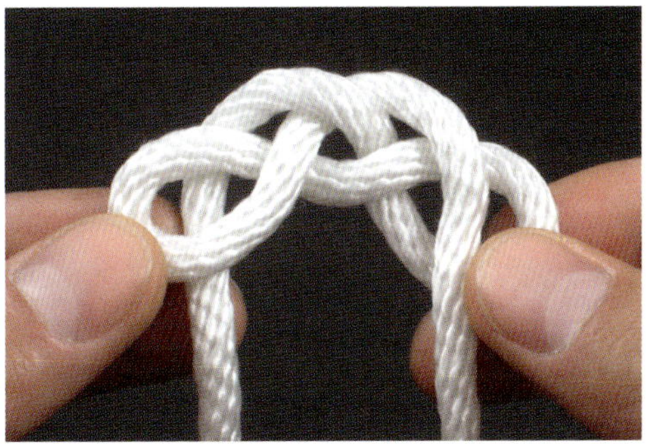

5. Die linke und die rechte lose Part hinter bzw. über die Augen legen.

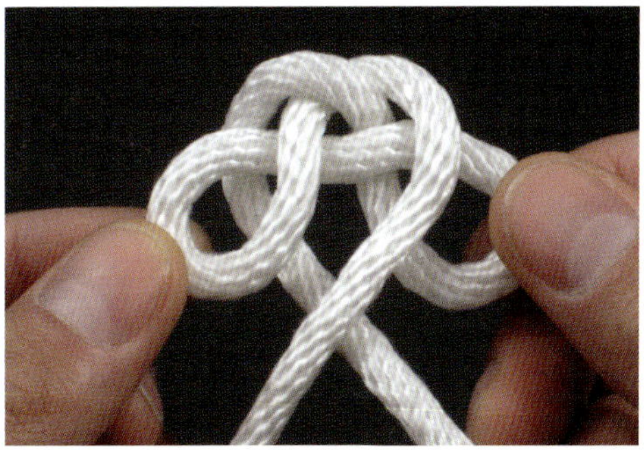

6. Nun die rechte über die linke lose Part legen.

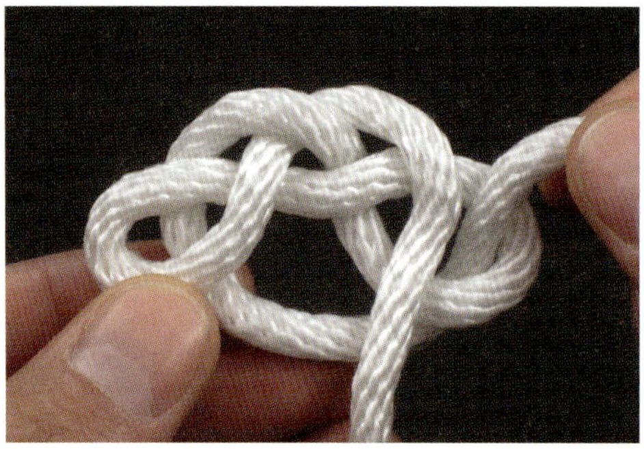

7. Die nun rechte lose Part nach rechts biegen und von unten nach oben durch ...

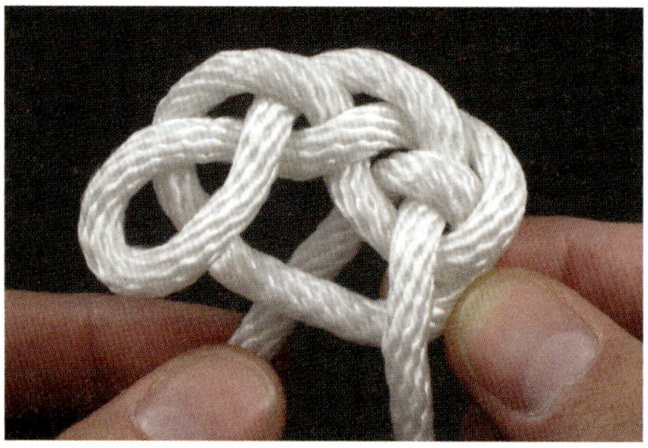

8. ... das rechte Auge stecken, dann unter den oben liegenden Tampen zurückführen.

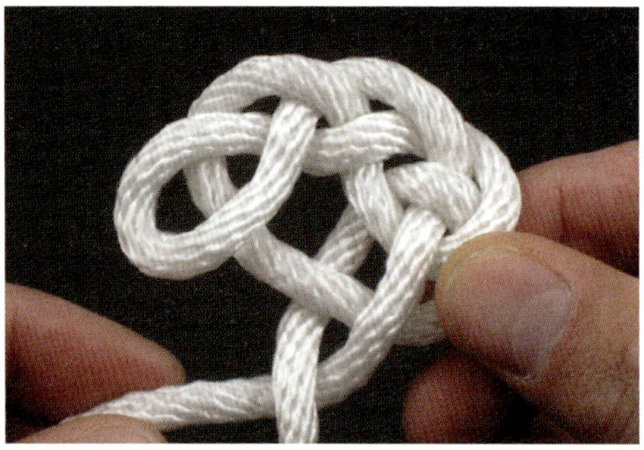

9. Nun die andere lose Part unter die hinten hängende lose Part legen.

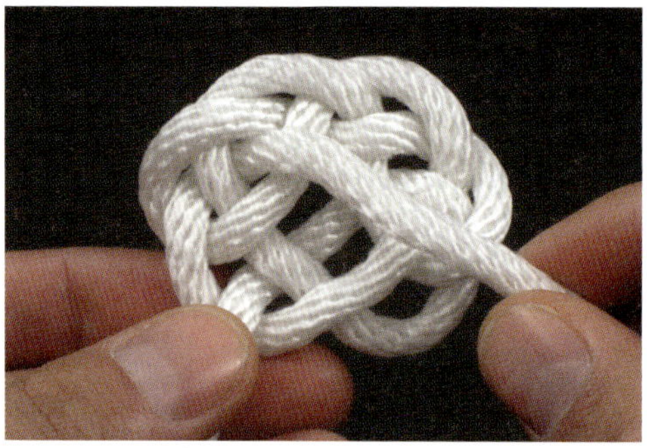

10. Dann nach rechts biegen und diagonal mit den Tampen verweben: Über, unter, über, ...

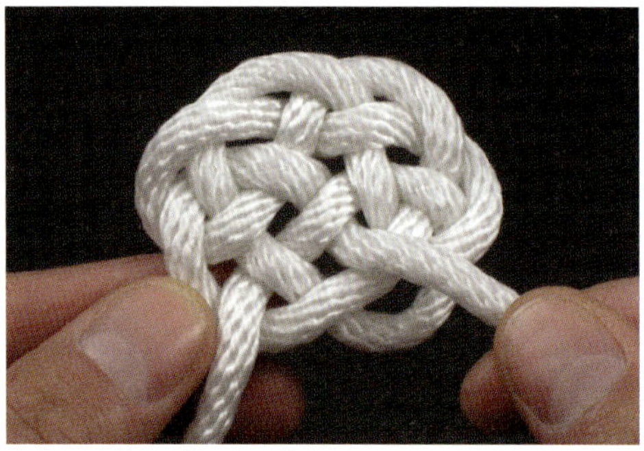

11. ... unter, über und ...

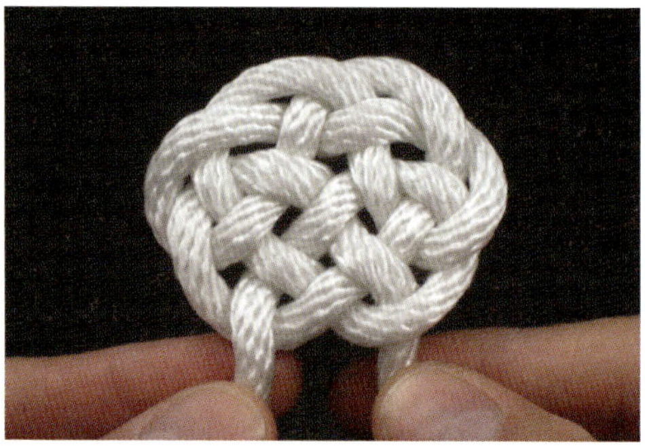

12. ... unter die Tampen. Den Knoten steifholen.

Fünfstrahliger Knoten

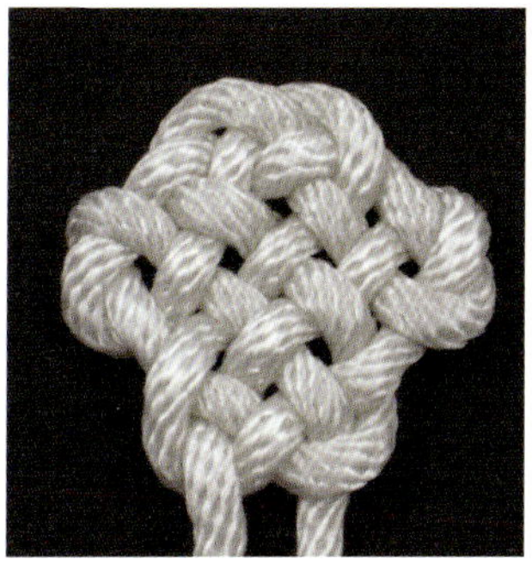

Der fünfstrahlige Knoten hat seinen Namen aufgrund seiner Ähnlichkeit mit einer Seesternart, die an der nordamerikanischen Pazifikküste beheimatet ist, erhalten. Der Knoten wird – wie es auch die Natur des Seesterns ist – in fünf symmetrischen Strahlen angeordnet.

Knotenbestandteile: Dreieinigkeitsknoten + Korbflechterknoten

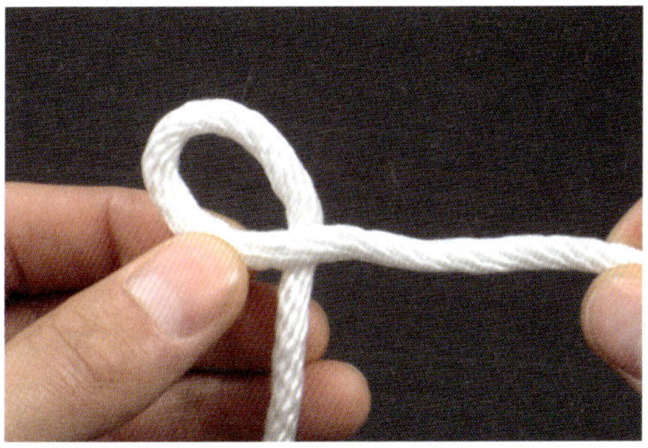

1. Ein Auge gegen den Uhrzeigersinn legen (rechts über links).

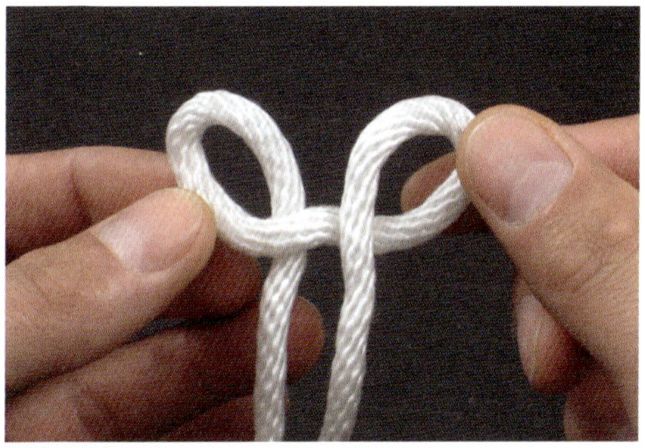

2. Dann ein zweites Auge rechts des ersten Auges gegen den Uhrzeigersinn legen.

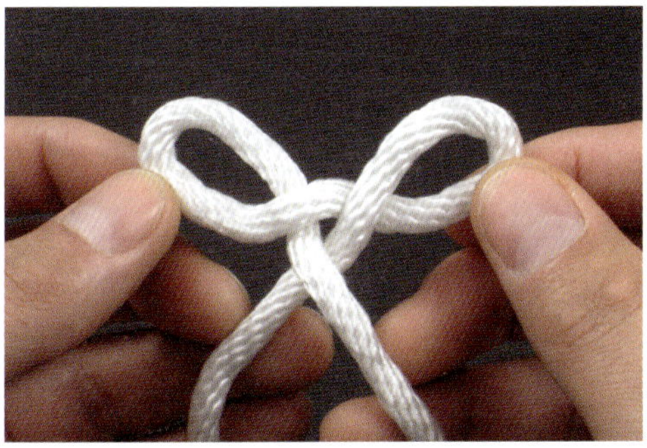

3. Die linke lose Part über die rechte legen und Buchten durch die ...

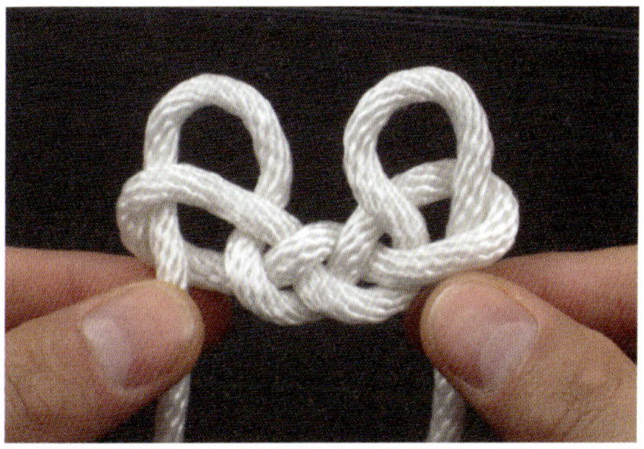

4. ... Rückseite des rechten Auges stecken. Dasselbe mit der anderen losen Part auf der anderen Seite machen.

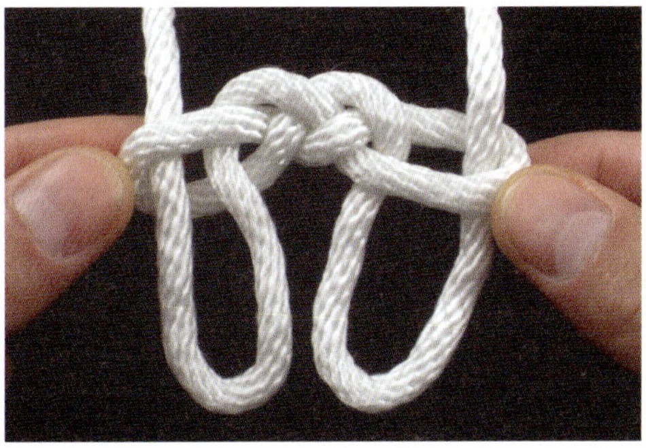

5. Die Arbeit auf den Kopf stellen.

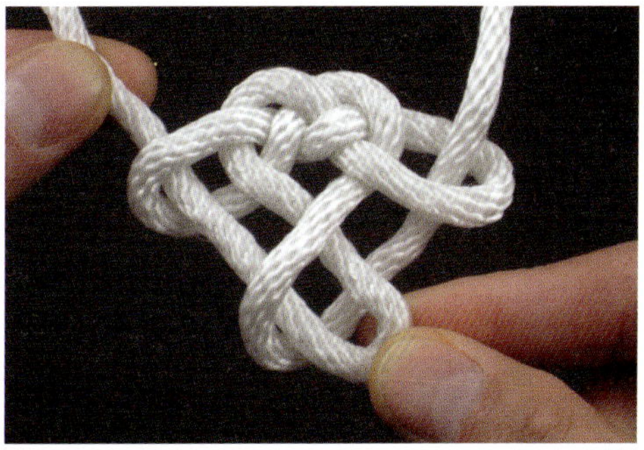

6. Die linke Bucht durch die Rückseite der rechten Bucht stecken.

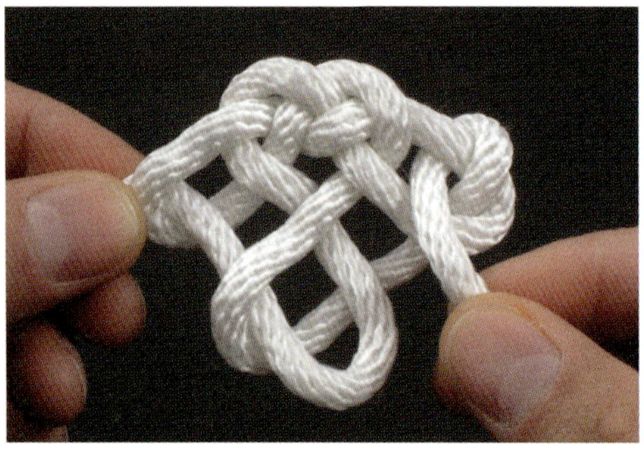

7. Die rechte lose Part über und durch das danebenliegende Auge stecken.

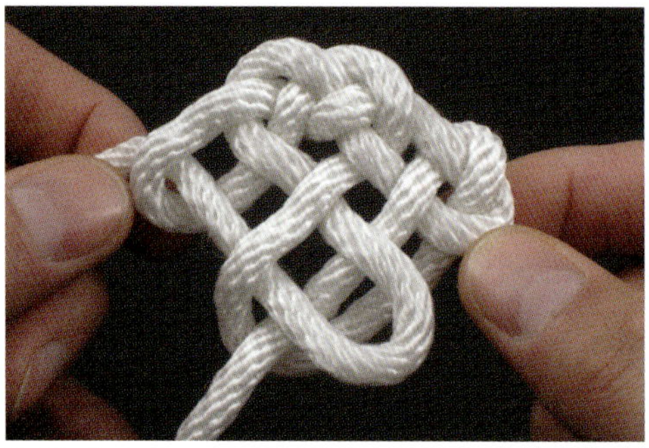

8. Die lose Part hinter die erste und über die zweite Bucht führen.

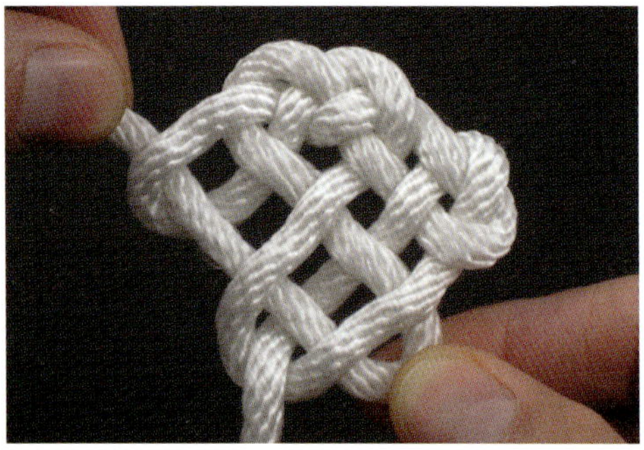

9. Die erste Bucht nach unten unter die äußere rechte Kante der zweiten kneifen.

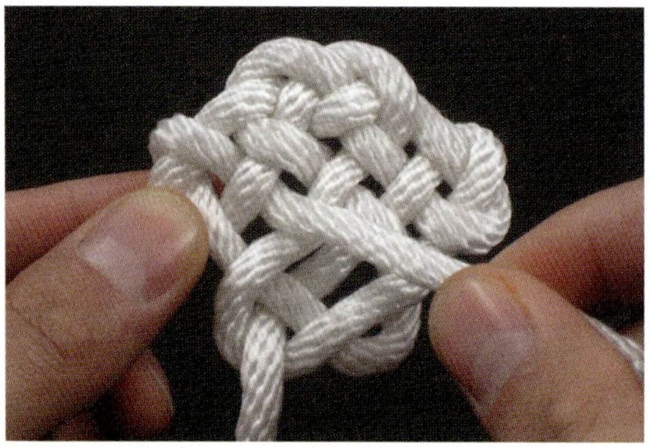

10. Die linke lose Part über und durch das danebenliegende Auge stecken.

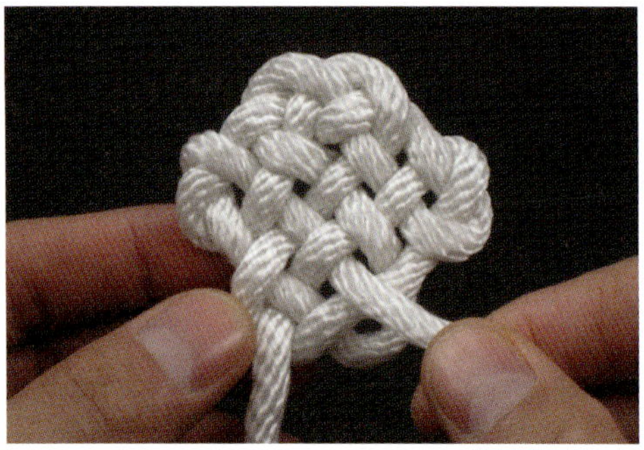

11. Die lose Part über, unter, ...

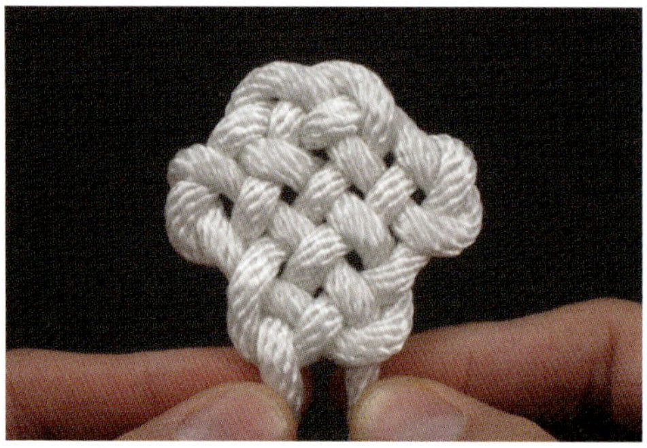

12. ... über und unter die darunterliegenden Tampen weben. Den Knoten steifholen.

Knoten des keltischen Lebensbaumes

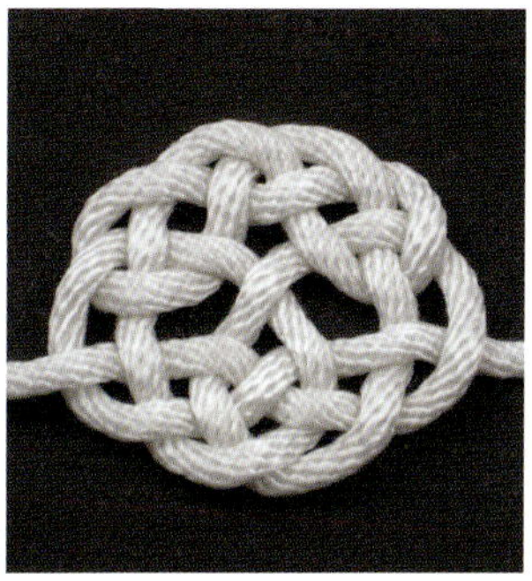

Der keltische Lebensbaum symbolisiert Stärke, Langlebigkeit und Weisheit. Er steht für die Verbindung zwischen Erde, Geisterwelt und Universum. Oft wurde er in Abbildungen dargestellt, wurde aber so gut wie nie in Knotenform gezeigt ... bis jetzt.

Knotenbestandteile: Dreieinigkeitsknoten + Münzenringknoten + Korbflechterknoten

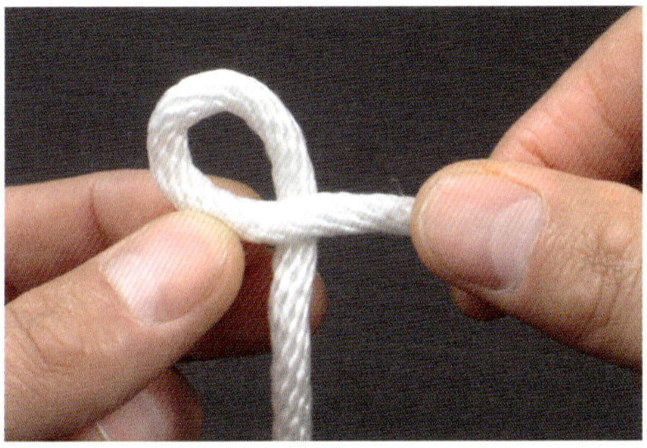

1. Ein Auge gegen den Uhrzeigersinn legen (rechts über links).

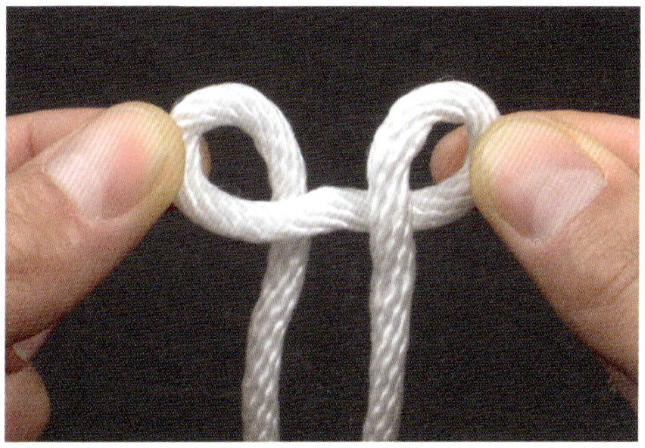

2. Dann ein zweites Auge rechts des ersten Auges gegen den Uhrzeigersinn legen.

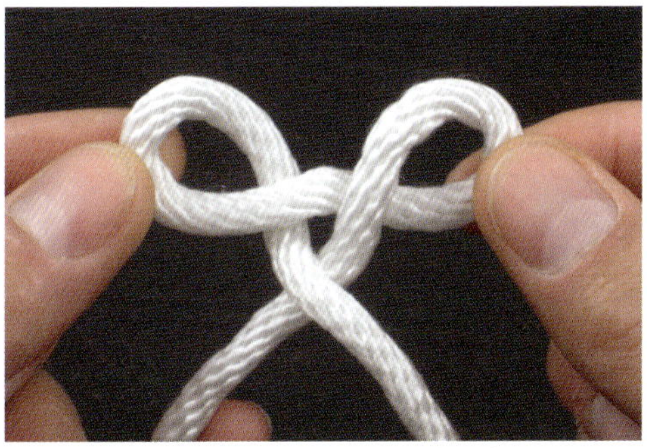

3. Die linke lose Part über die rechte legen.

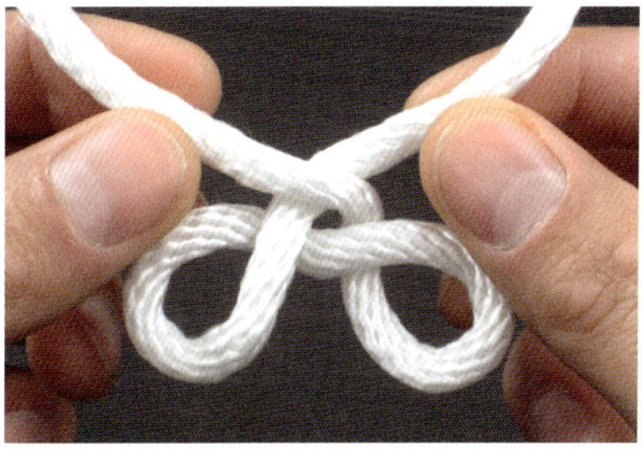

4. Die Arbeit auf den Kopf stellen und auf die Rückseite legen.

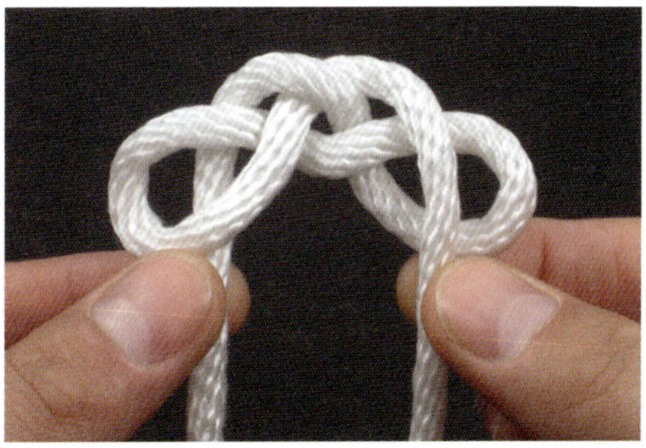

5. Die linke und die rechte lose Part hinter bzw. über die Augen legen.

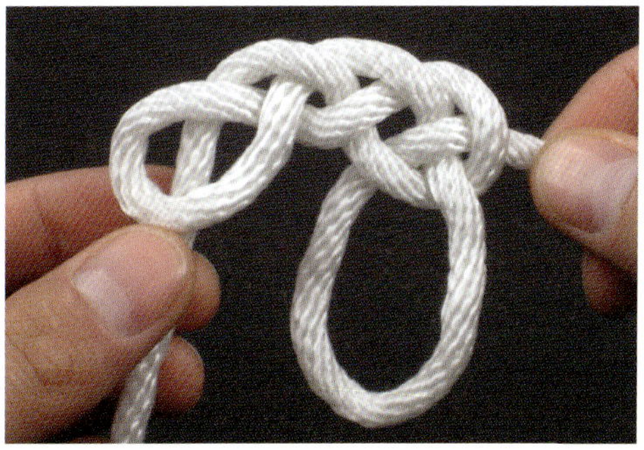

6. Die rechte lose Part nach oben von unten in die Bucht führen, über den rechten Tampen weben und unter der Bucht herausführen.

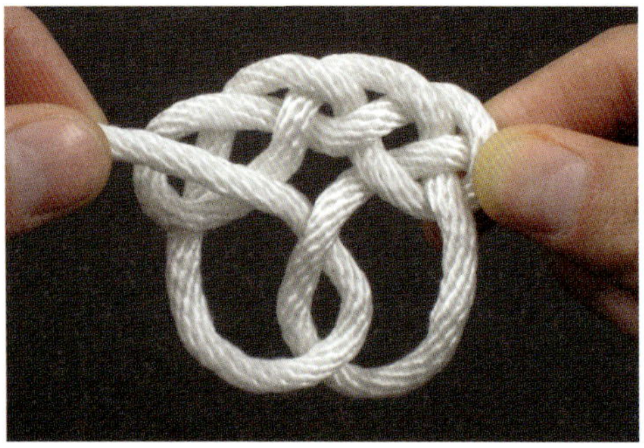

7. Die linke lose Part über und durch das untere rechte Auge führen.

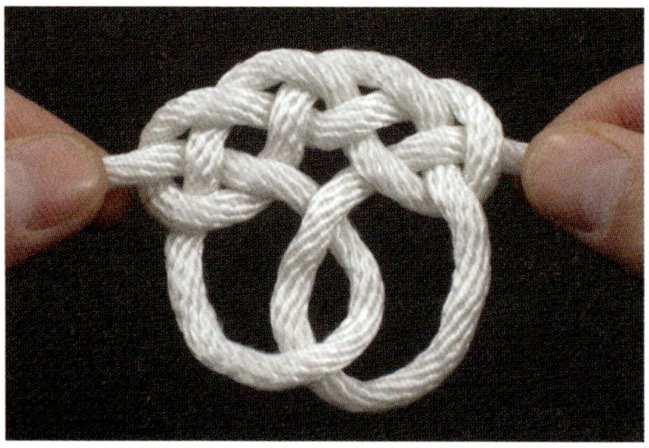

8. Die linke lose Part nach oben von oben in die Bucht führen, unter den linken Tampen weben und über der Bucht herausführen.

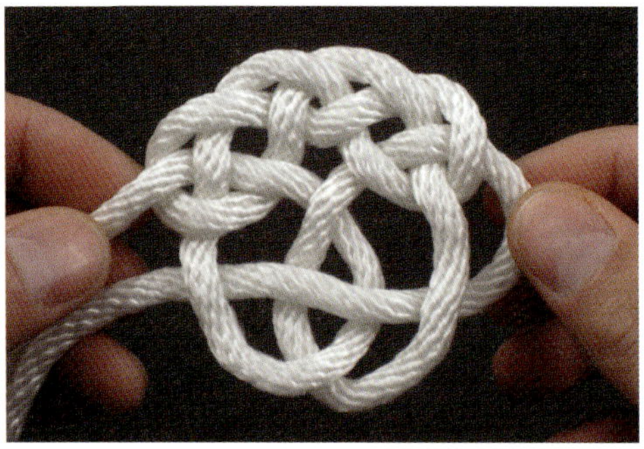

9. Die rechte lose Part nach unten biegen und unter, zweimal über und wieder unter die Tampen führen.

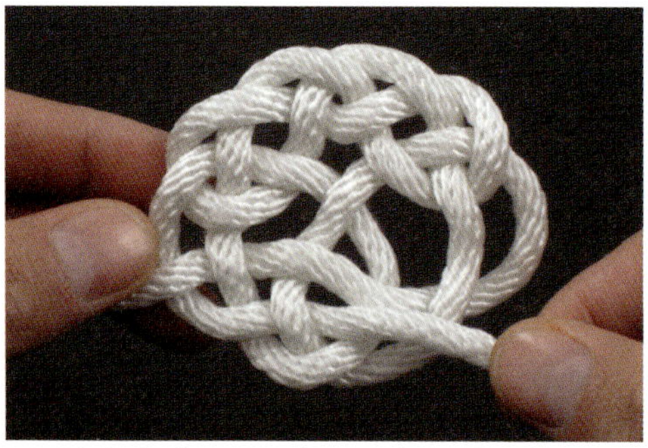

10. Die linke lose Part hinter die rechte lose Part biegen, über und unter die Leinen, ...

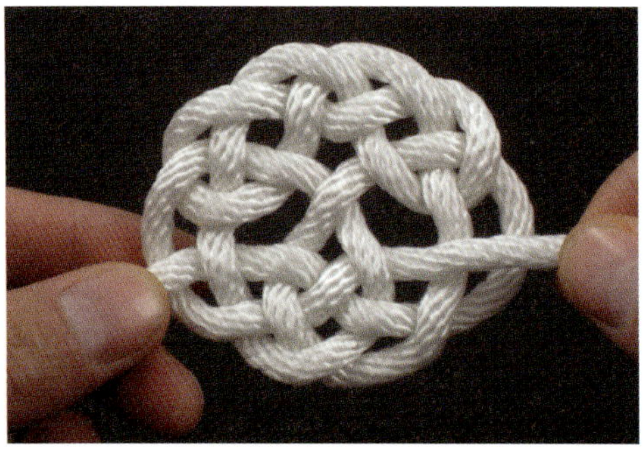

11. ... darunter in einer Diagonale führen. Dann über, unter, ...

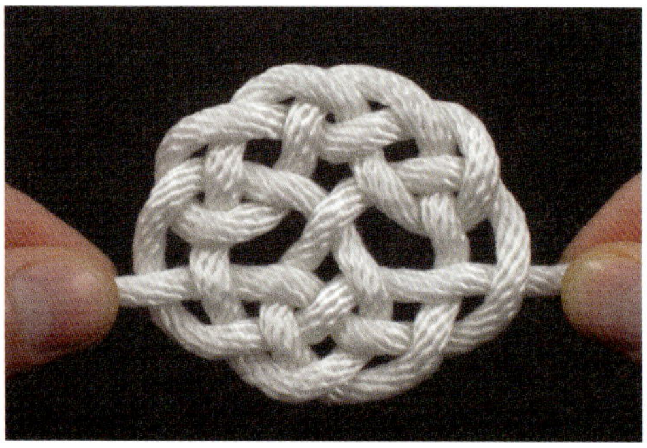

12. ... über und unter die davorliegenden Tampen stecken. Den Knoten steifholen.

Pagodenknoten

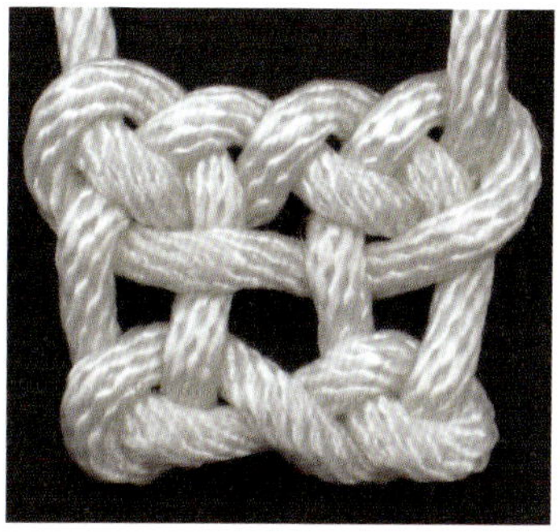

Eine Pagode ist ein stufenartig gebauter Turm mit mehrfachen Dachvorsprüngen. Pagoden sind im gesamten östlichen asiatischen Raum verbreitet; die meisten Pagoden wurden erbaut, um einen religiösen Zweck zu erfüllen. Der Pagodenknoten wurde erfunden, um die Bewunderung dieser sakralen Architektur auszudrücken.

Knotenbestandteile: Dreieinigkeitsknoten + gegengleiches Weben

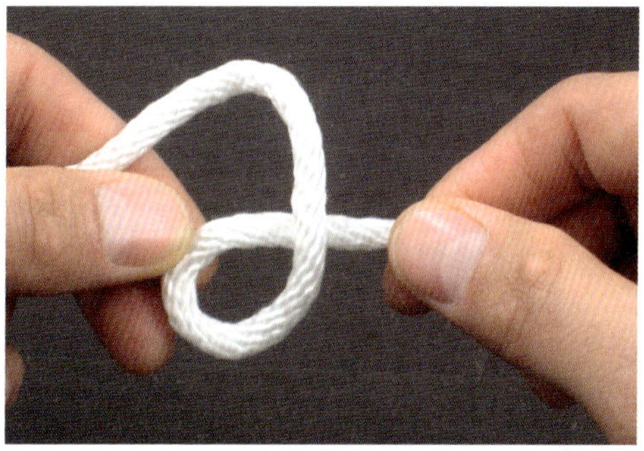

1. Ein Auge gegen den Uhrzeigersinn legen (rechts über links).

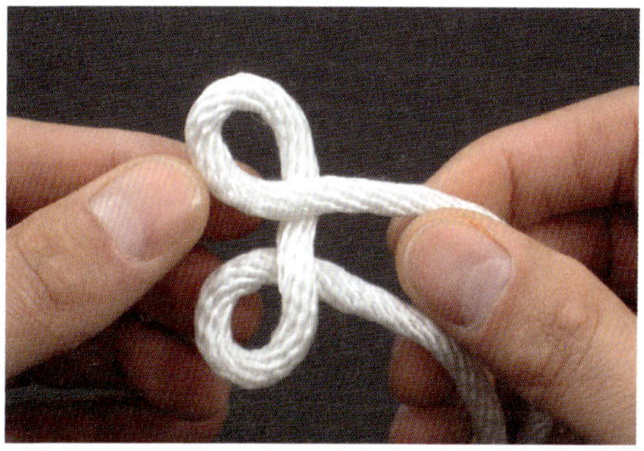

2. Dann ein zweites Auge über dem ersten Auge gegen den Uhrzeigersinn legen.

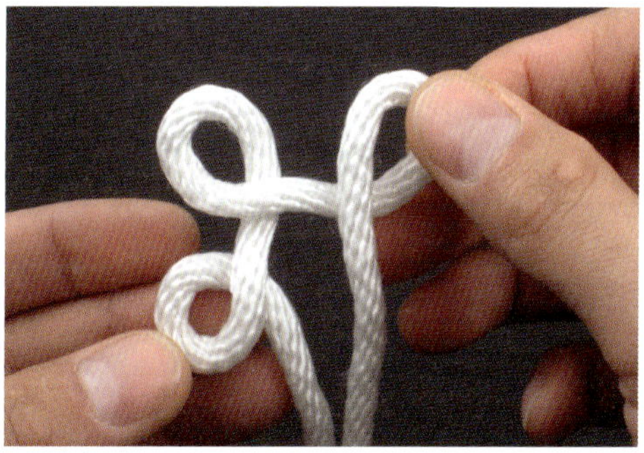

3. Rechts ein drittes Auge legen ...

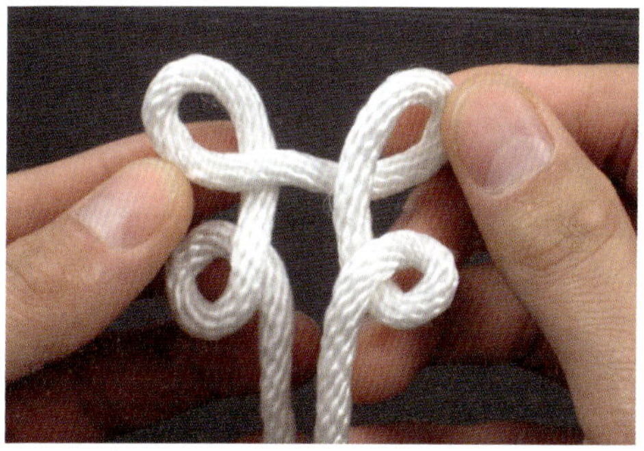

4. ... und darunter ein viertes.

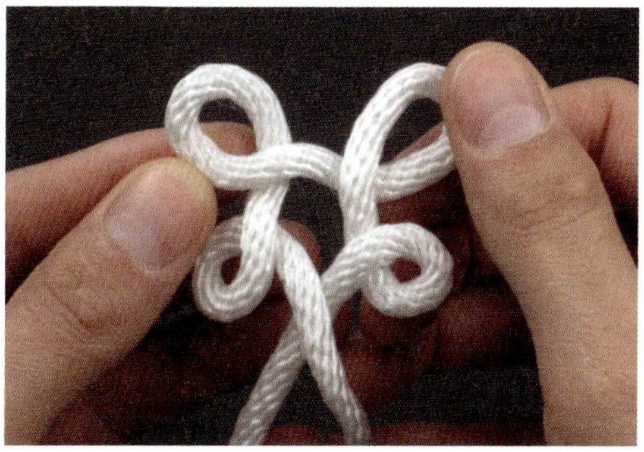

5. Die linke lose Part über die rechte legen.

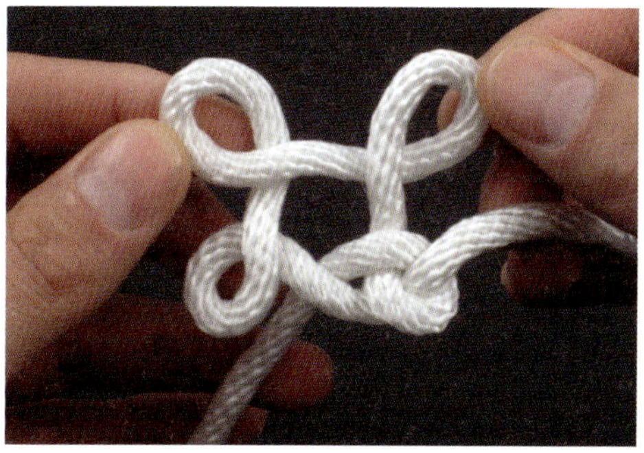

6. Die rechte lose Part nach rechts biegen und von hinten in das rechte Auge stecken.

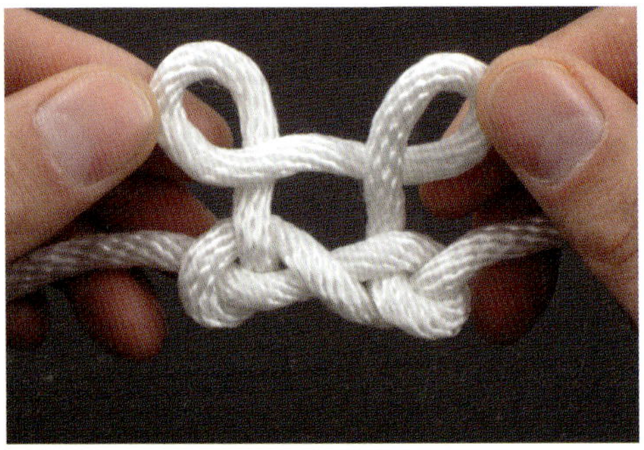

7. Die linke lose Part nach links biegen und von vorn in das linke Auge stecken.

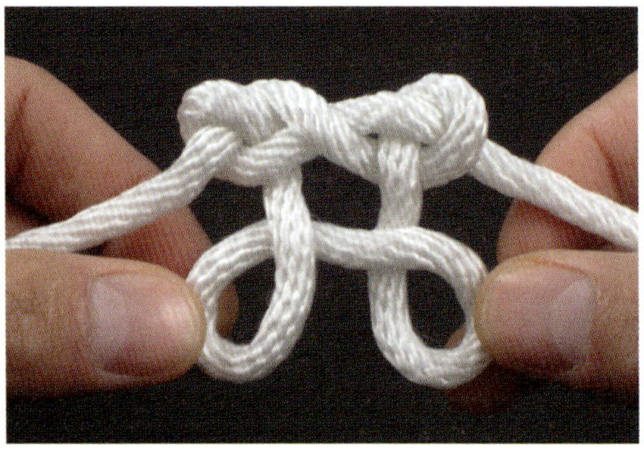

8. Die Arbeit auf den Kopf stellen.

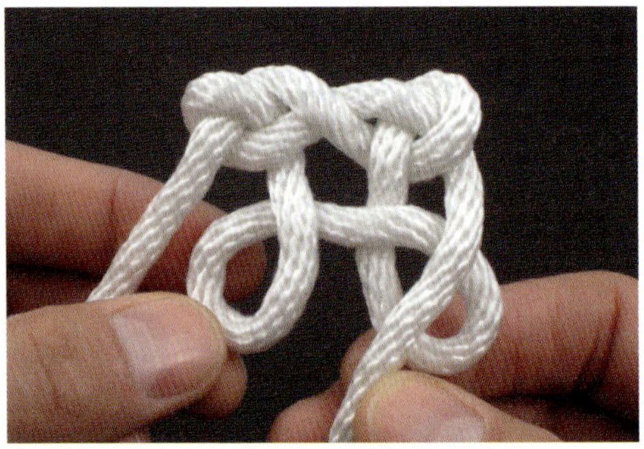

9. Die rechte lose Part nach unten und über das rechte, untere Auge legen.

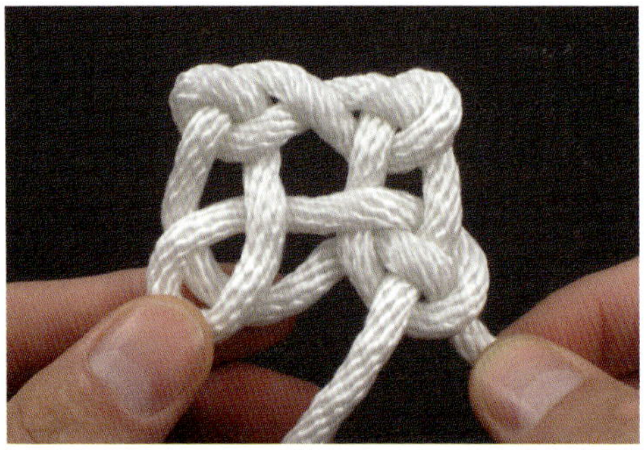

10. Die linke lose Part unter, über und unter die rechts liegenden Tampen des rechten Auges führen.

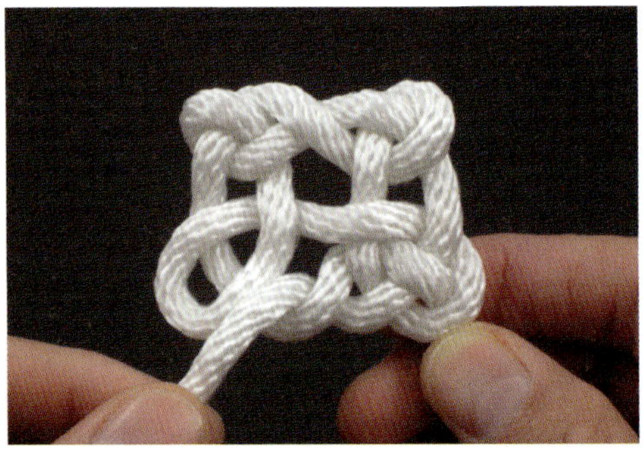

11. Die andere lose Part unter und über weben, ...

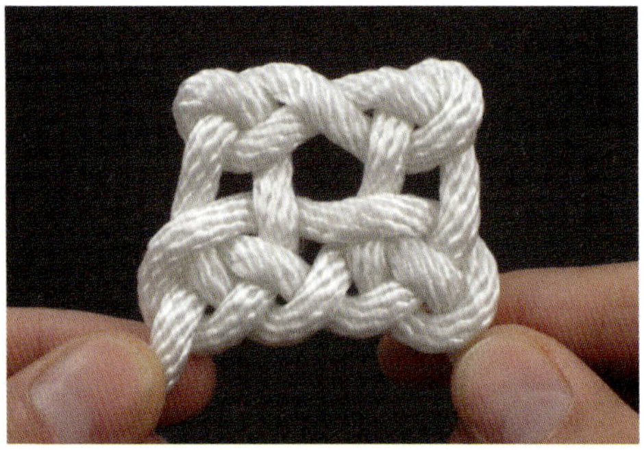

12. ... und nochmals unter und über die links liegenden Tampen weben. Den Knoten umdrehen, um die Pagode zu sehen.

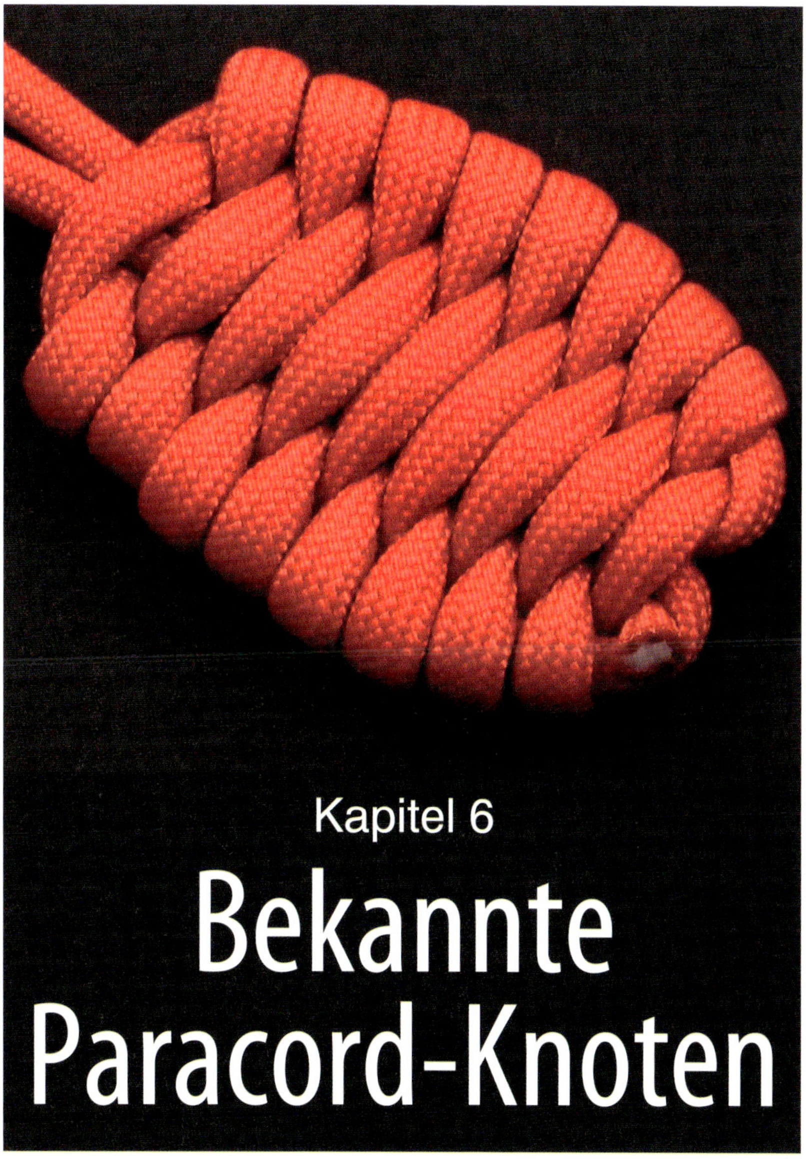

Kapitel 6

Bekannte Paracord-Knoten

Salomonknoten

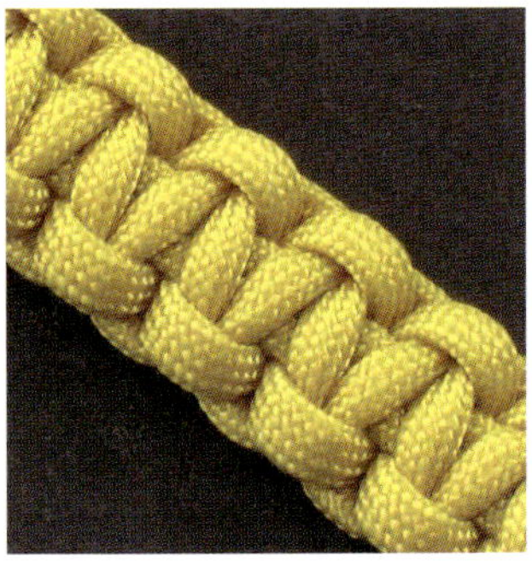

Der Salomonknoten, der auch Cobra-Knoten oder Portugiesen-Platting genannt wird, ist genau richtig, um lange Leinen für später aufzuheben oder für den Notfall zu verwahren. Der feste Gurt, der so entsteht, macht sich auch gut als beliebter Knoten für Halsketten und Armbänder.

Knotenbestandteile: Historischer Knoten

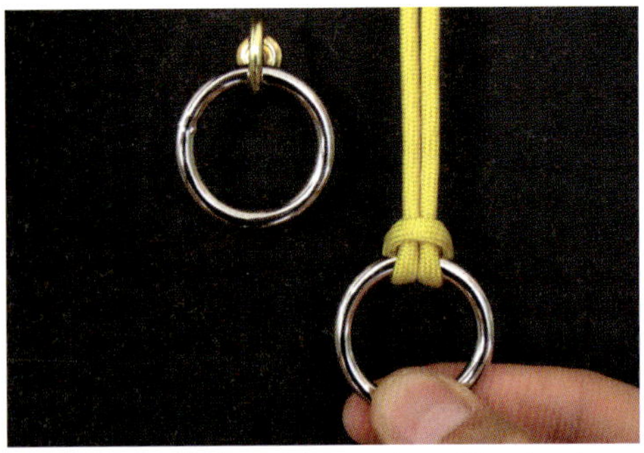

1. Mit einem Ankerstich um einen Ring beginnen. Den Ring tiefer bringen, bis zur ...

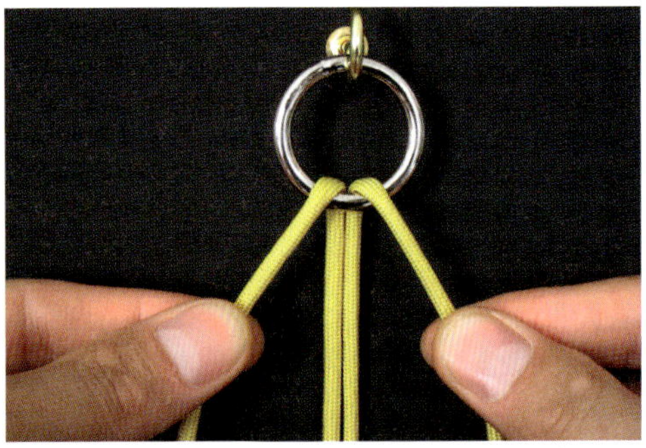

2. ... gewünschten Länge des Bandes. Die losen Parten in einen zweiten oben liegenden Ring führen.

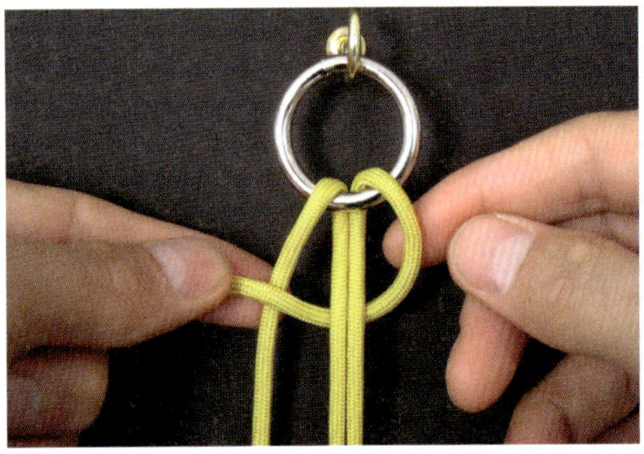

3. Die rechte lose Part nach hinten bringen, nach links führen und über die linke lose Part legen.

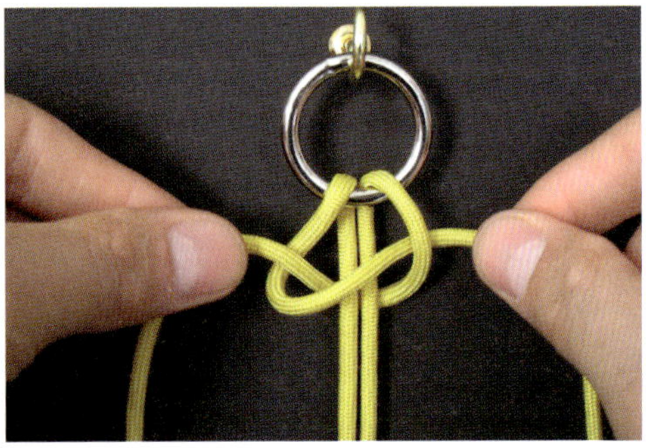

4. Die linke lose Part nach rechts und durch die rechte Biegung stecken.

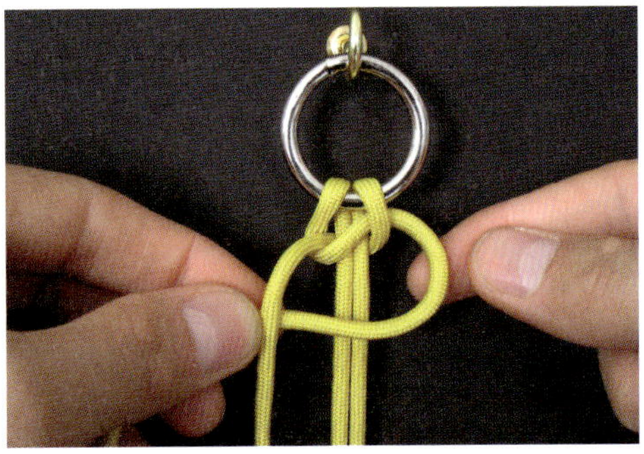

5. Die rechte lose Part nach links bringen und unter die linke lose Part führen.

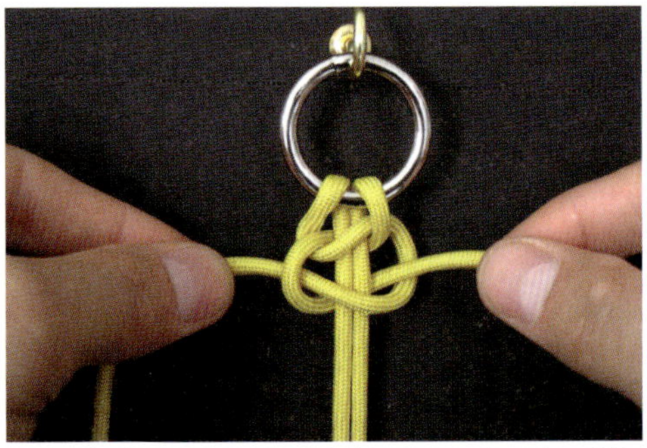

6. Die linke lose Part nach hinten und rechts führen und dann durch die rechte Biegung stecken.

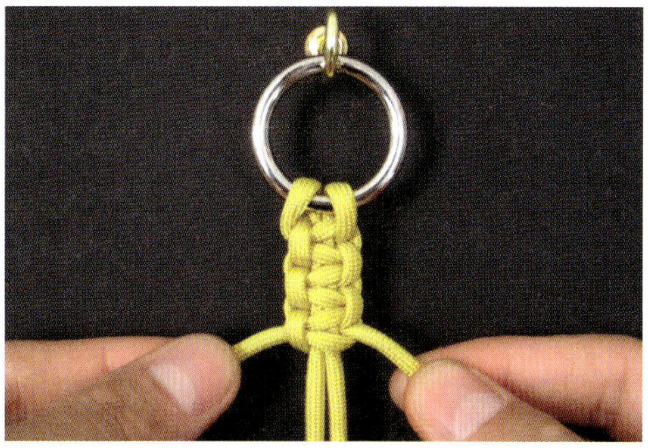

7. Weitermachen, indem die Schritte 3 und 4 ...

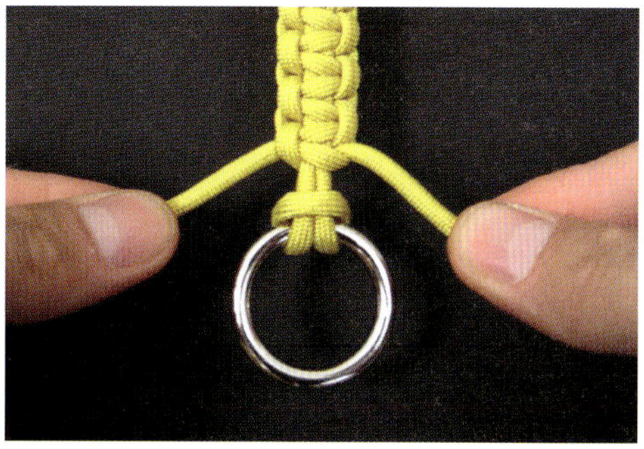

8. ... sowie die Schritte 5 und 6 wiederholt werden, bis der untere Ring erreicht wird.

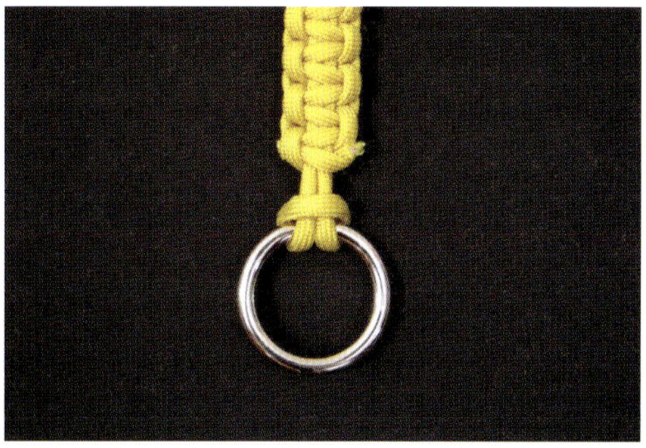

9. Um das Band fertigzustellen, die losen Parten vorsichtig abschneiden ...

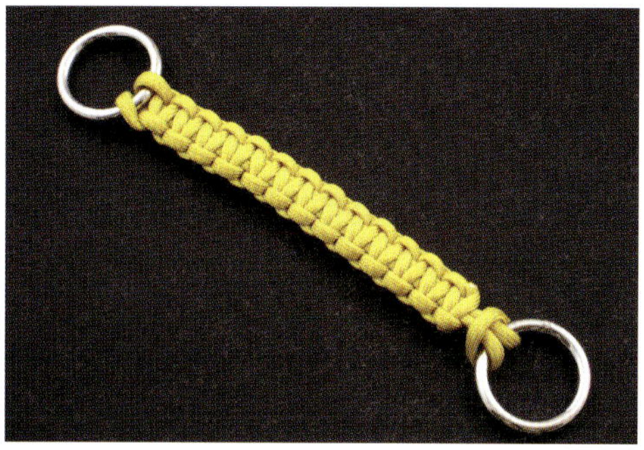

10. ... und ihre Enden verschmelzen, um sie an ihrem Platz zu fixieren.

Breiter Salomonknoten

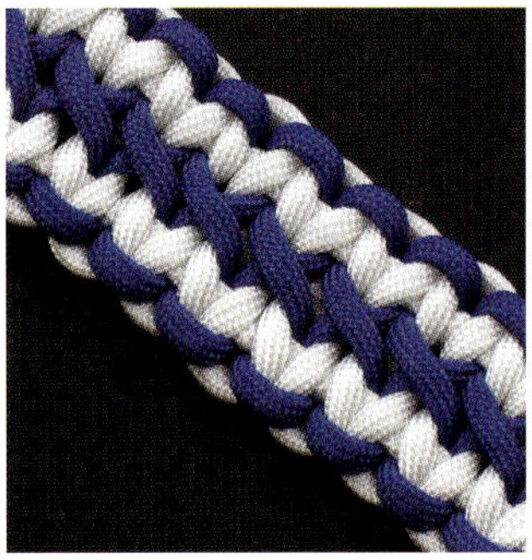

Der Breite Salomonknoten ist einer meiner Lieblingsknoten für Paracord. Es ist wohl das hübscheste und widerstandsfähigste Band, das man knüpfen kann: Es ist doppelt so breit wie der einfache Salomonknoten und eignet sich auch wunderbar als Hundehalsband oder als modischer Gürtel.

Knotenbestandteile: Salomonknoten + überkreuzte Tampen

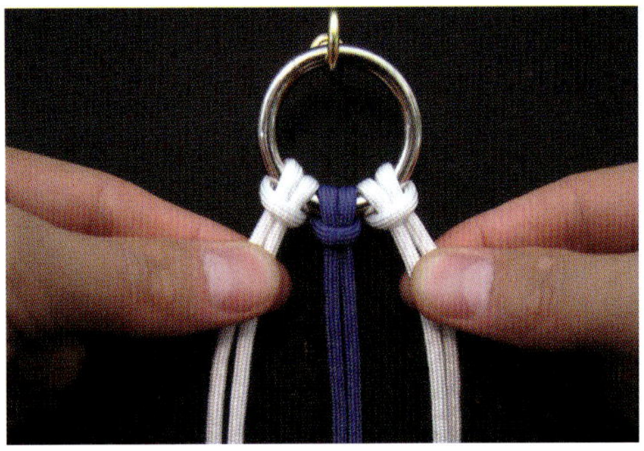

1. Zuerst mit drei Ankerstichen nebeneinander um einen Ring beginnen.

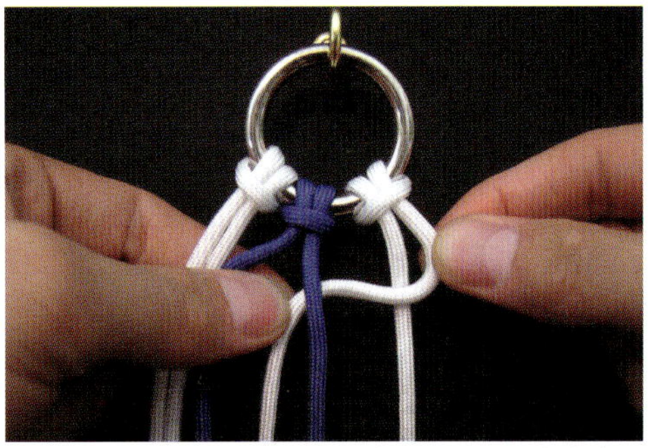

2. Die ganz rechts liegende lose Part nach links führen und unter der dritten losen Part durchführen.

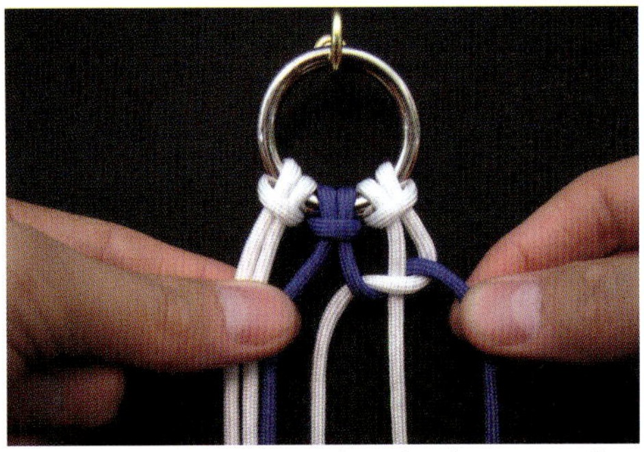

3. Die dritte lose Part nach rechts biegen und über die Biegung der ganz rechts liegenden losen Part führen.

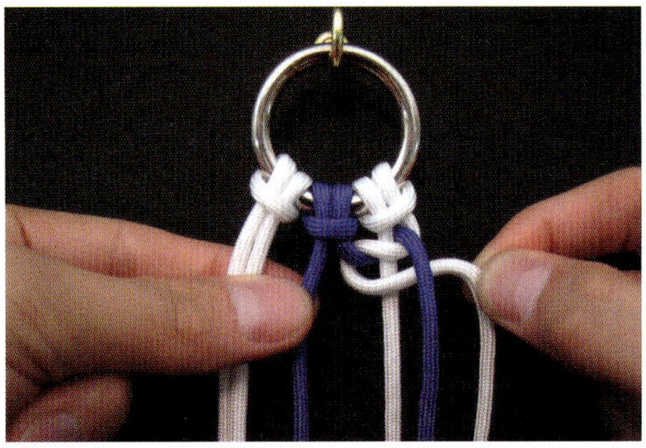

4. Die nun dritte lose Part nach rechts biegen. Dann die rechte lose Part ...

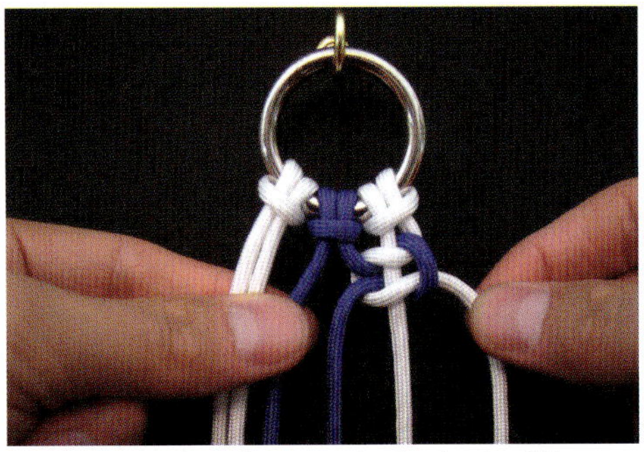

5. ... darunterkneifen, um die Rückseite führen und durch die Biegung der dritten losen Part stecken.

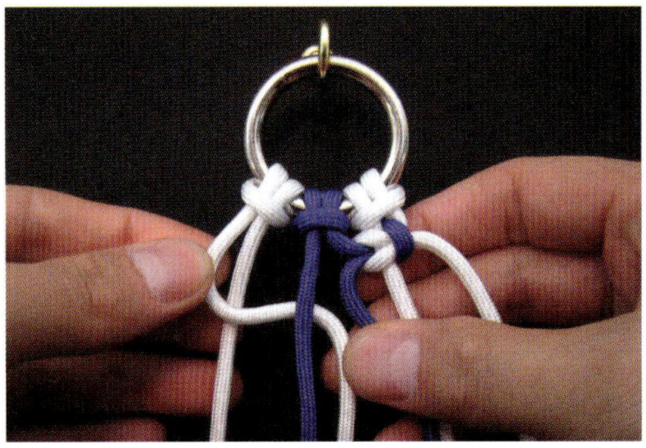

6. Die außen links liegende lose Part nach rechts biegen und unter die dritte lose Part von rechts bringen.

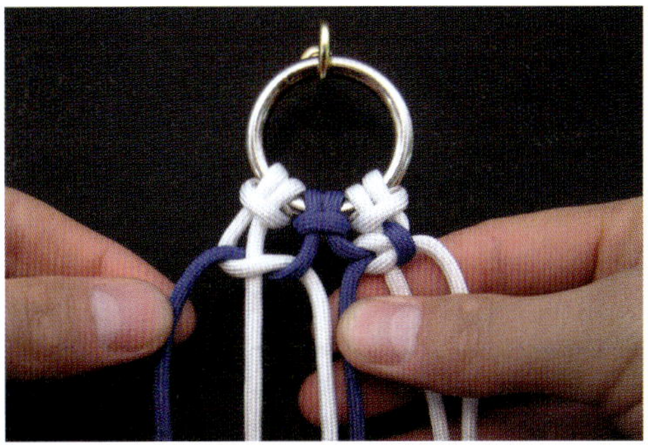

7. Die nun dritte lose Part nach links biegen und über die Biegung der ganz links liegenden losen Part führen.

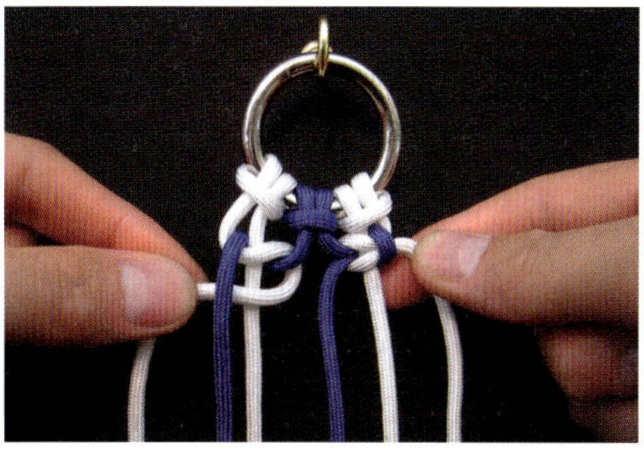

8. Die dritte lose Part nach links biegen. Dann die linke lose Part ...

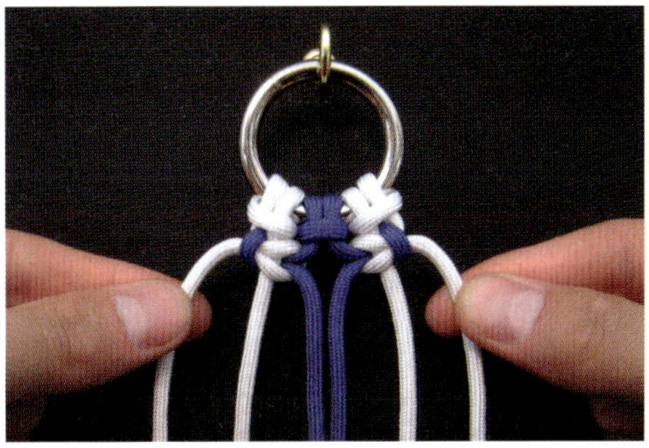

9. ... nach unten bringen, an der Rückseite entlangführen und durch die Biegung der dritten losen Part stecken.

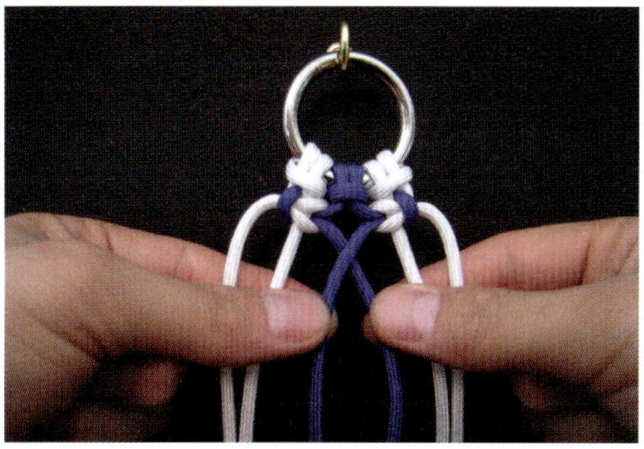

10. Die beiden mittleren losen Parten überkreuzen (rechts über links).

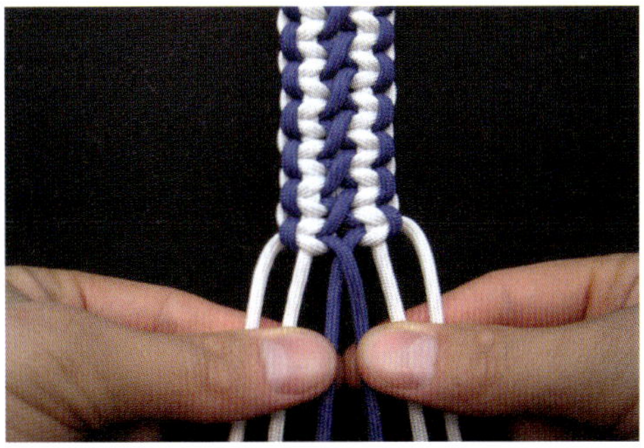

11. Die Schritte 2 bis 10 wiederholen, bis das Band die gewünschte Länge erreicht hat.

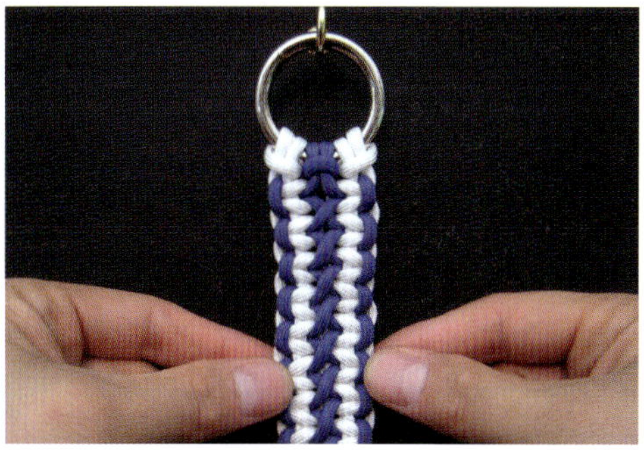

12. Um das Band fertigzustellen, die losen Parten vorsichtig abschneiden und ihre Enden verschmelzen.

Einfacher Genueser Knoten

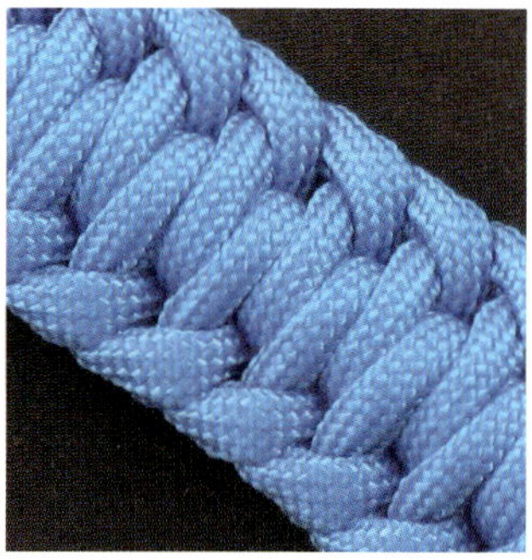

Der Einfache Genueser Knoten entsteht, wenn Sie abwechselnd halbe Schläge um eine doppelt genommene Leine knoten. Es ist ein einfaches Muster, das ein starkes Band ergibt und manchmal mit dem Doppelten Genueser Knoten verwechselt wird, der aus abwechselnd geknoteten Webeleinsteken besteht.

Knotenbestandteile: Historischer Knoten

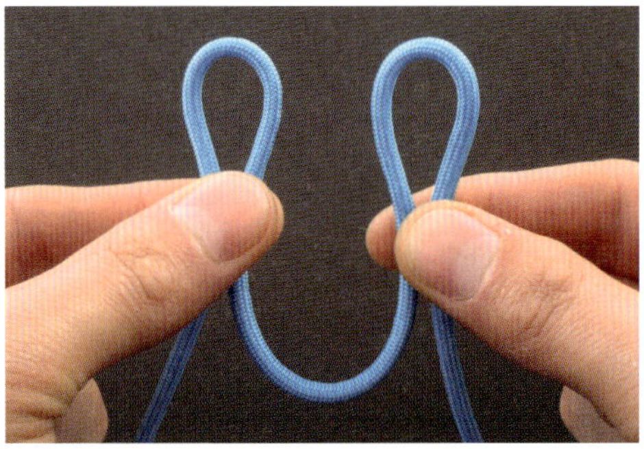

1. Einen einfach genommenen Tampen in zwei nebeneinanderliegende Buchten legen.

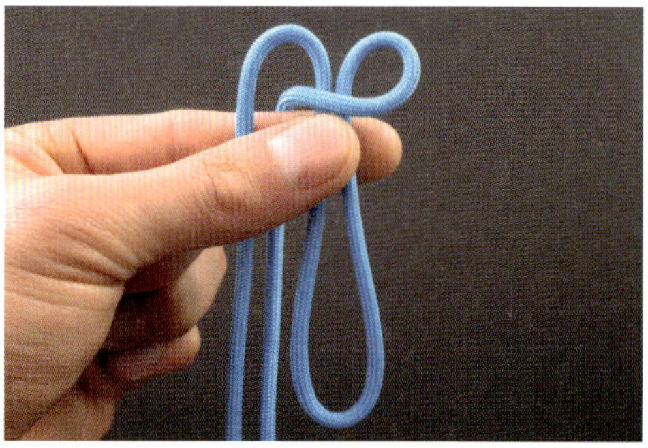

2. Die rechte lose Part nach links über die doppelt genommene Leine legen, ...

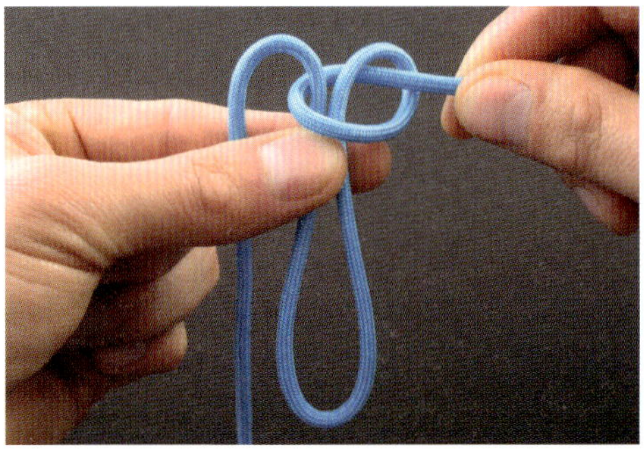

3. ... um die Rückseite bringen und durch das so entstandene Auge stecken.

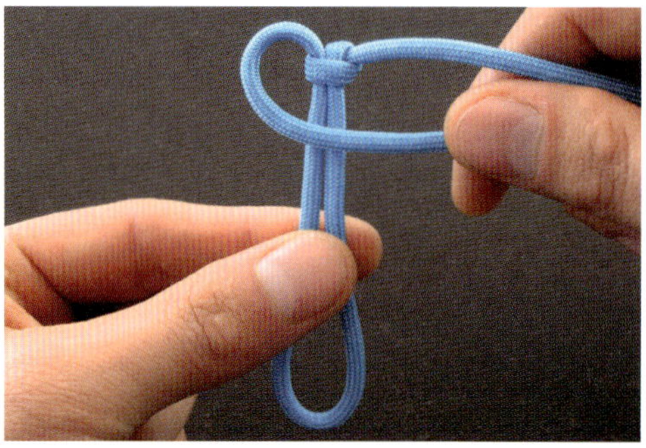

4. Die linke lose Part rechts über die doppelt genommenen Tampen legen, ...

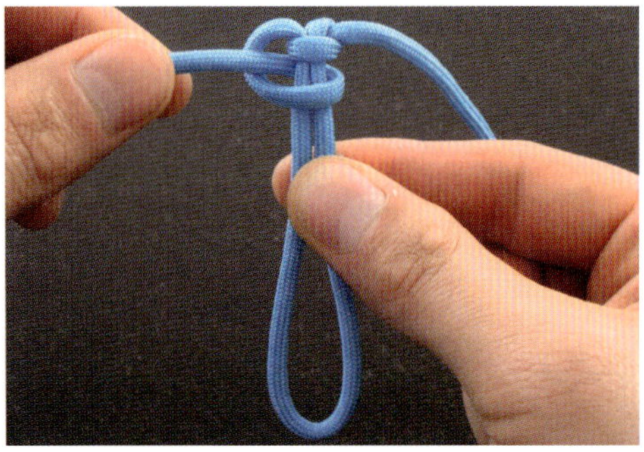

5. ... um die Rückseite schlingen und von hinten durch das gerade entstandene Auge stecken.

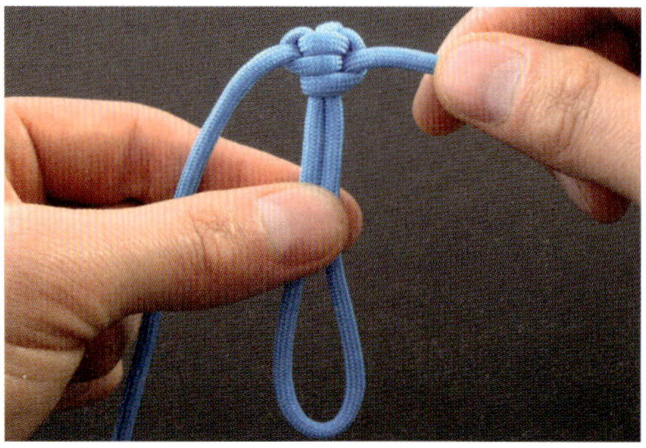

6. Erst die Schritte 2 und 3 wiederholen, ...

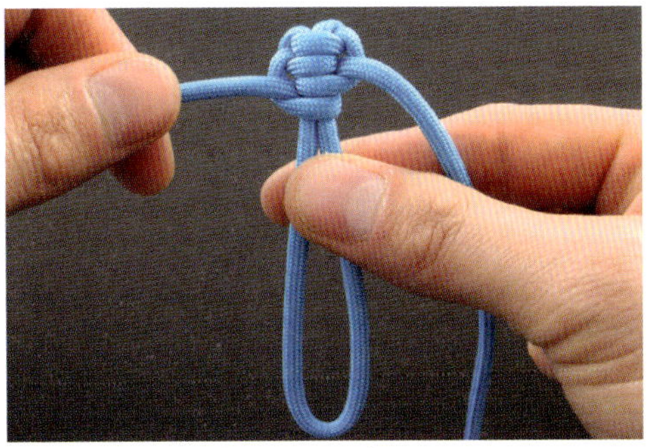

7. ... dann die Schritte 4 und 5, ...

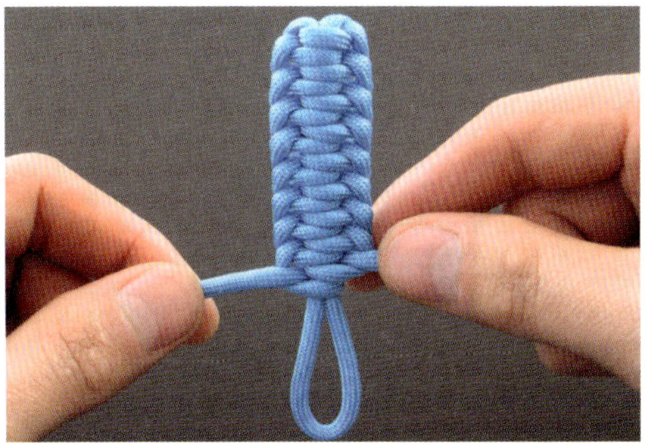

8. ... bis die gewünschte Länge des Bandes erreicht ist.

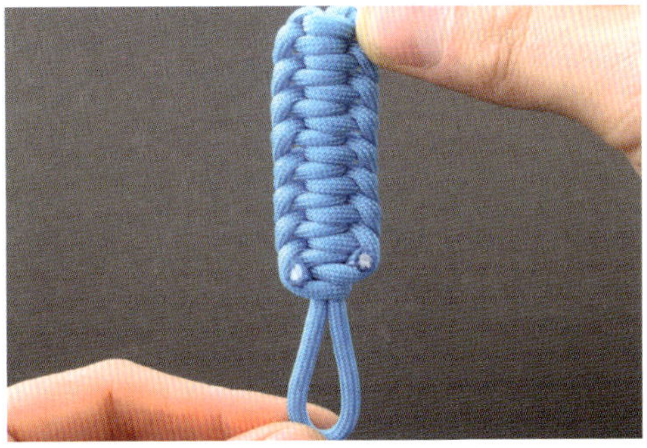

9. Um das Band fertigzustellen, die losen Parten vorsichtig abschneiden und verschmelzen.

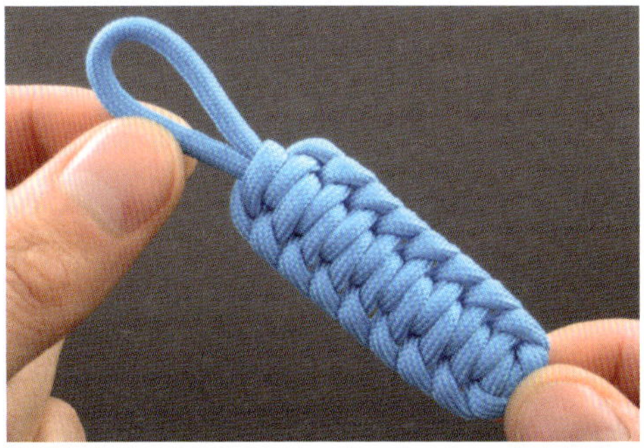

10. Die Schlinge des Bandes mit einem Ankerstich an einer Tasche oder einem Reißverschluss befestigen.

Trilobitknoten

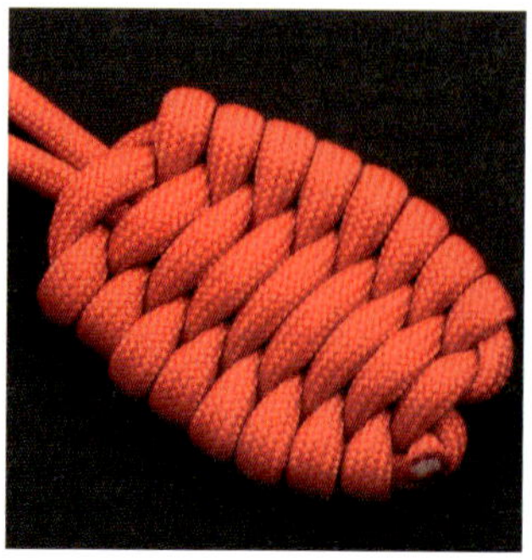

Der Trilobitknoten wird am häufigsten verwendet, um einen Schlüsselanhänger oder ein Bändsel für einen Reißverschluss zu knüpfen. Wenn er nur in der Hand geknotet wird, ist seine Fertigstellung schwierig, doch ein Haken (wie unten gezeigt) erleichtert die Sache maßgeblich.

Knotenbestandteile: Historischer Knoten

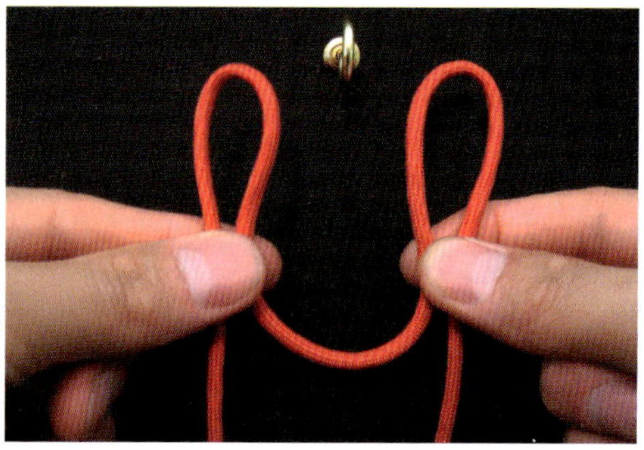

1. Mit dem Tampen ein **M**, also 2 Buchten mit einer Mulde in der Mitte, legen.

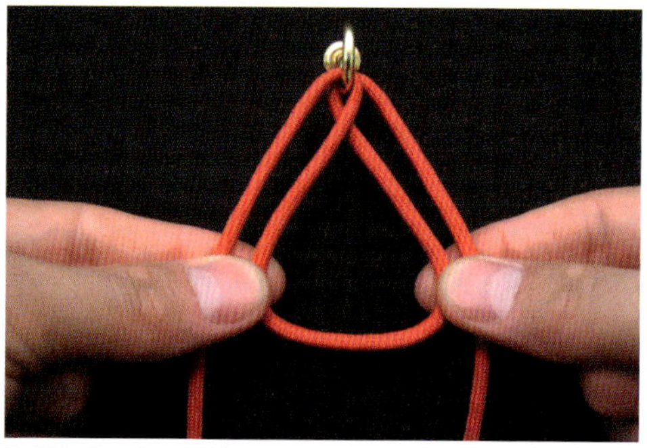

2. Die Buchten über einen Haken hängen (links über rechts).

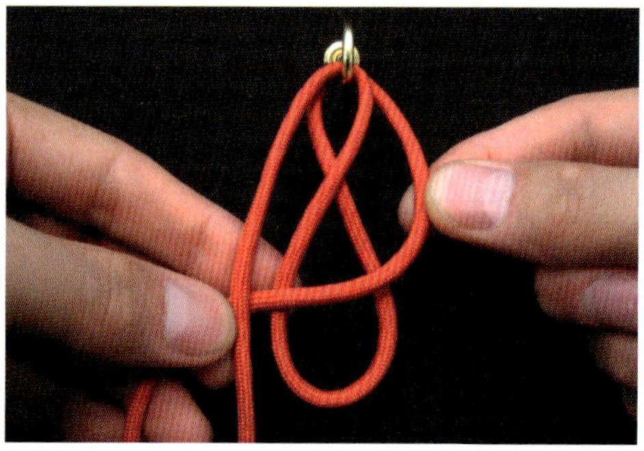

3. Die rechte lose Part nach links biegen und unter die linke lose Part führen.

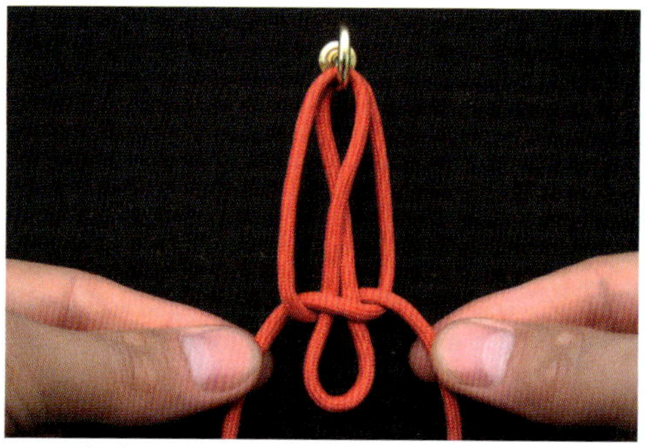

4. Die linke lose Part nach hinten biegen und über die Biegung rechts bringen.

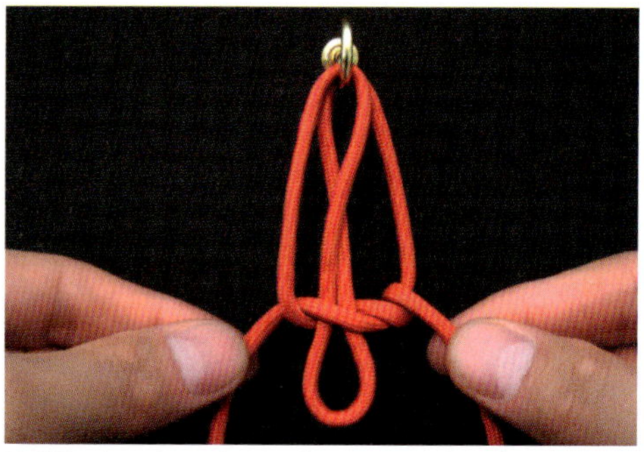

5. Mit der einen losen Part einen Rundtörn um die stehende Part machen.

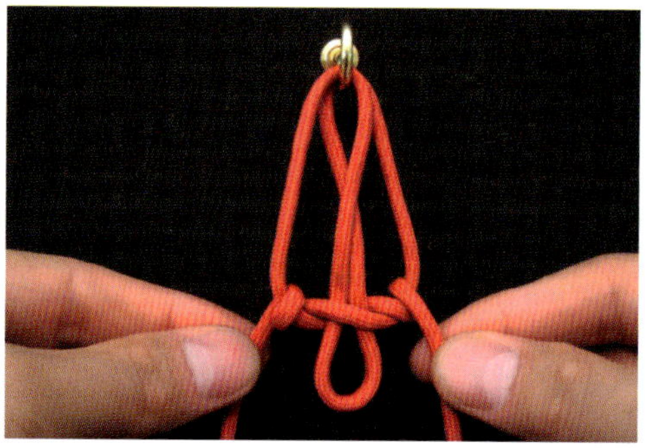

6. Mit der anderen losen Part einen Rundtörn um die stehende Part auf der anderen Seite machen.

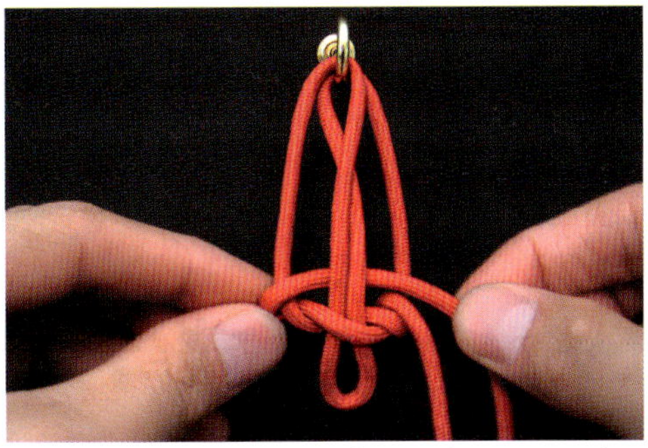

7. Die linke lose Part nach hinten biegen, nach rechts und über die rechte Biegung führen.

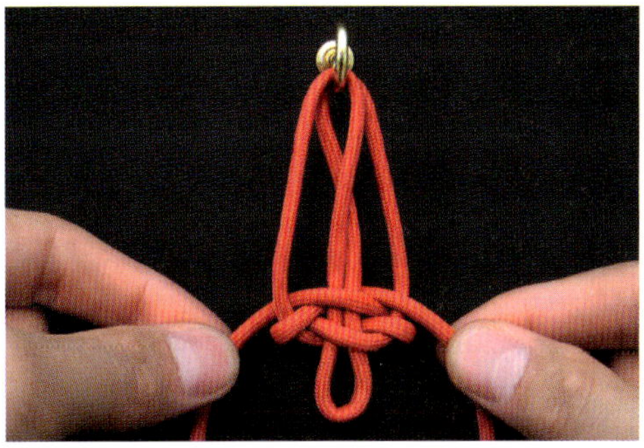

8. Die rechte lose Part nach links und unter die linke Biegung führen.

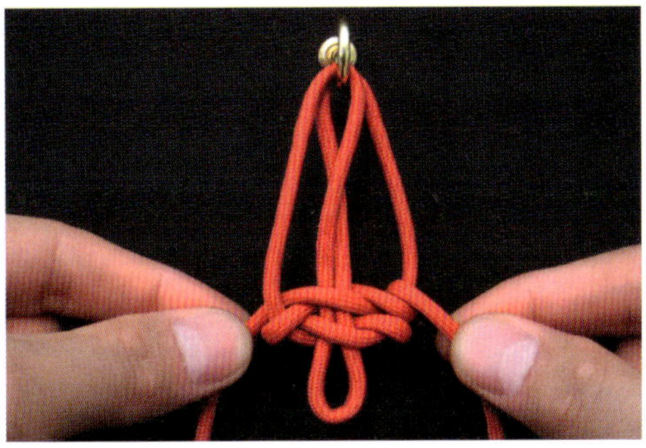

9. Schritt 5 ...

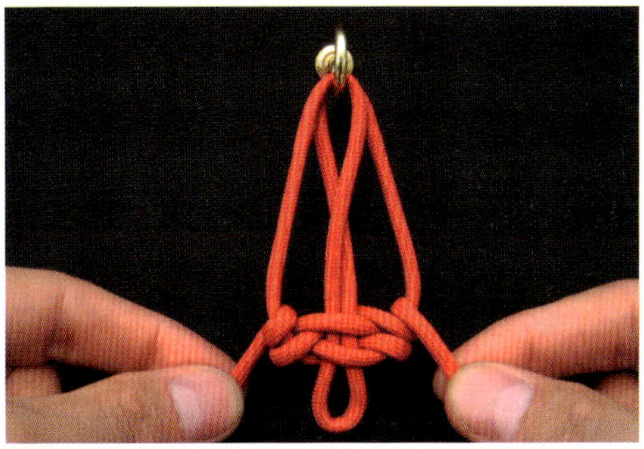

10. ... und 6 wiederholen.

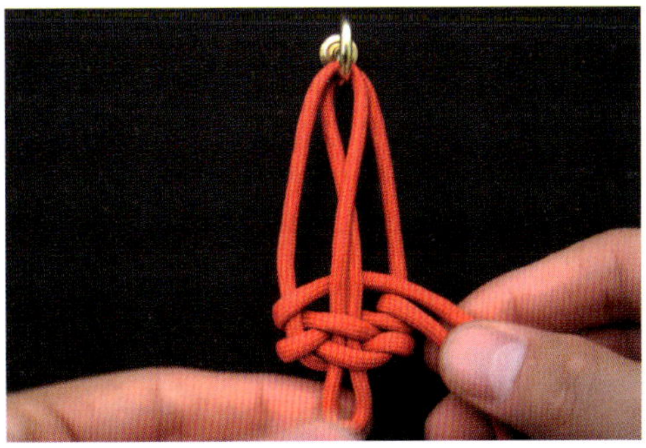

11. Weitermachen, indem Sie erst Schritt 7 und ...

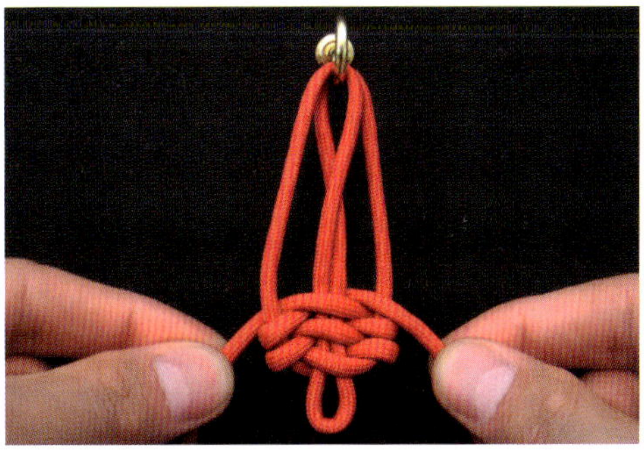

12. ... Schritt 8 wiederholen, dann die Schritte 5 und 6 hin- und herarbeiten, bis ...

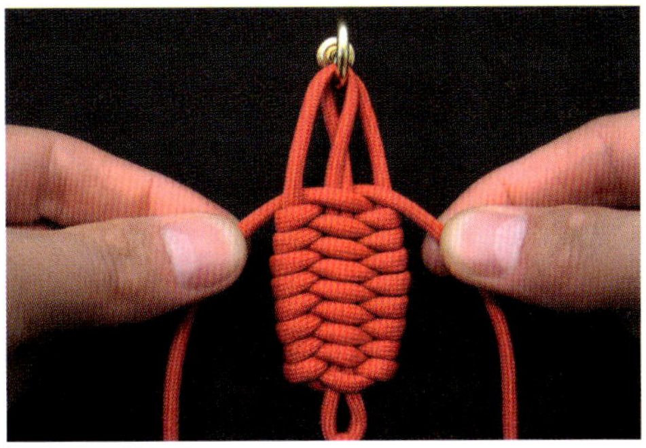

13. ... die gewünschte Länge des Knotens erreicht ist.

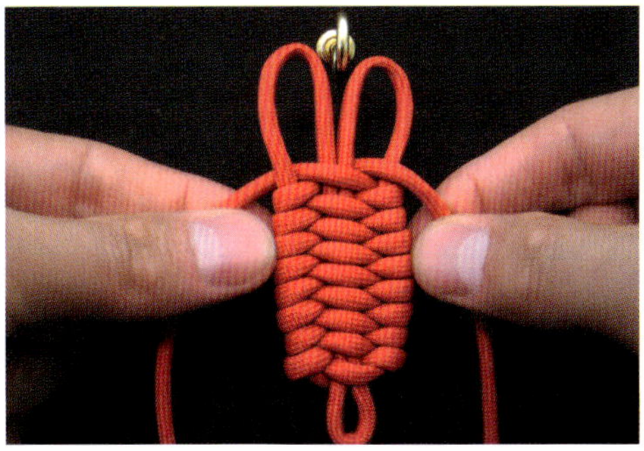

14. Den Knoten vom Haken nehmen ...

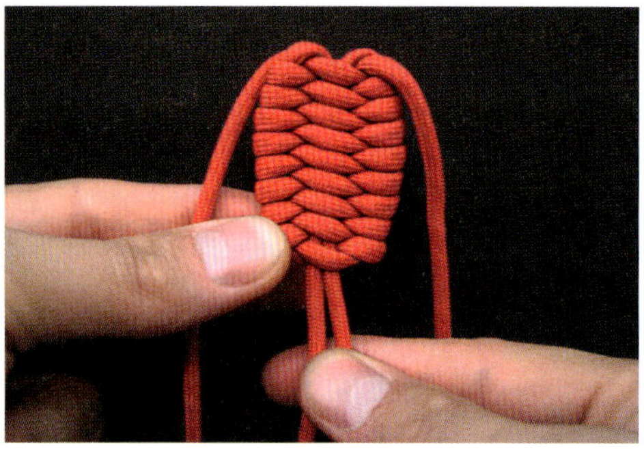

15. ... und die untere Schlinge strammziehen, bis der Knoten fest ist.

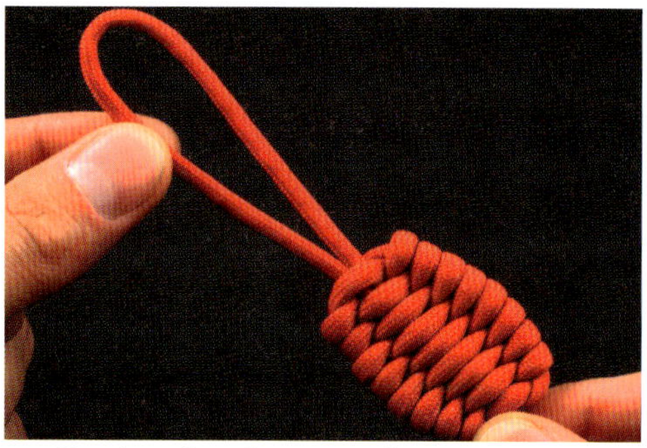

16. Um die Arbeit fertigzustellen, die losen Parten vorsichtig abschneiden und verschmelzen.

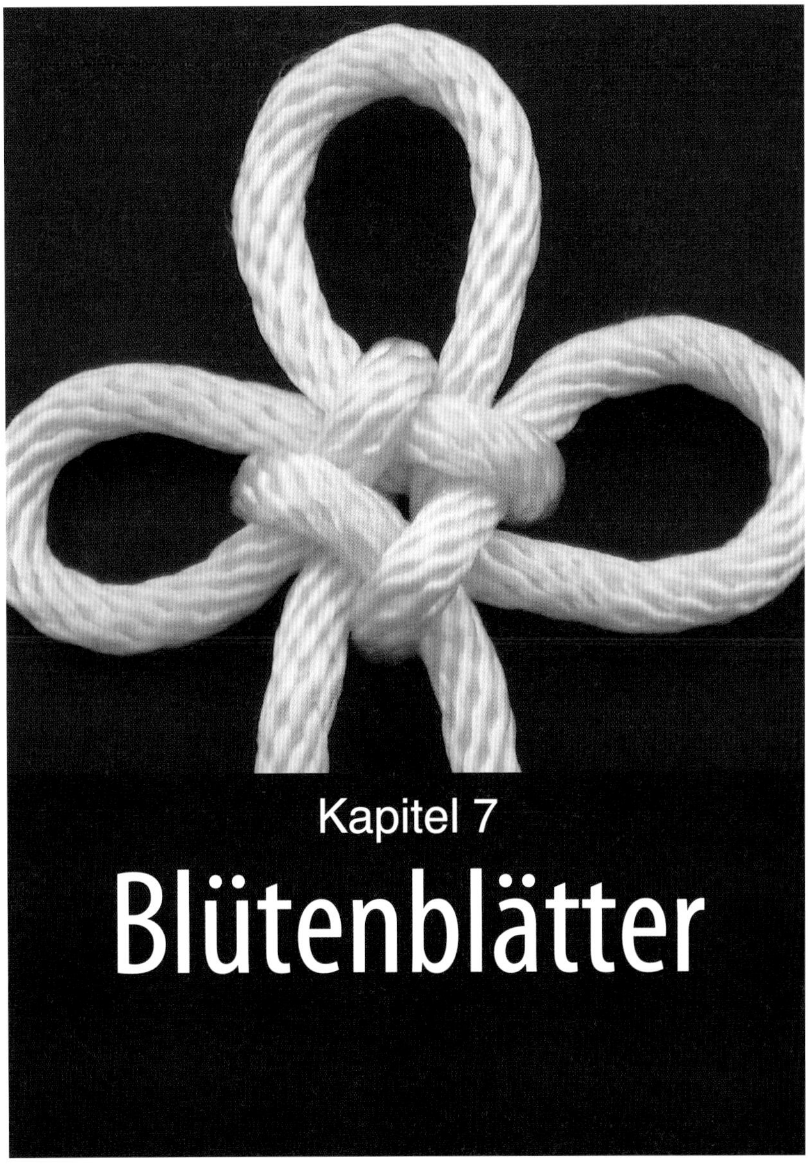

Kapitel 7

Blütenblätter

Blumenknoten

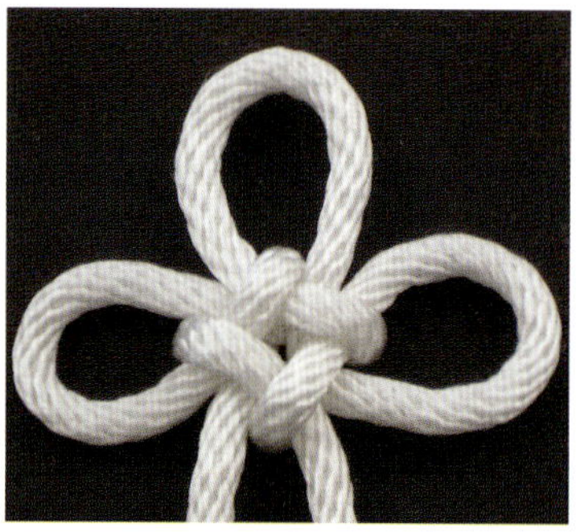

Der Blumenknoten wird manchmal auch Kleeblattknoten genannt. Die Technik, die benutzt wird, um ihn zu knoten, kann eine Vielzahl von Knoten mit Augen oder „Blütenblättern" aufweisen, die von einer quadratischen Mitte ausgehen.

Knotenbestandteile: Historischer Knoten

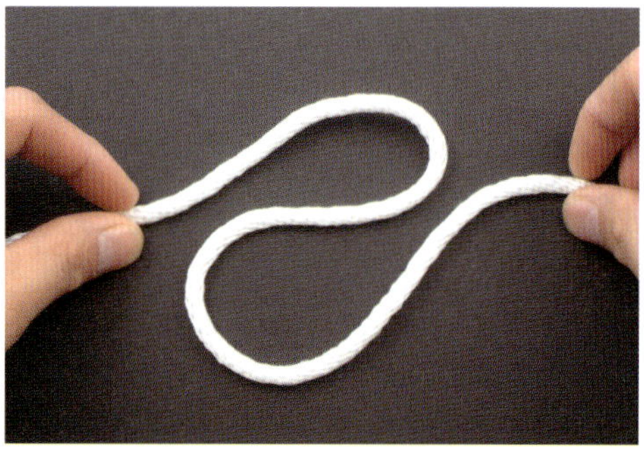

1. Legen Sie ein **Z** aus 2 Buchten in entgegengesetzte Richtungen.

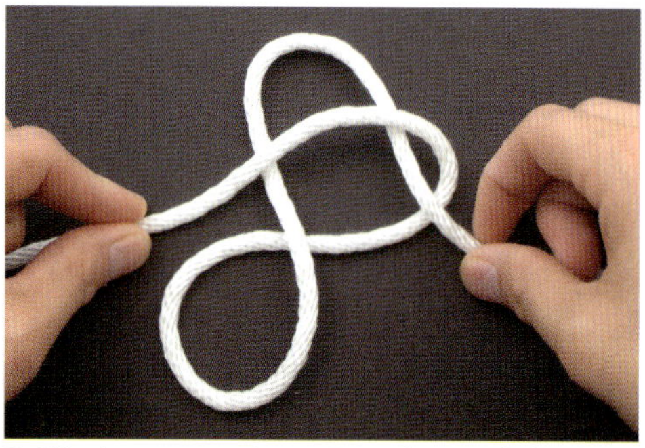

2. Mit der unteren losen Part über und durch die oben liegende Bucht eine Bucht legen.

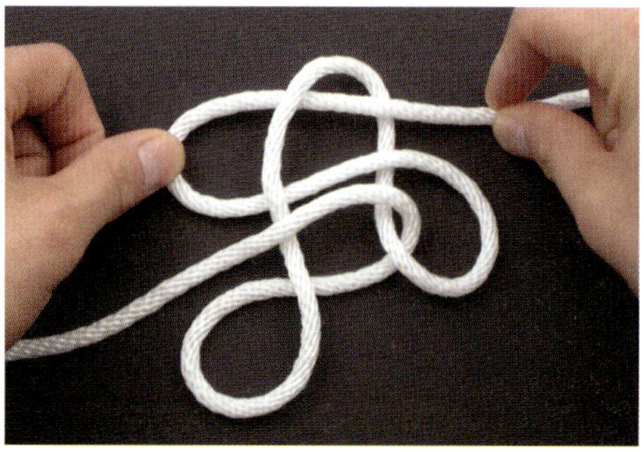

3. Legen Sie nun eine Bucht über und durch die eben entstandene Bucht.

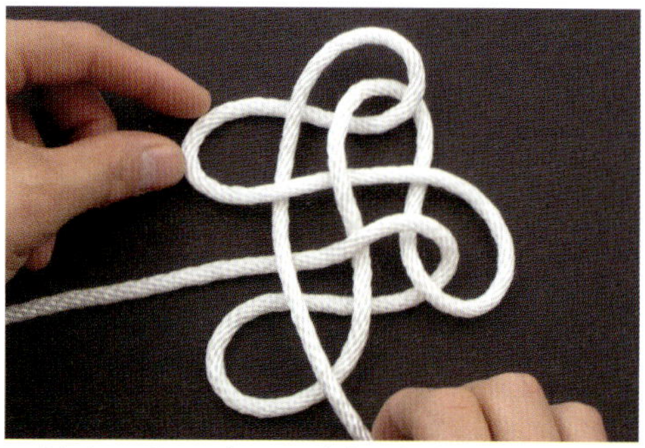

4. Die lose Part über und durch die eben entstandene Bucht stecken, ...

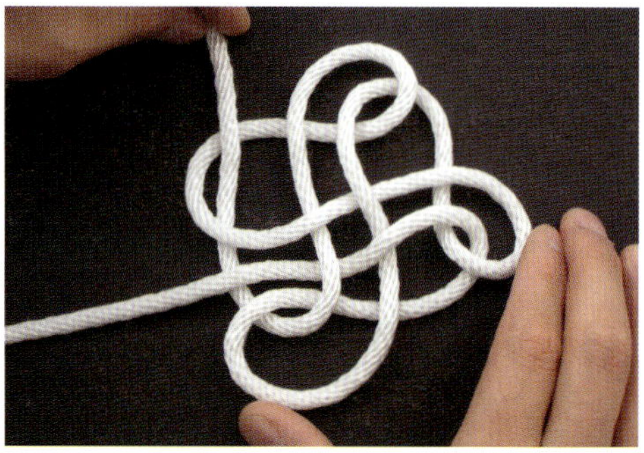

5. ... dann durch die untere Bucht und wieder zurück durch die eben entstandene Bucht führen.

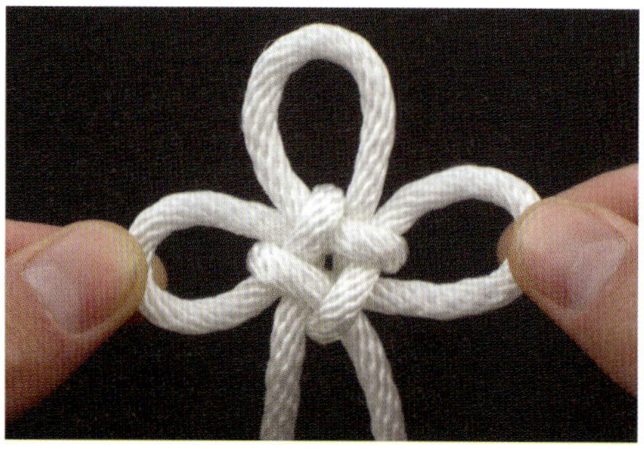

6. Den Knoten steifholen.

Doppelter Augenknoten

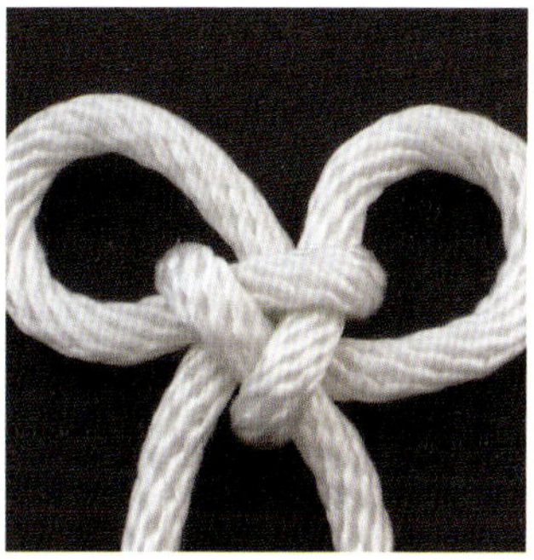

Der Doppelte Augenknoten weist ein wichtiges Merkmal auf, was die „Blütenblätter" des Blumenknotens betrifft: Sie können so viele oder so wenige einarbeiten, wie Sie wünschen. Auch wenn die folgende Anleitung zeigt, wie Sie weniger Blütenblätter knoten können, können Sie die Anzahl auch leicht erhöhen.

Knotenbestandteile: Historischer Knoten

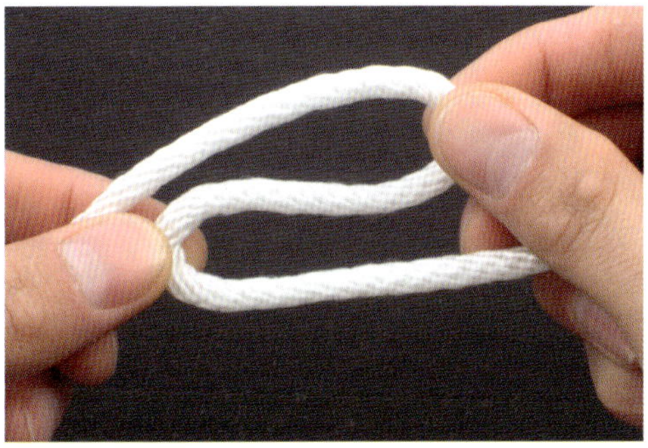

1. Legen Sie ein **Z** aus 2 Buchten in entgegengesetzte Richtungen.

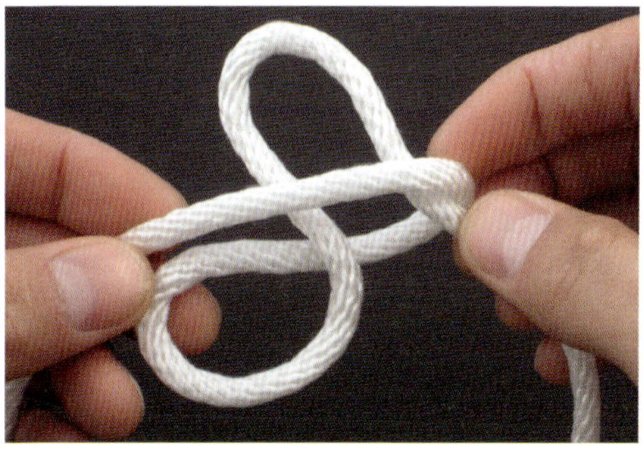

2. Mit der unteren losen Part über und durch die oben liegende Bucht eine Bucht legen.

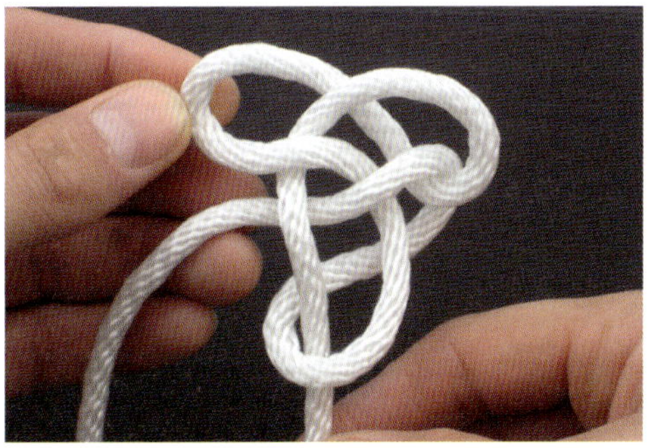

3. Die lose Part über und durch die zuletzt entstandene Bucht führen, ...

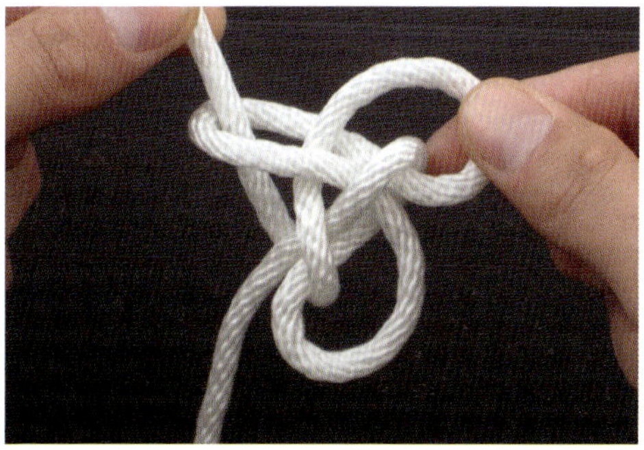

4. ... dann durch das untere Auge und erneut durch die zuletzt entstandene Bucht stecken.

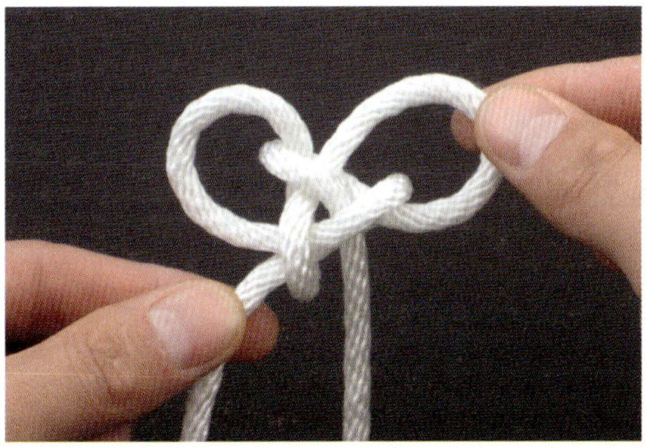

5. Die Blüten vorsichtig zurechtziehen, ...

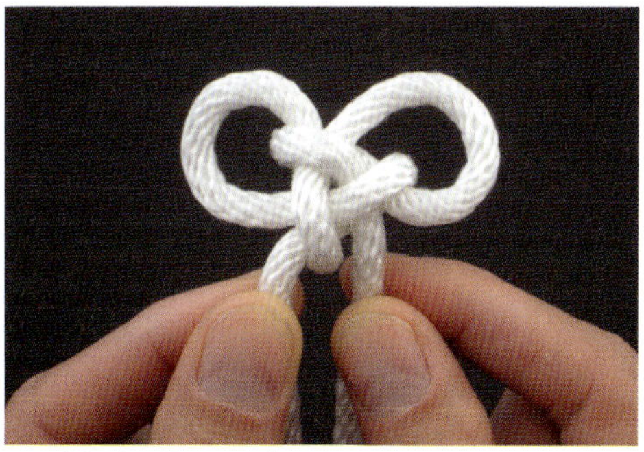

6. ... bis der Knoten fest ist.

Kleiner Diamantknoten

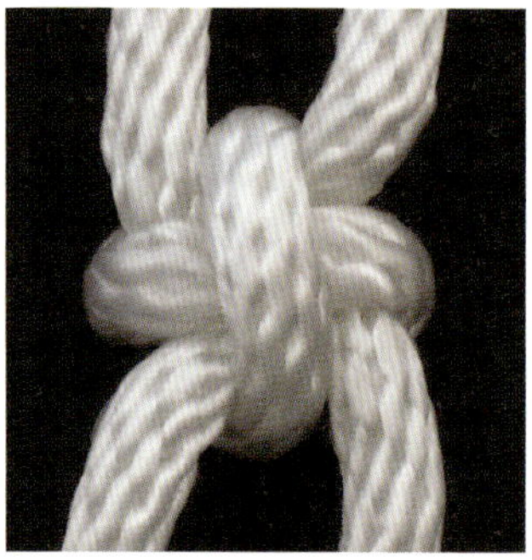

Der Kleine Diamantknoten ist im Grunde ein Blumenknoten mit durchgezogenen Blütenblättern. Er kann verwendet werden, um eine Pfeife oder einen Anhänger mit einem hübschen Kreuz oder einem verwobenen Quadrat zu befestigen – je nachdem, welche Seite des Knotens nach oben zeigt.

Knotenbestandteile: Historischer Knoten

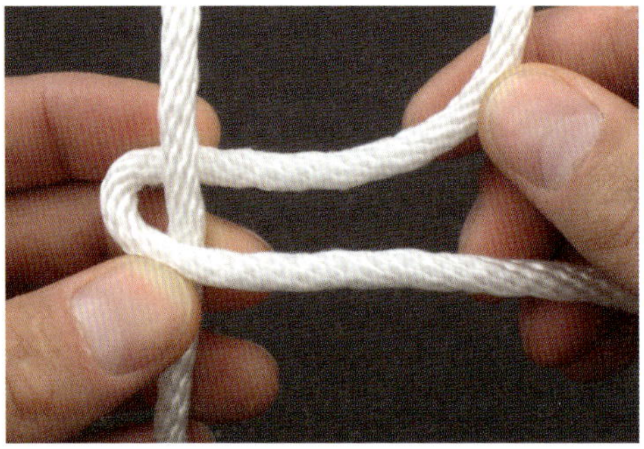

1. Eine Bucht um den danebenliegenden Tampen legen.

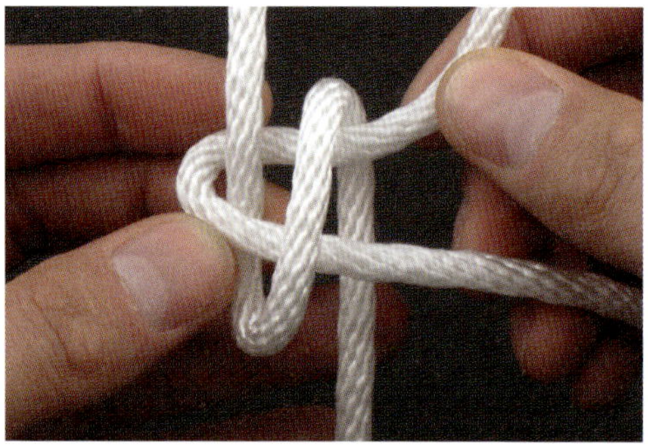

2. Die andere Part nach oben bringen und dann über und um die Bucht führen.

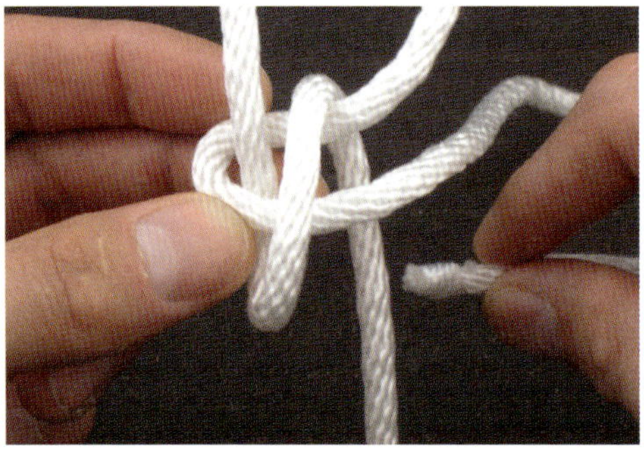

3. Die lose Part der Bucht ...

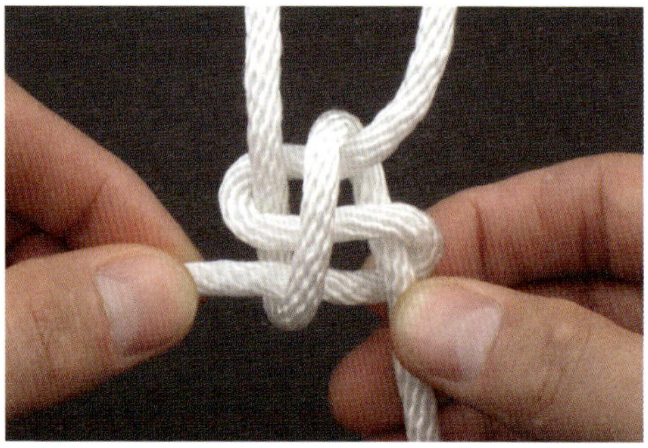

4. ... um die andere lose Part herumführen und durch ihre Bucht stecken.

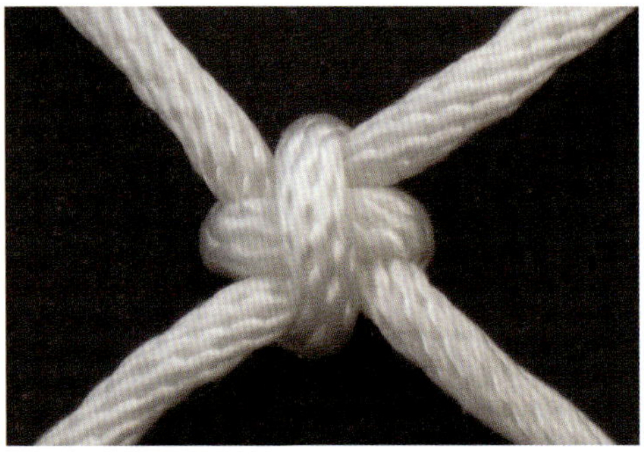

5. Den Knoten steifholen.

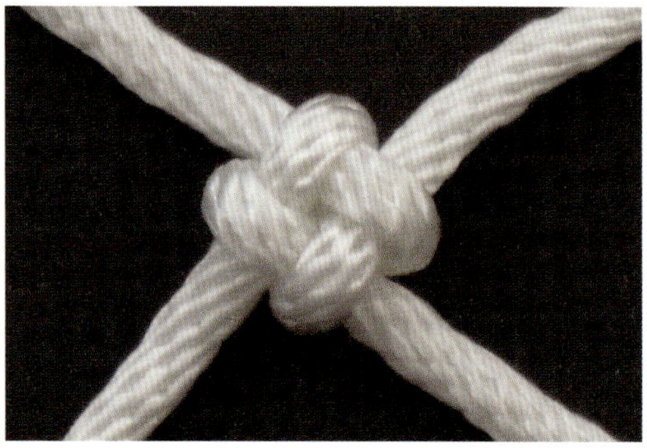

6. Den Knoten umdrehen, um das Quadrat zu sehen.

Geflügelter Kreuzknoten

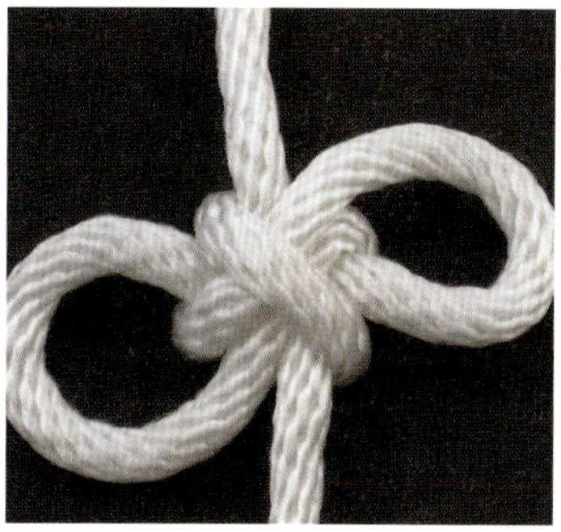

Dadurch, dass anstelle der zwei parallelen Tampen zwei „Flügel" aus dem Zentrum des Knotens herauskommen, verleiht der Geflügelte Kleine Diamantknoten einem sonst simplen Kleinen Diamantknoten mehr Pepp. Aber Vorsicht: Achten Sie auf eine gleichmäßige Spannung in den „Flügeln", sonst fällt der Knoten auseinander!

Knotenbestandteile: Historischer Knoten

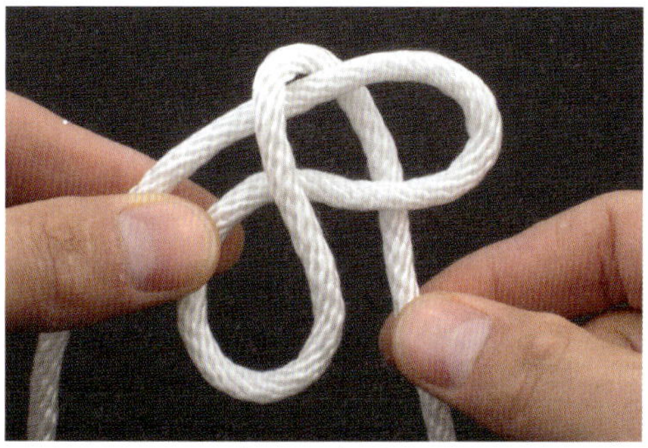

1. Unter einer Bucht mit der losen Part ein Auge machen und die lose Part über die Bucht nach unten führen.

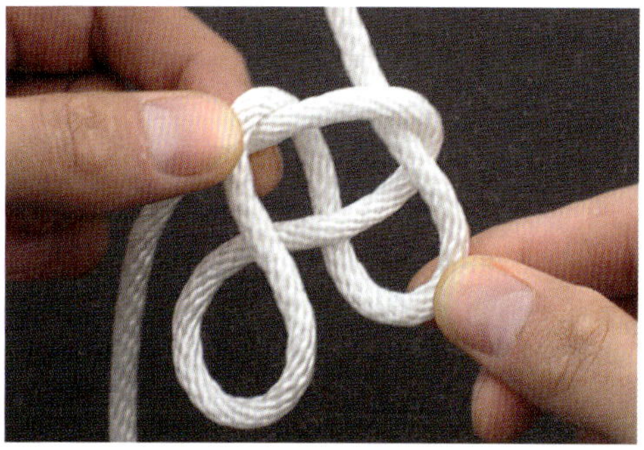

2. Die lose Part von vorn in die Bucht stecken.

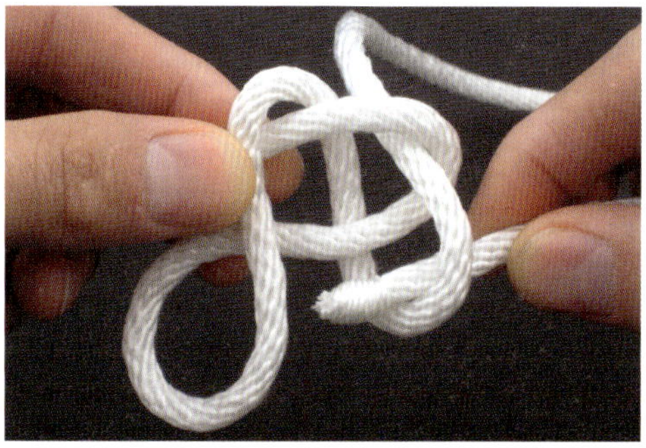

3. Die lose Part nach unten durch die Rückseite der unteren Bucht stecken.

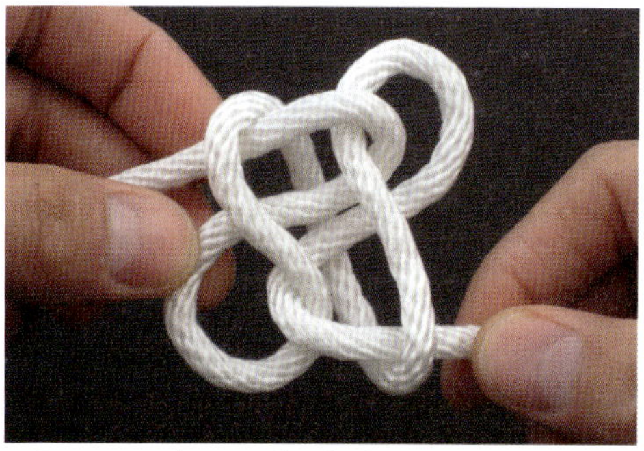

4. Dann von hinten durch das untere, linke Auge und zurück durch die Bucht stecken.

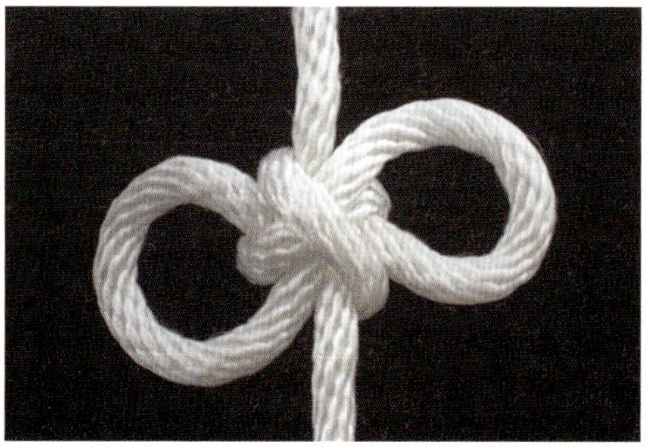

5. Den Knoten vorsichtig zurechtziehen, bis er fest ist.

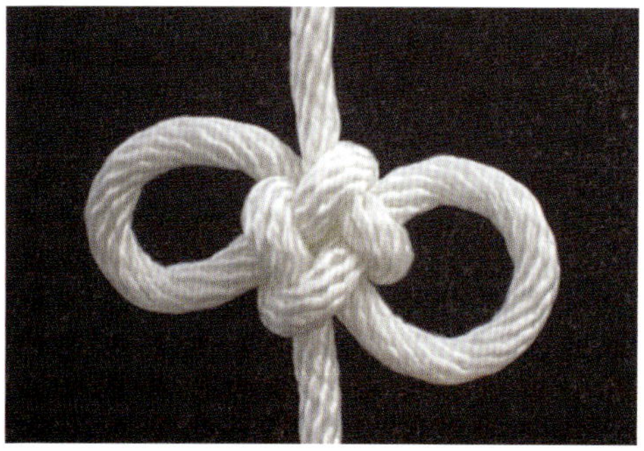

6. Den Knoten umdrehen, um das Quadrat zu sehen.

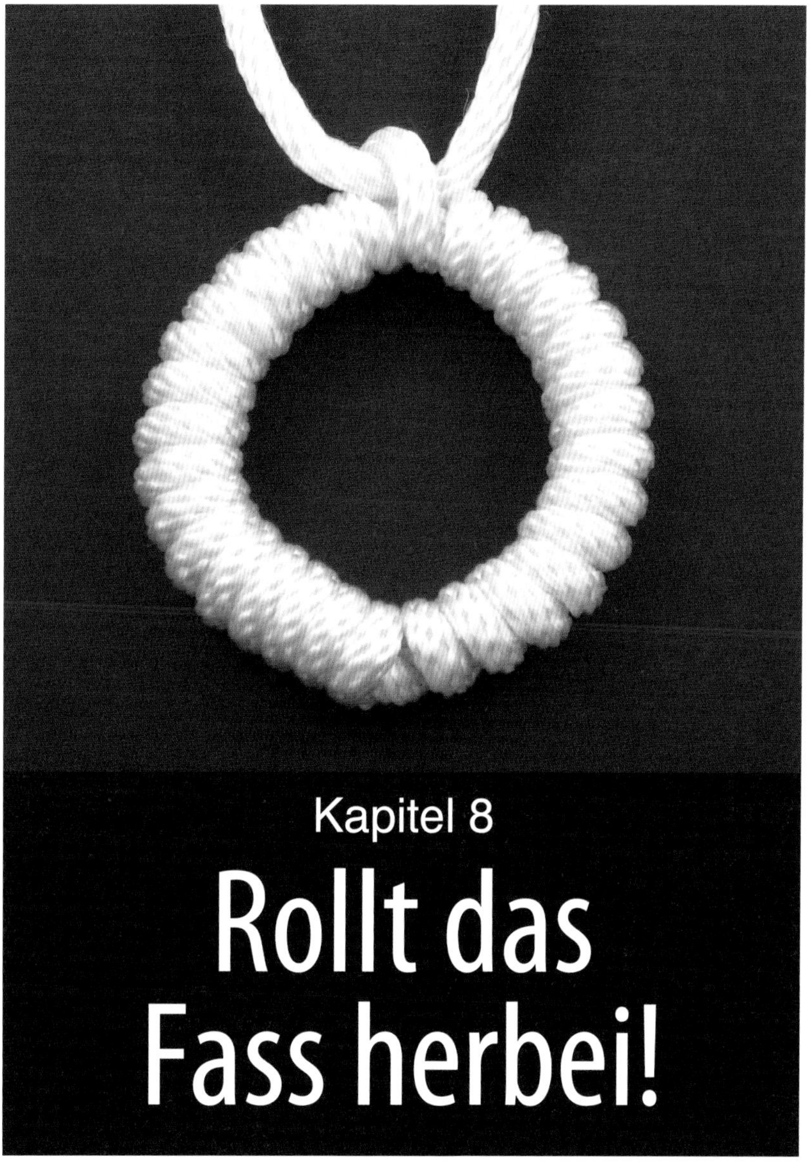

Kapitel 8

Rollt das Fass herbei!

Fassknoten

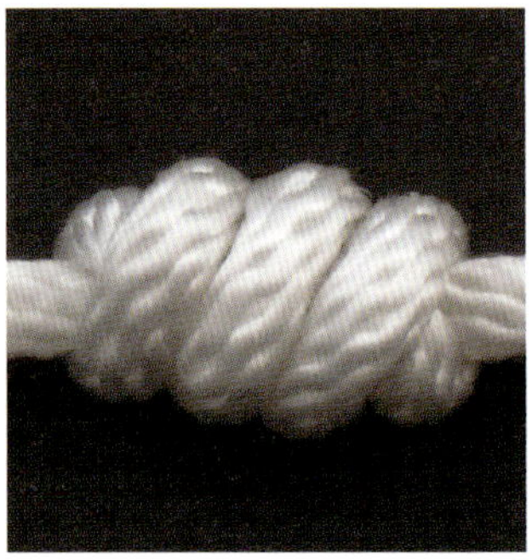

Der Fassknoten wird auch Blutknoten genannt, weil er in seiner Geschichte in die Enden neunschwänziger Katzen geknotet wurde. Ganz anders als in seiner grausamen Vergangenheit ergibt dieser Knoten auch eine glatte, feste Perle, mit der man eine geknotete Halskette dekorieren kann.

Knotenbestandteile: Historischer Knoten

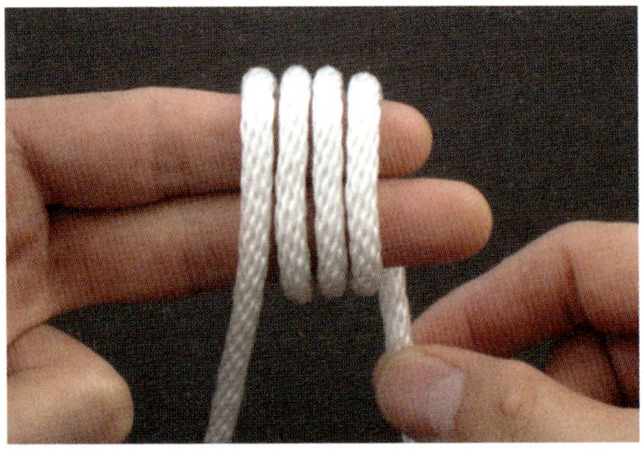

1. Drei bis vier Rundtörns um den Zeige- und Mittelfinger machen.

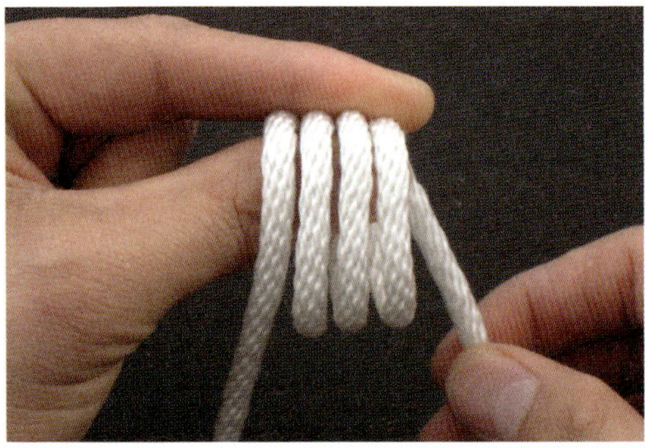

2. Die Rundtörns von den Fingern nehmen und dabei festhalten.

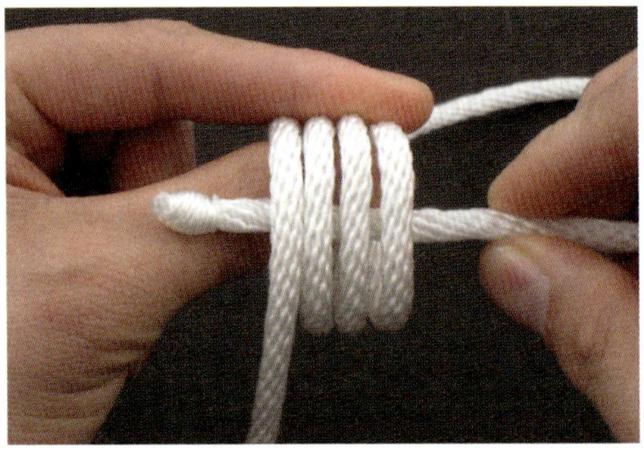

3. Die rechte lose Part durch die Mitte der Rundtörns stecken.

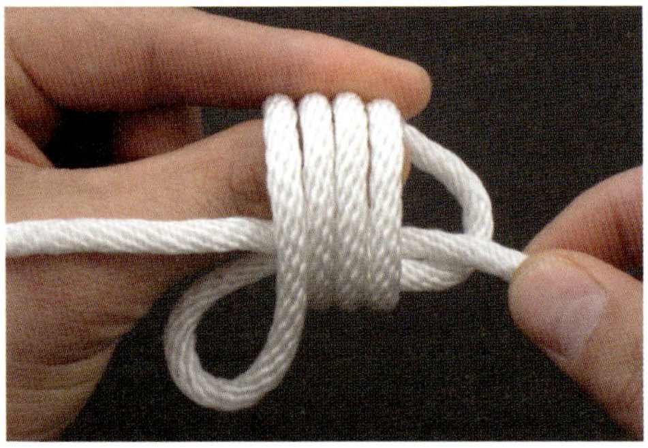

4. Die linke lose Part durch die Mitte der Rundtörns stecken.

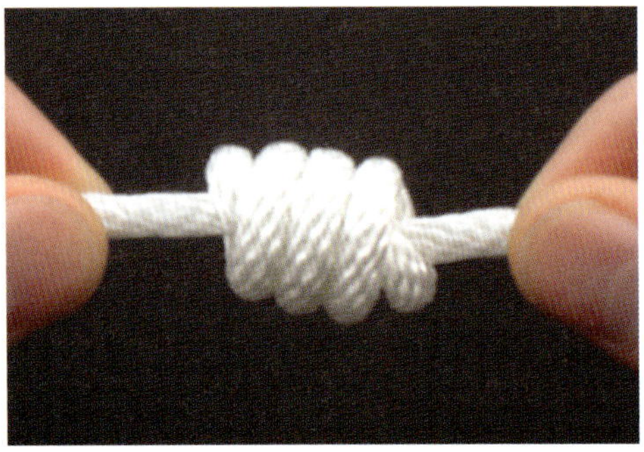

5. Die losen Parten in entgegengesetzte Richtungen ziehen, bis ...

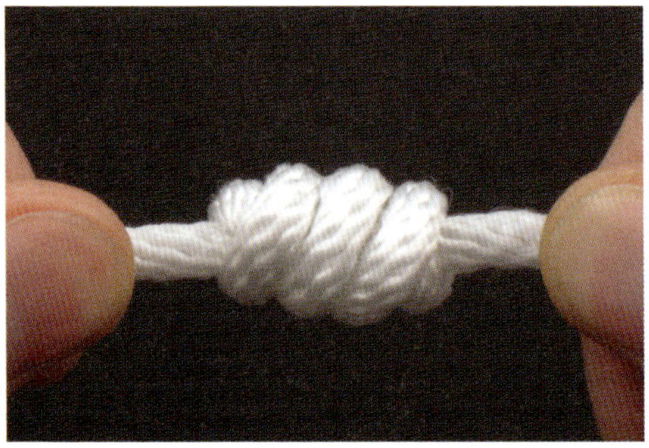

6. ... sich eine fest gewickelte Perle bildet.

Knoten der blutigen Knöchel

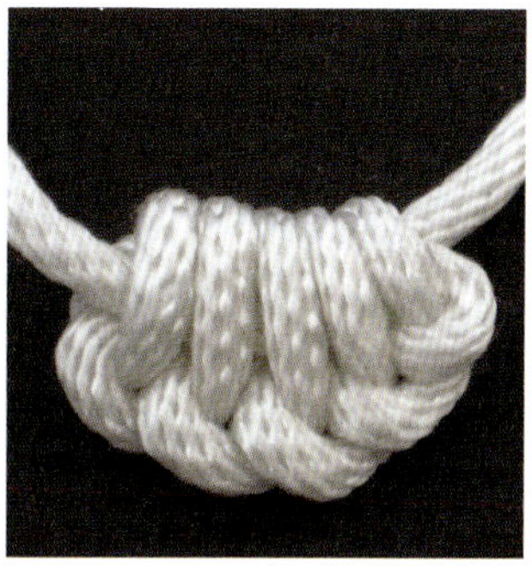

Der Knoten der blutigen Knöchel entsteht, wenn Sie eine Reihe halber Schläge mit dem Blutknoten kombinieren. Die halben Schläge ergeben die Knöchel und der Blutknoten (oder Fassknoten) zieht die Leinen zusammen, wodurch ein unübliches, aber hübsches Knotenbild entsteht.

Knotenbestandteile: Blutknoten (Fassknoten) + halbe Schläge

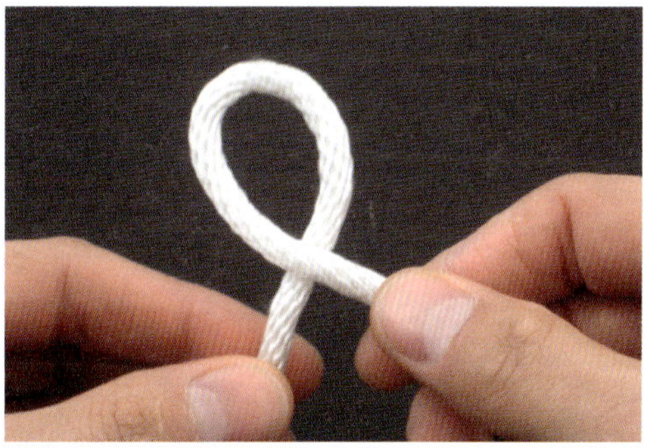

1. Ein Auge gegen den Uhrzeigersinn legen (rechts über links).

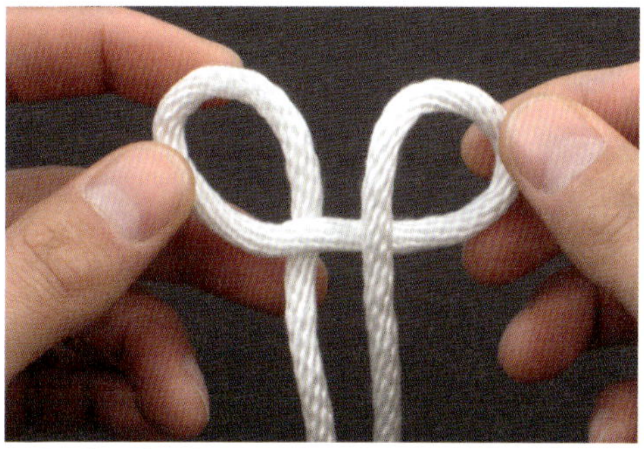

2. Rechts des Auges ein zweites Auge gegen den Uhrzeigersinn legen.

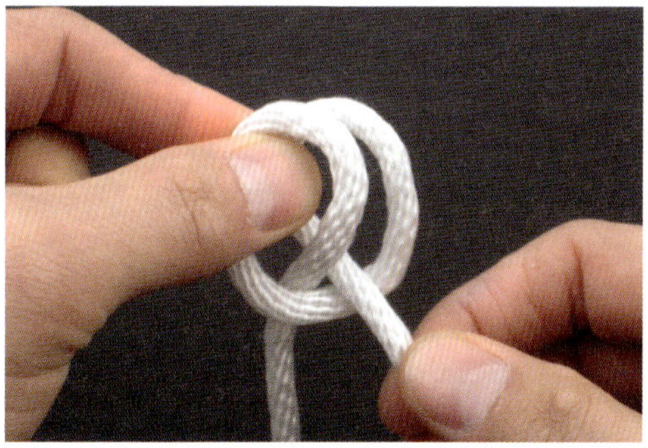

3. Das 2. Auge hinter das erste legen.

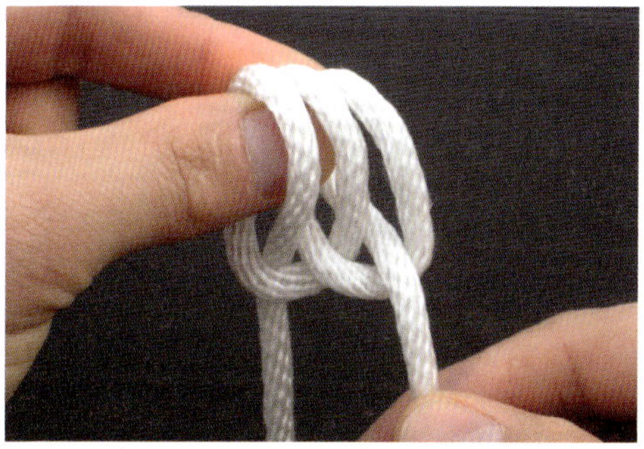

4. Die Schritte 2 und 3 wiederholen, ...

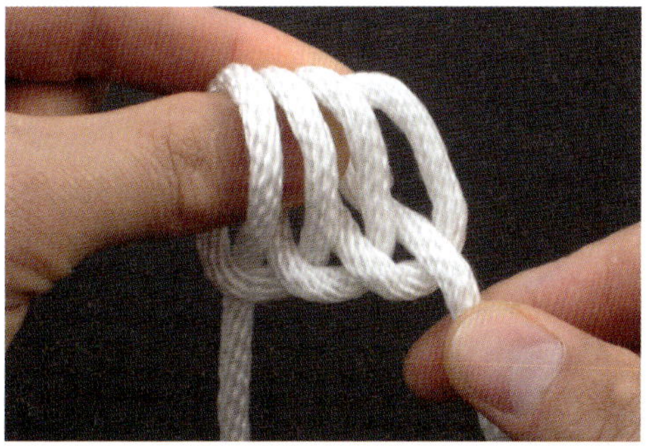

5. ... immer wieder, ...

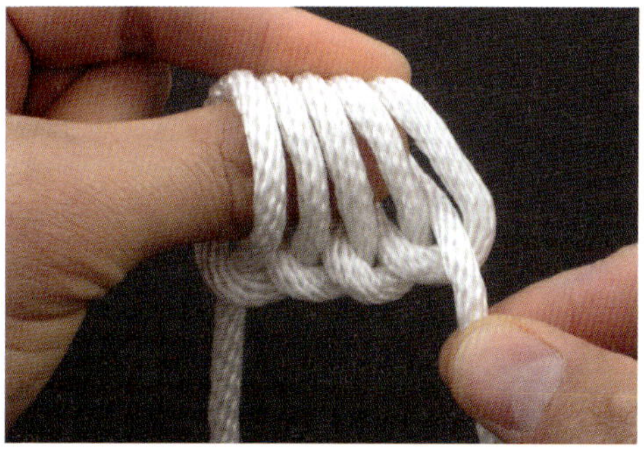

6. ... bis Sie 5 Augen hintereinander in einer Reihe haben.

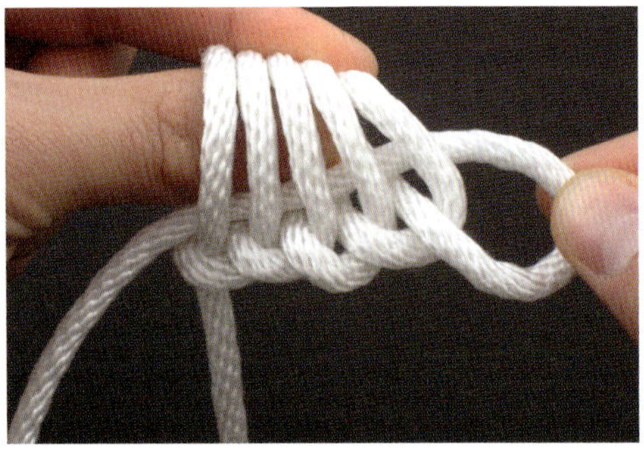

7. Die rechte lose Part mittig durch die Augen hindurchstecken.

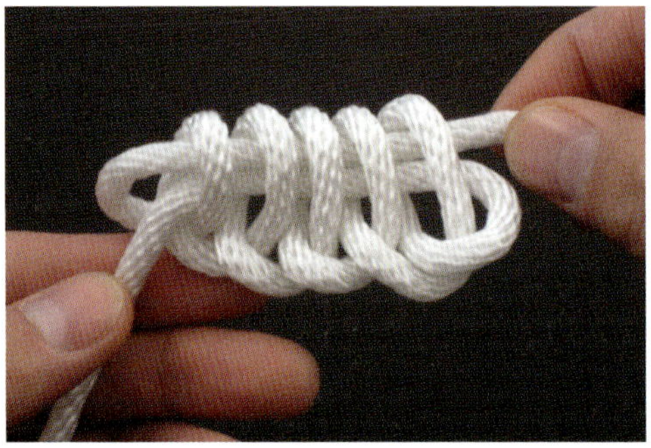

8. Die linke lose Part mittig durch die Augen hindurchstecken.

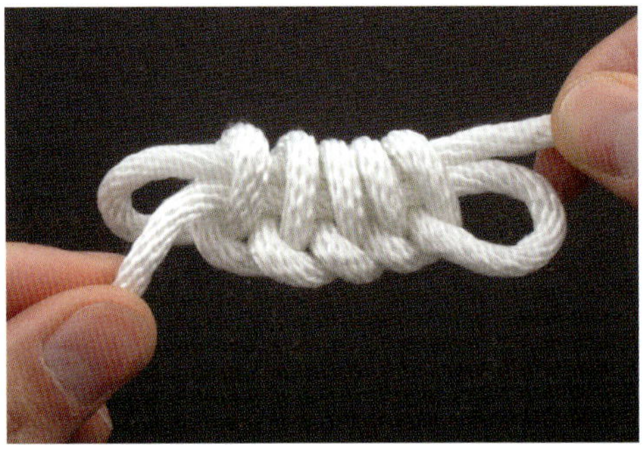

9. Die losen Parten vorsichtig in entgegengesetzte Richtungen ziehen und ...

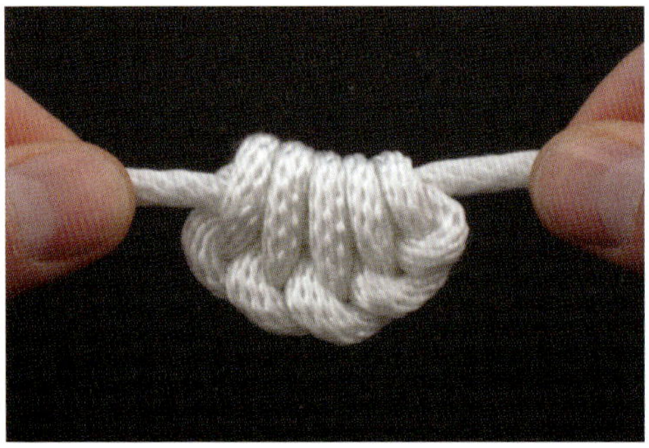

10. ... den Knoten steifholen.

O-Ring

Der O-Ring ist eine schnelle Art, eine stabile, schmucke Schlinge zu knoten. Seine angenehme Form macht ihn zu einem idealen Griff für Schubladen, Schachteln oder einfach zum Festhalten.

Knotenbestandteile: Halber Schlag + entgegengesetzte Rundtörns

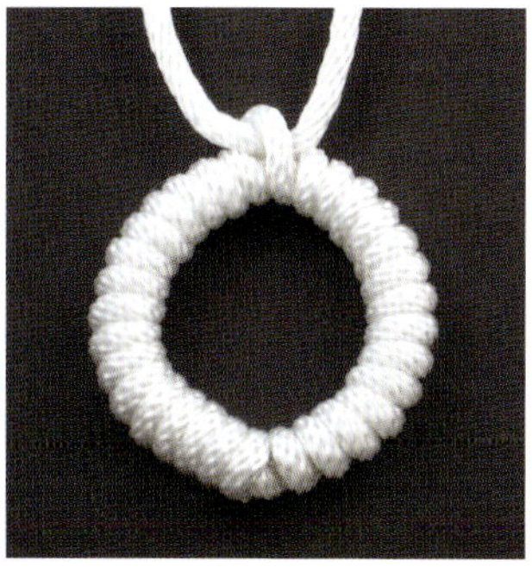

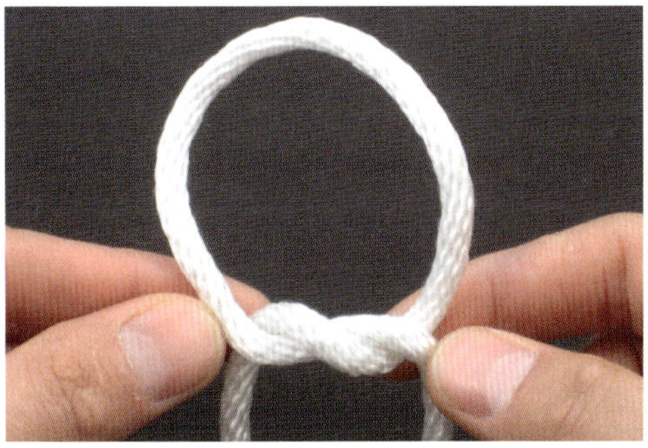

1. Einen halben Schlag machen, sodass die rechte lose Part oben liegt.

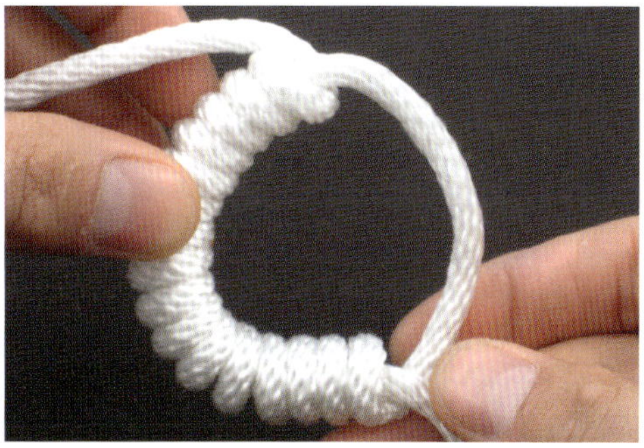

2. Die linke lose Part in Rundtörns um das Auge legen, bis Sie oben angekommen sind.

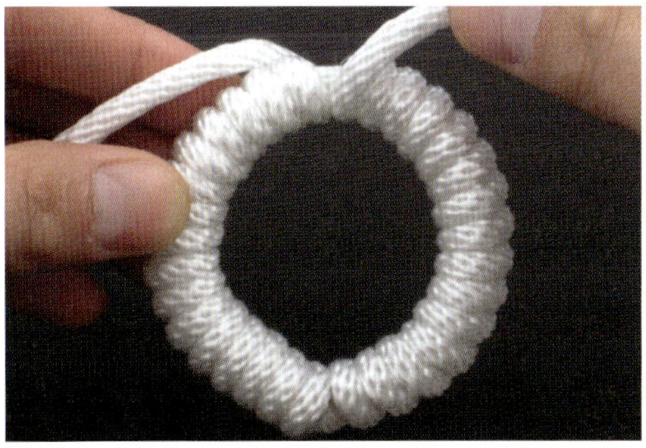

3. Schritt 2 für die rechte lose Part wiederholen.

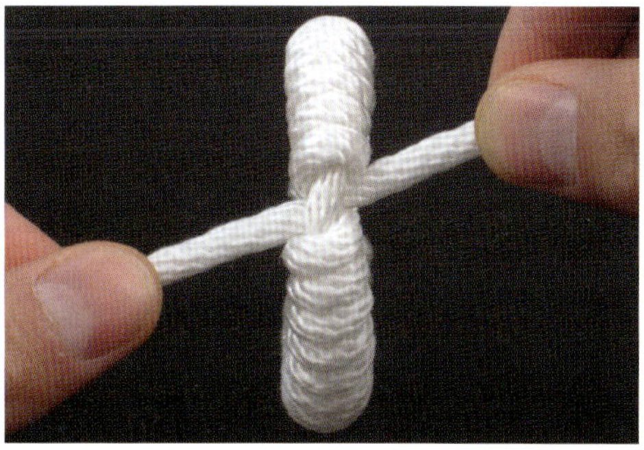

4. An der linken und der rechten losen Part ziehen, bis alle Rundtörns fest sind.

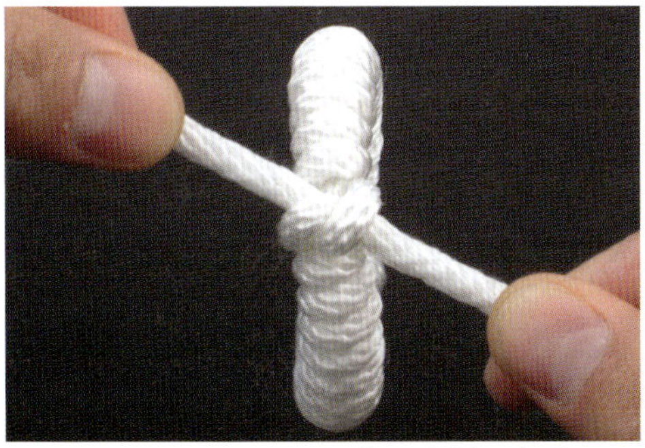

5. Die Parten mit einem halben Schlag befestigen.

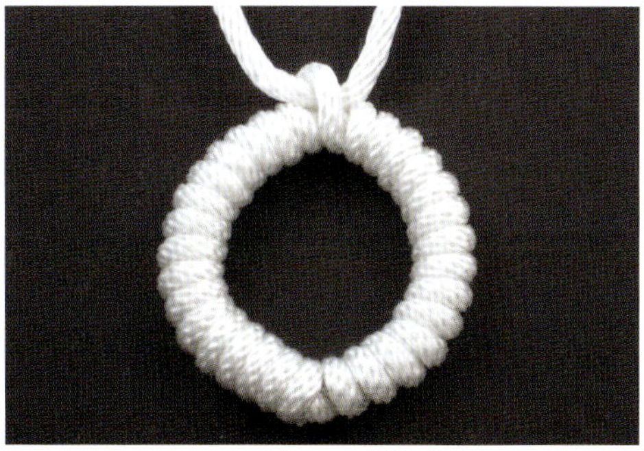

6. Den Knoten vorsichtig steifholen.

Türklopfer-Knoten

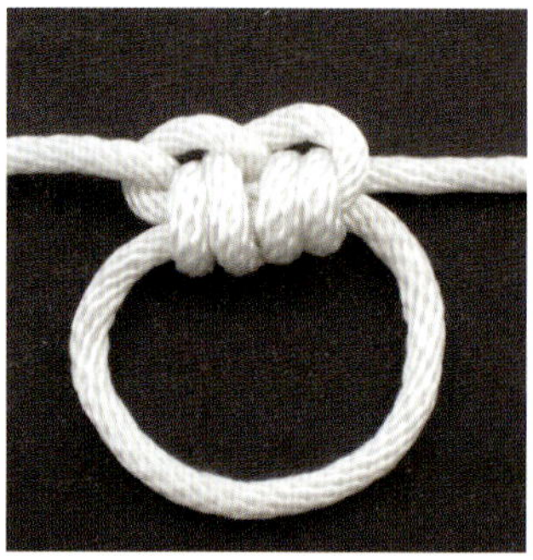

Ein echter Türklopfer hilft den Menschen vor dem Haus, auf sich aufmerksam zu machen. Trotz seines Namens wird der Türklopfer-Knoten aber nur auf Ihre Fähigkeit im Knotenmachen aufmerksam machen.

Knotenbestandteile: Historischer Knoten

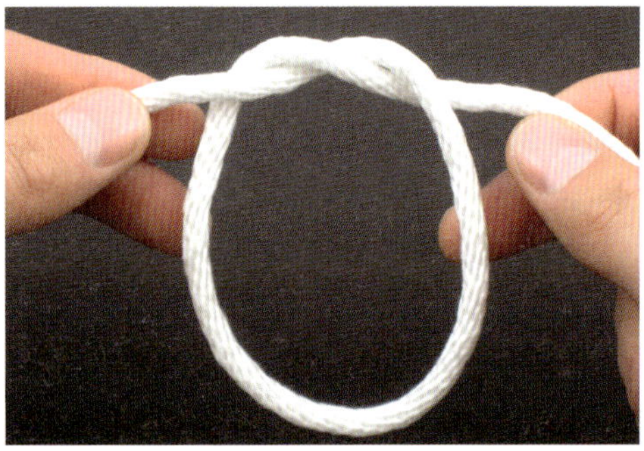

1. Einen halben Schlag machen, sodass die rechte lose Part unten liegt.

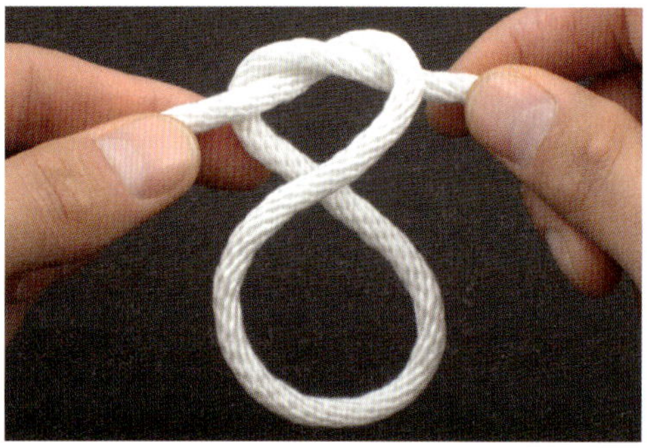

2. Das Auge, das durch den halben Schlag entstanden ist, nach links verdrehen (rechts über links).

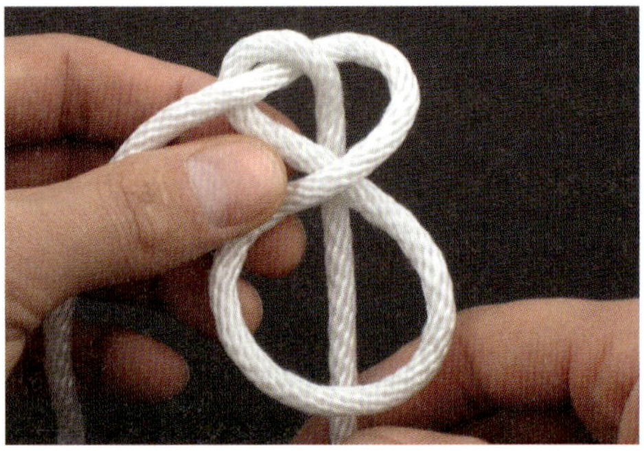

3. Die rechte lose Part nach hinten fallen lassen.

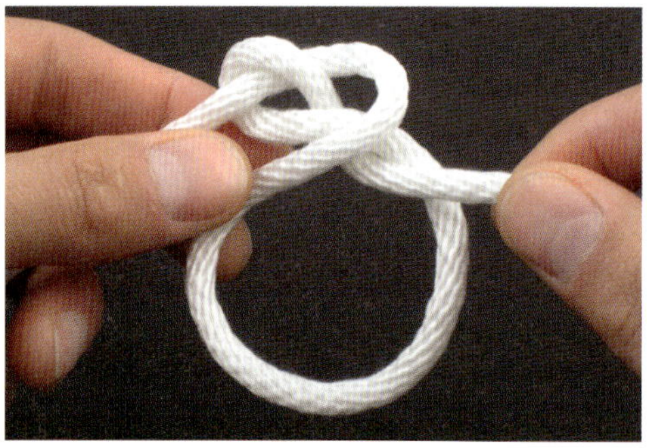

4. Die rechte lose Part durch das untere Auge führen und ...

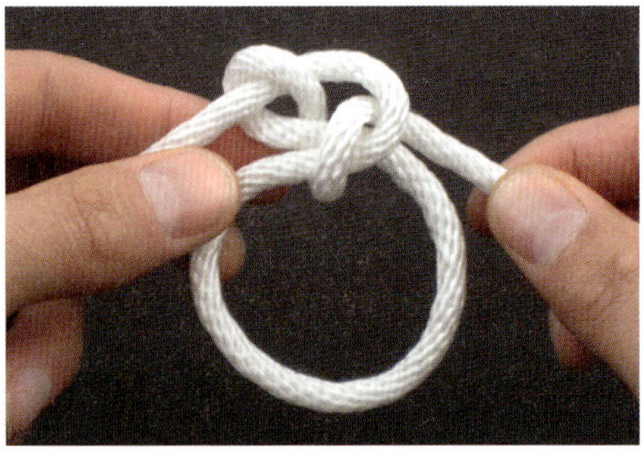

5. ... durch das obere, rechte Auge stecken.

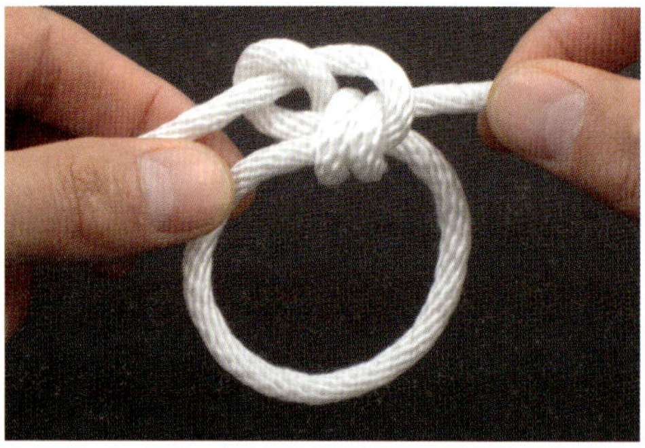

6. Erneut einen derartigen Rundtörn machen.

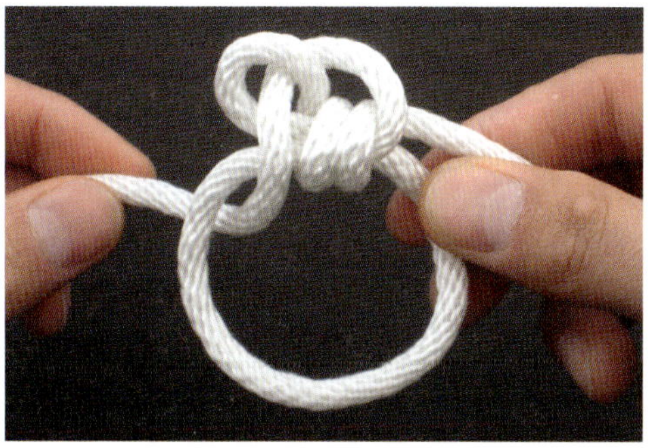

7. Die Schritte 3 bis 6 in die andere Richtung wiederholen, ...

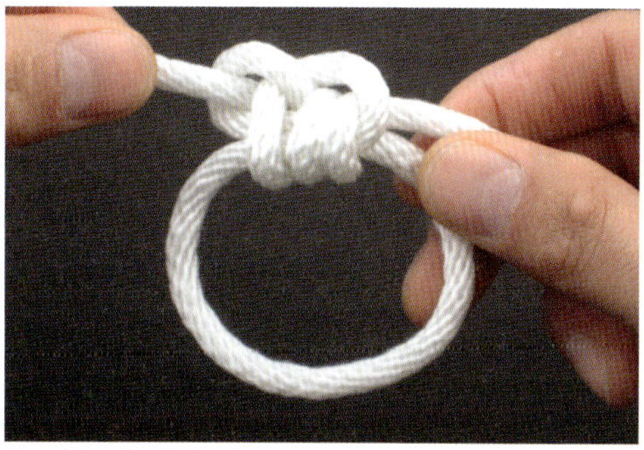

8. ... bis die linke lose Part zwei Rundtörns ...

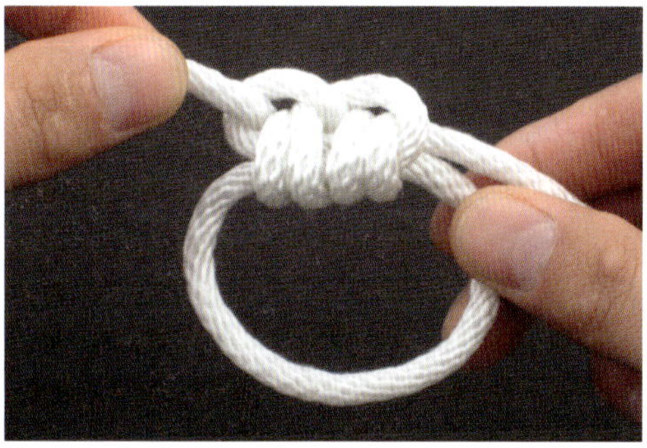

9. ... durch das Auge links oben sowie das Auge unten gemacht hat.

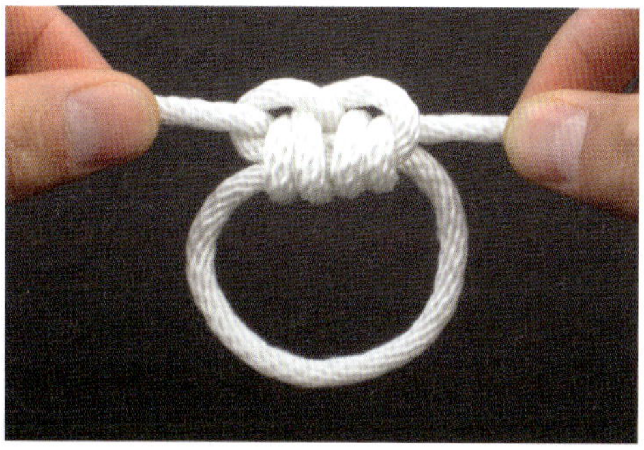

10. Den Knoten vorsichtig steifholen.

Vorhängeschlossknoten

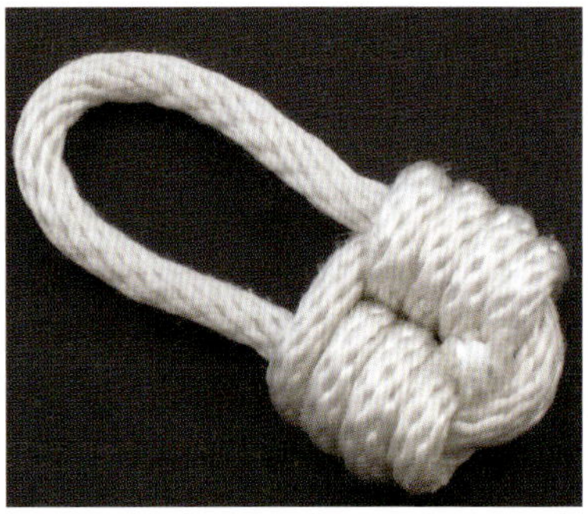

Der Vorhängeschlossknoten ist eine pfiffige Art, sowohl in Form als auch in Funktion ein Vorhängeschloss zu knoten. Allerdings sei angemerkt, dass der Knoten Ihnen nicht dabei hilft, Ihre Wertsachen zu beschützen. Andererseits tun das auch echte Schlösser nicht mehr, seit es Bolzenschneider gibt.

Knotenbestandteile: Entgegengesetzte Augen + entgegengesetzte Rundtörns

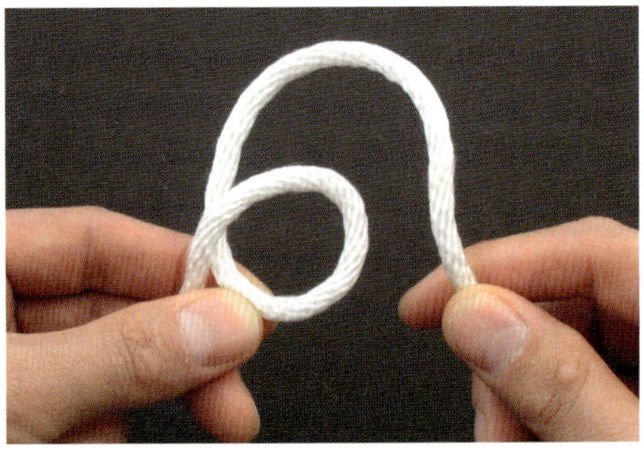

1. Ein Auge gegen den Uhrzeigersinn mit einer nach oben führenden Part legen.

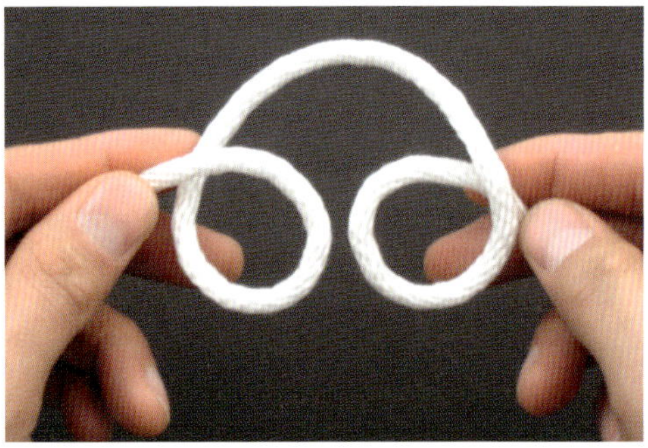

2. Rechts des ersten Auges ein zweites Auge gegen den Uhrzeigersinn legen.

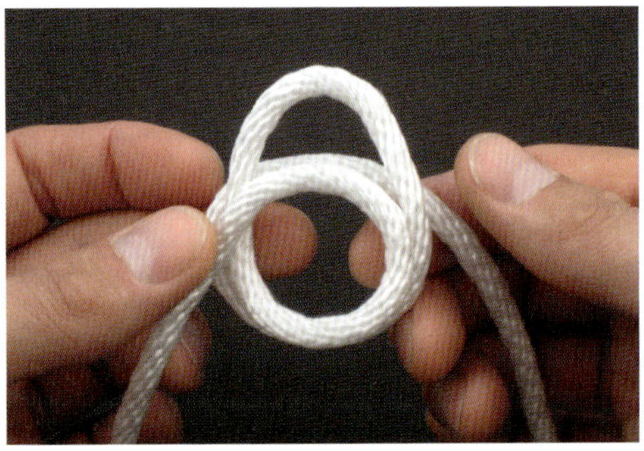

3. Das erste Auge über das zweite legen.

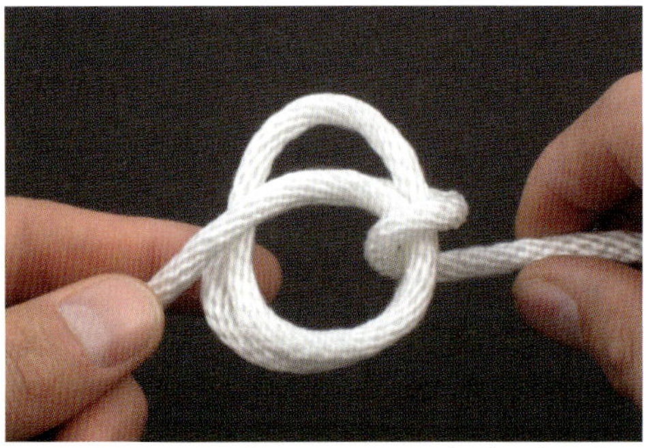

4. Mit der rechten losen Part um die beiden darunterliegenden Tampen einen Rundtörn machen.

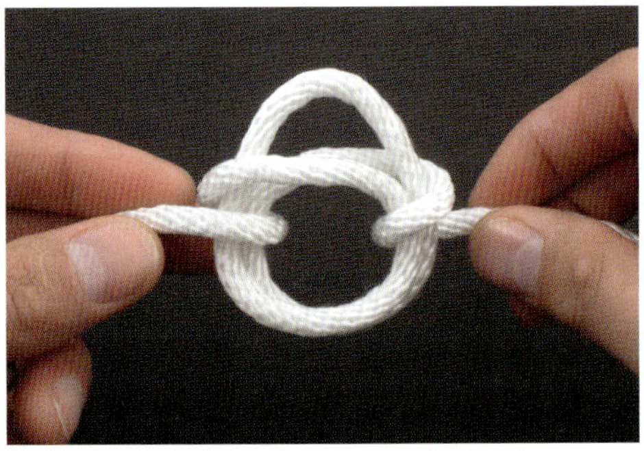

5. Mit der linken losen Part um die beiden darunterliegenden Tampen einen Rundtörn machen.

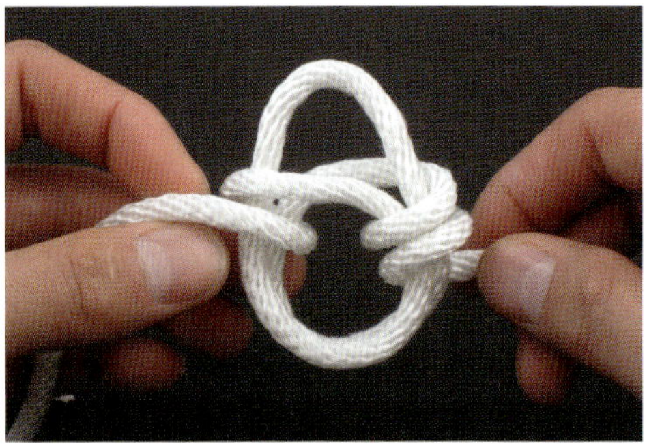

6. Die Schritte 4 ...

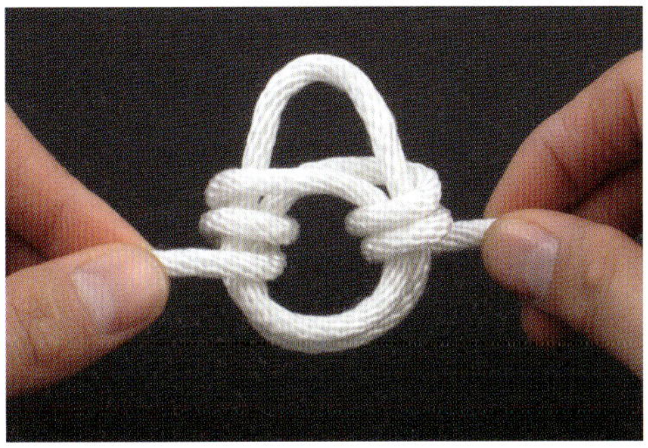

7. ... und 5 wiederholen, bis ...

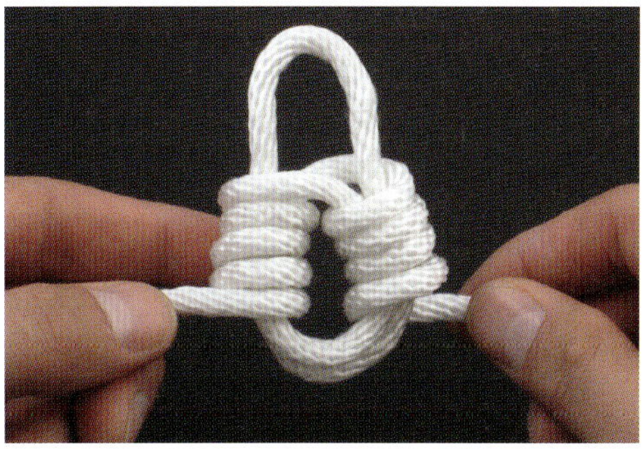

8. ... mit beiden losen Parten je 4 oder 5 Rundtörns gemacht wurden.

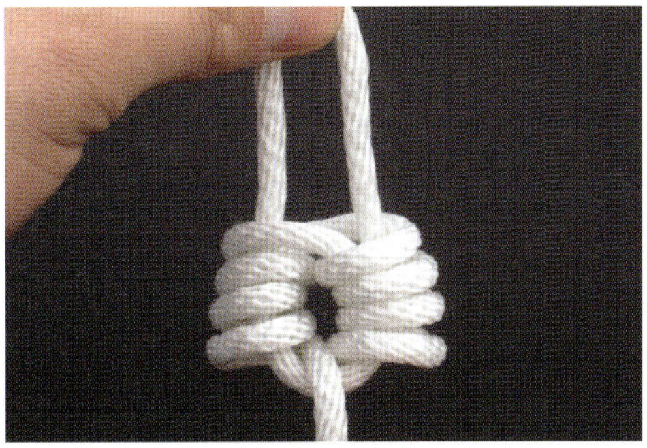

9. Das obere Auge festhalten und durch Ziehen an den losen Parten den Knoten steifholen.

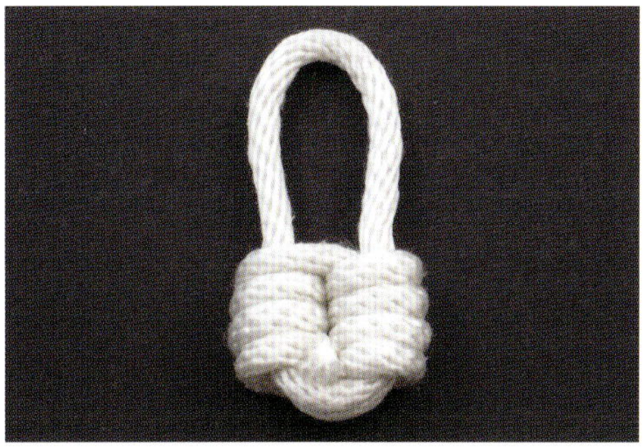

10. Zum Fertigstellen die losen Parten vorsichtig abschneiden und verschmelzen.

Dreifacher Fassknoten

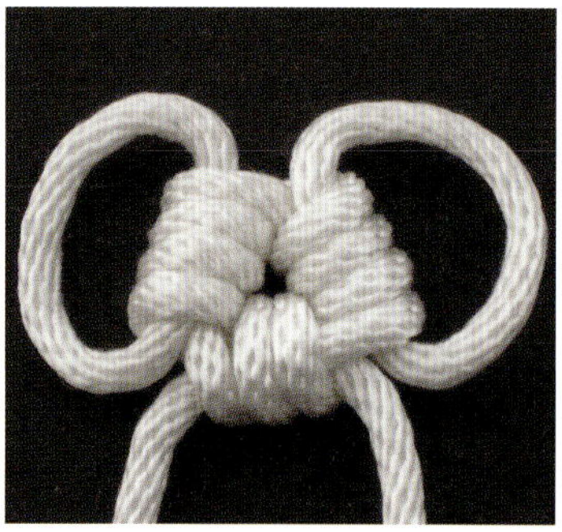

Das Ashley-Buch der Knoten beschreibt den dreifachen Fassknoten lediglich als eine Erscheinungsform einer Vielzahl von Knoten mit 2 Augen. Allerdings finde ich, dass die Eleganz dieses Knotens besondere Beachtung verdient, weshalb ich ihn hier vorstelle.

Knotenbestandteile: Historischer Knoten

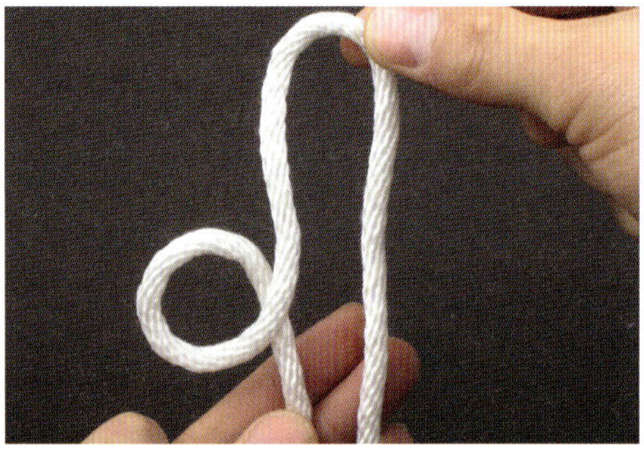

1. Unter einer etwa 8 cm langen Bucht in die linke lose Part ein Auge gegen den Uhrzeigersinn machen.

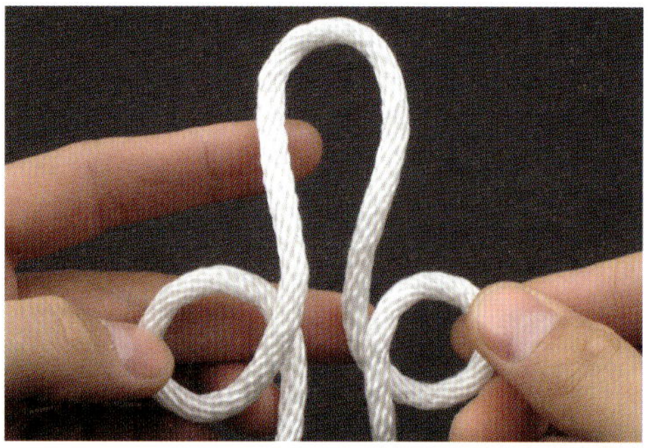

2. In die rechte Part spiegelverkehrt ein zweites Auge gegen den Uhrzeigersinn legen.

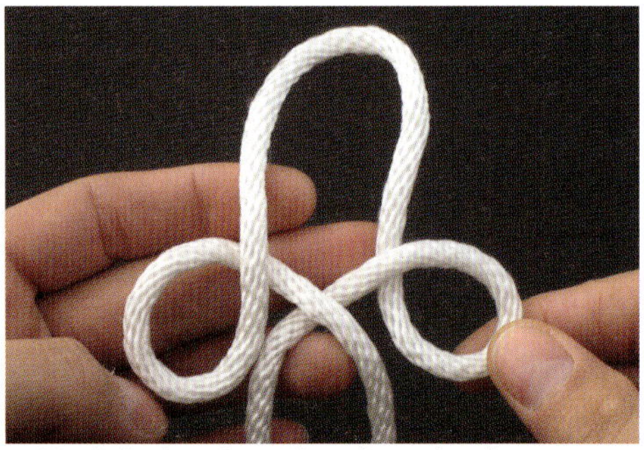

3. Die linke lose Part über die rechte legen.

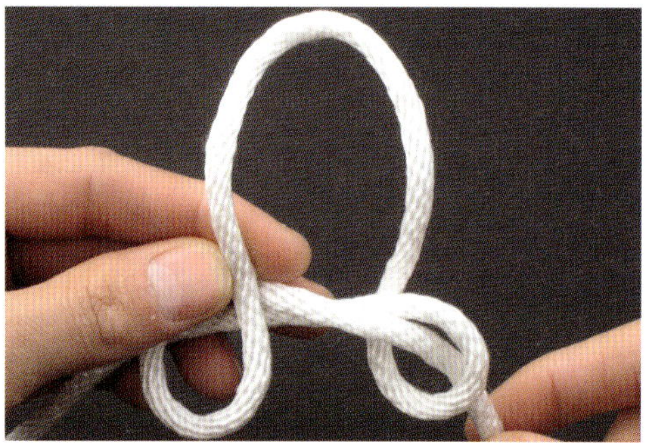

4. Die nun rechte lose Part von vorn durch das Auge stecken.

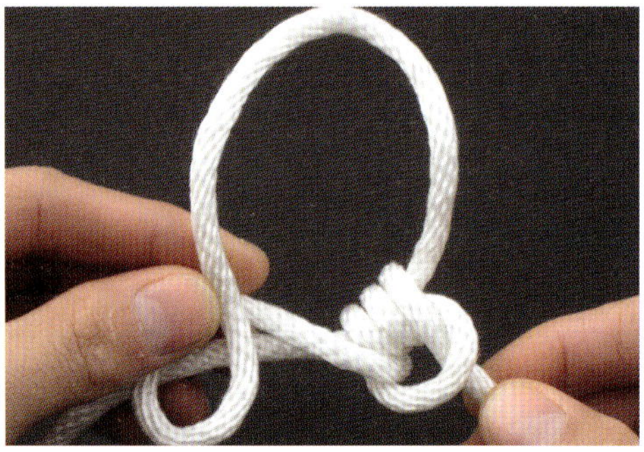

5. Drei Rundtörns um das rechte Auge und die parallel dazu verlaufende Bucht machen.

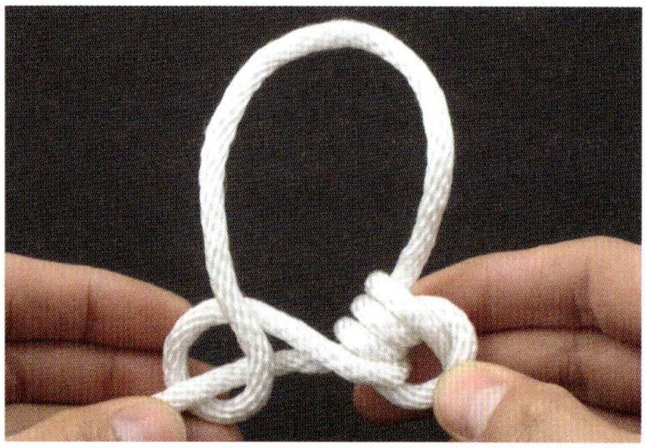

6. Die linke lose Part von hinten durch das Auge stecken.

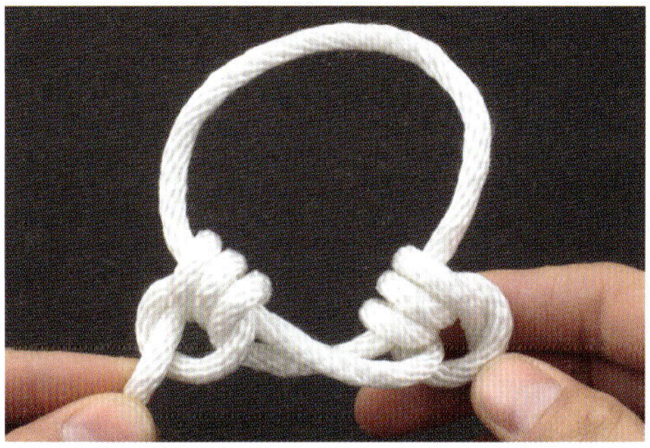

7. Drei Rundtörns um das linke Auge und die parallel dazu verlaufende Bucht machen.

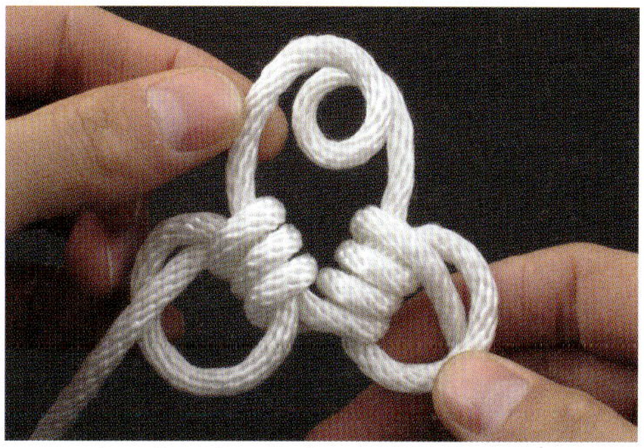

8. Mit der oben liegenden Bucht ein Auge gegen den Uhrzeigersinn legen.

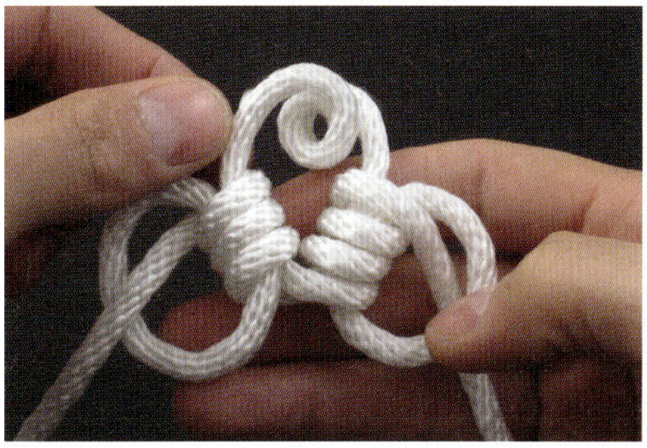

9. Dann über das erste Auge ein zweites legen.

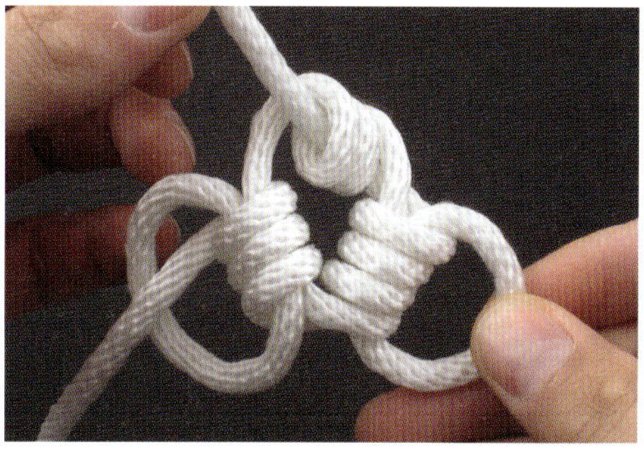

10. Die rechte lose Part von hinten durch die eben gemachten Rundtörns stecken.

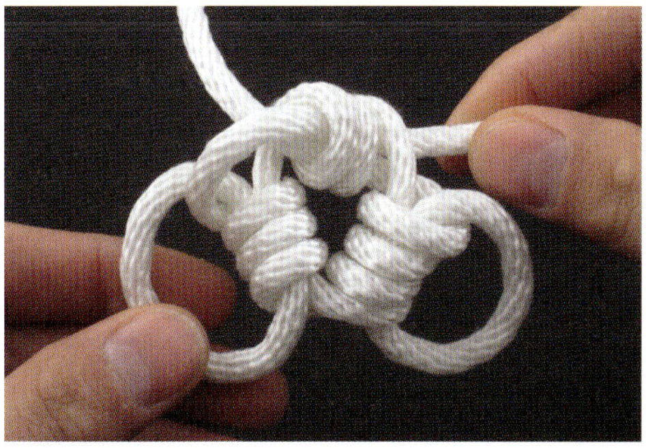

11. Die linke lose Part von vorn durch die Rundtörns stecken.

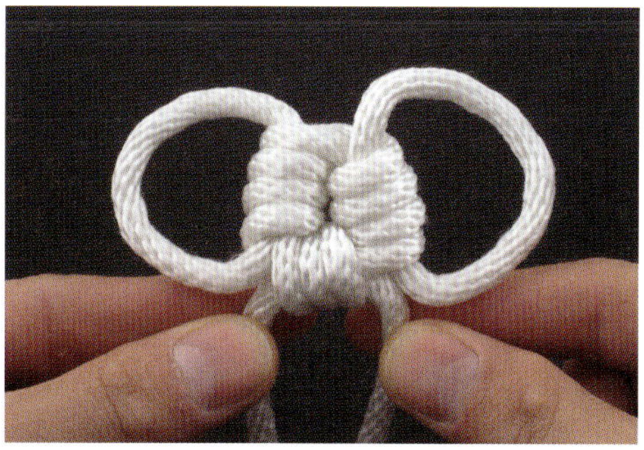

12. Den Knoten auf den Kopf stellen und vorsichtig steifholen.

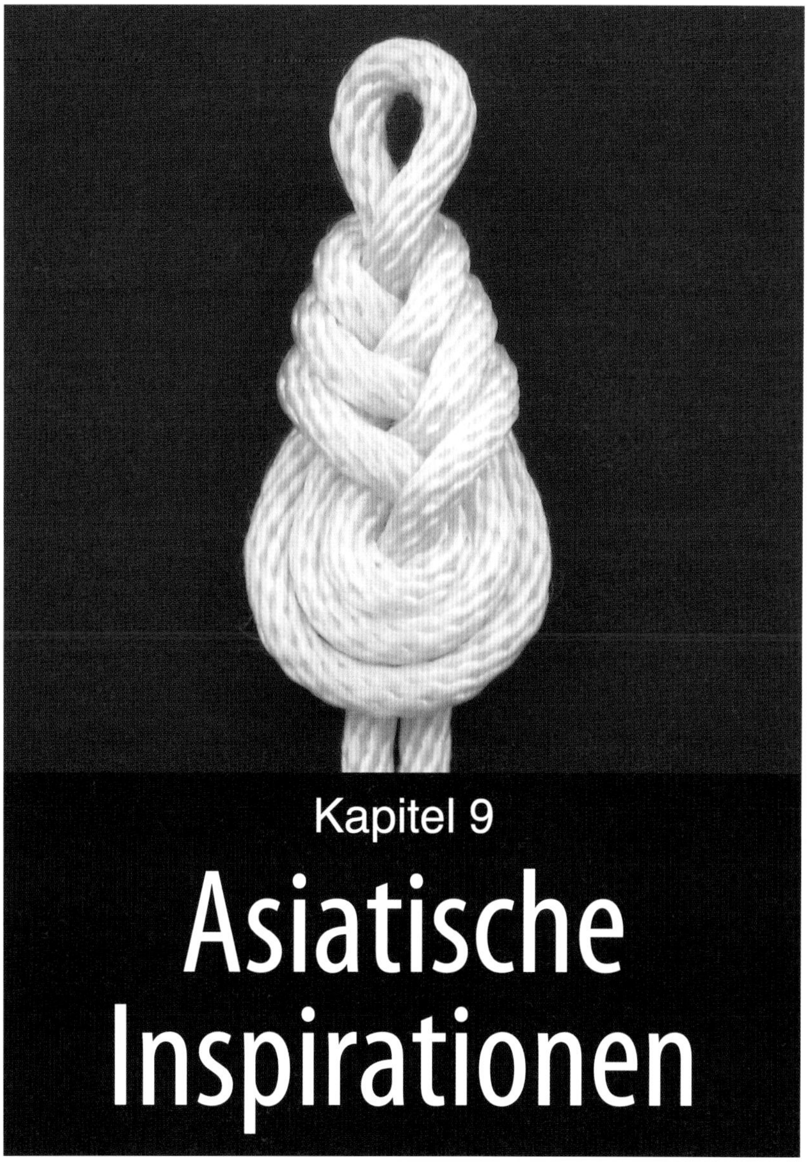

Kapitel 9

Asiatische Inspirationen

Knopfknoten

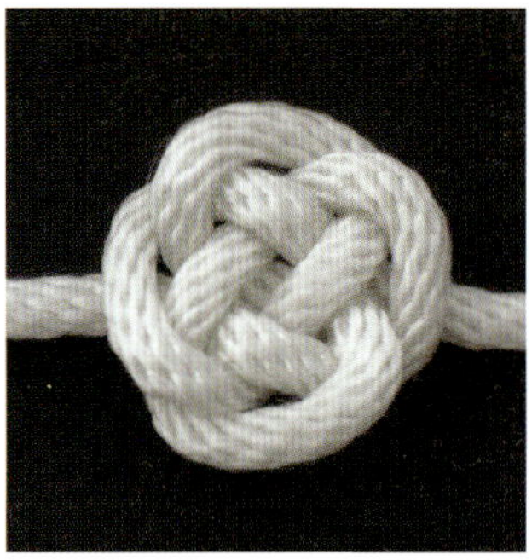

Die ursprüngliche Absicht des Knopfknotens ist, ihn seinem Namen gemäß als Knopf zu verwenden. Allerdings steht manchmal symbolische Assoziation mit Glück und dem Kreislauf allen Lebens im Vordergrund.

Knotenbestandteile: Historischer Knoten

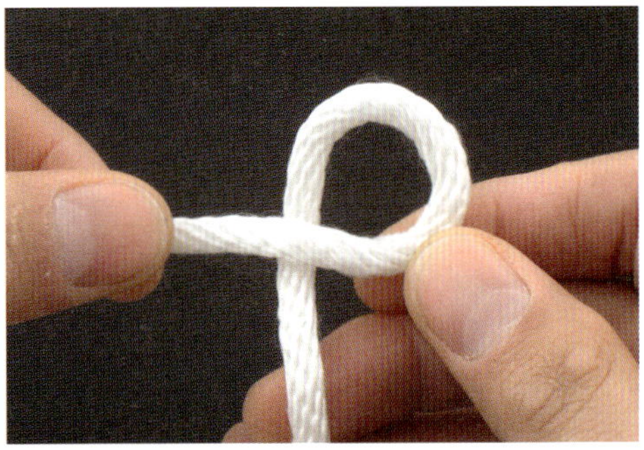

1. Ein Auge im Uhrzeigersinn legen.

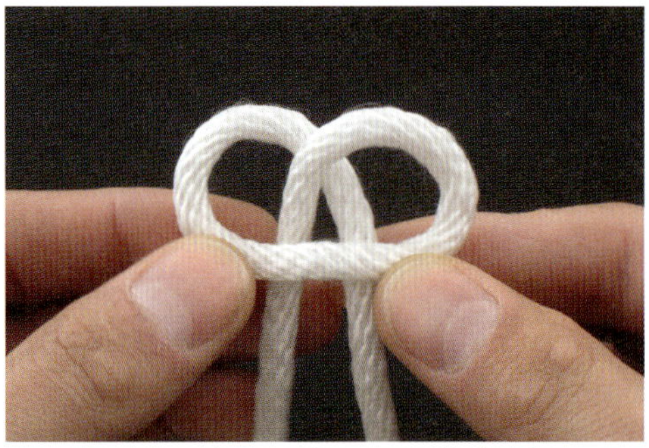

2. Die lose Part hinter dem Auge fallen lassen.

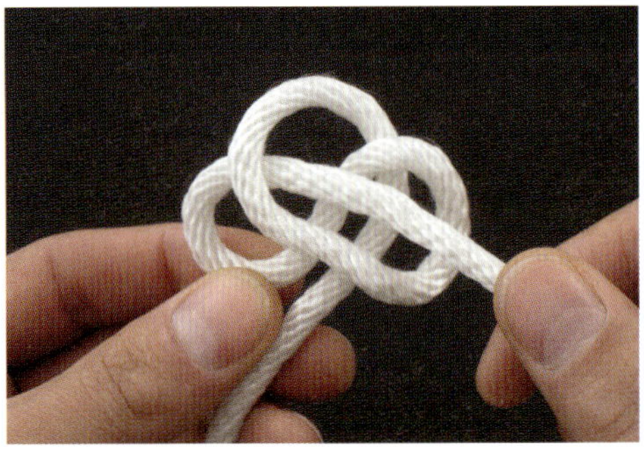

3. Die andere lose Part nach oben biegen und unter, über, ...

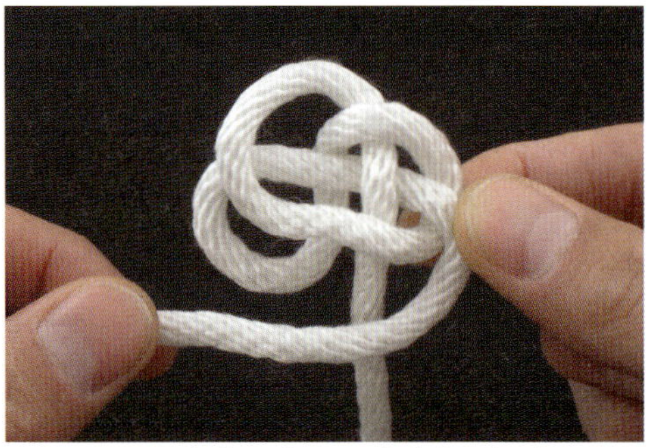

4. ... unter und über die vertikal darüberliegenden Tampen weben. Dann nach unten biegen und ...

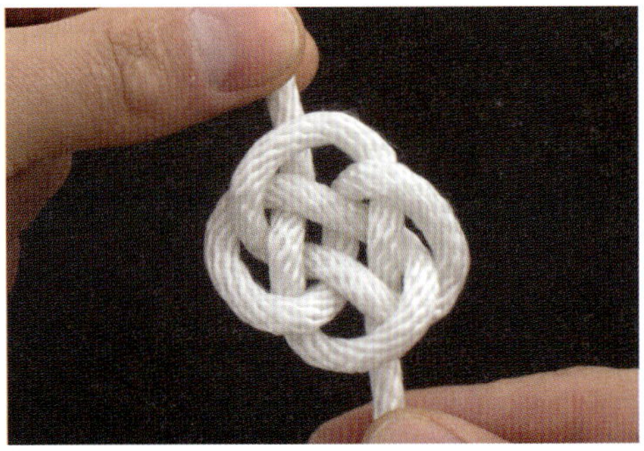

5. ... über, unter, über und unter die horizontal liegenden Tampen weben.

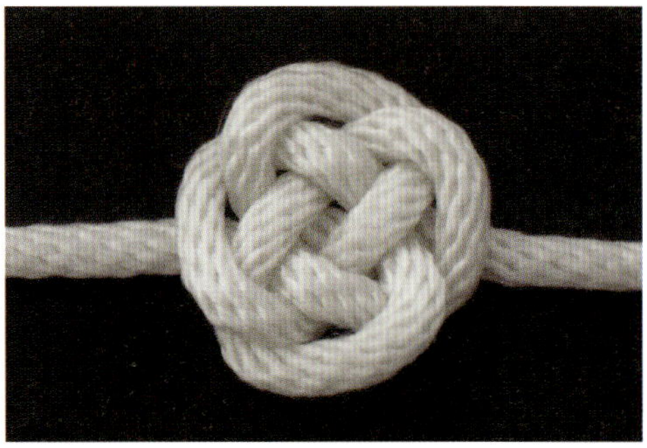

6. Den Knoten vorsichtig steifholen, bis er, je nach Wunsch, flach oder kugelig ist (hier gezeigt: flach).

Maedate-Knoten

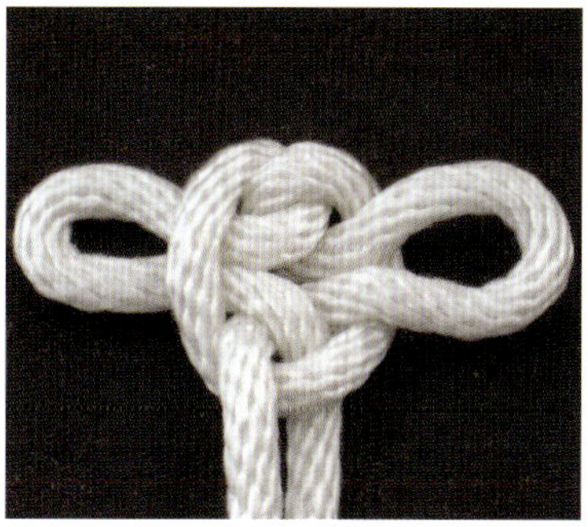

Ein „Maedate" ist eine Zierde auf der Vorderseite eines Samurai-Helmes. Auch wenn die meisten Maedate-Verzierungen aus Metall oder Horn bestanden, wurden doch einige der ältesten aus Leinen gefertigt. Der Maedate-Knoten ahmt ihr Erscheinungsbild nach.

Knotenbestandteile: Handschellenknoten + Drehung um 180 Grad

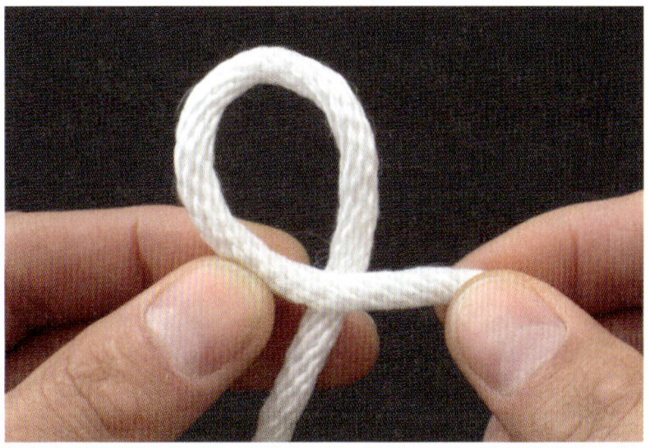

1. Ein Auge gegen den Uhrzeigersinn legen (rechts über links).

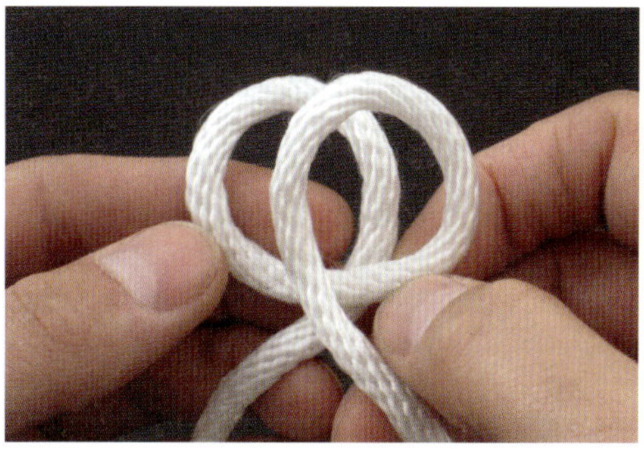

2. Dann ein zweites Auge gegen den Uhrzeigersinn über das erste legen.

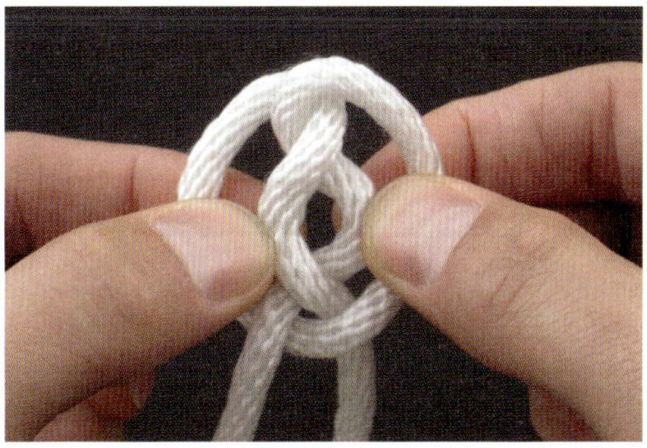

3. Die einander überlappenden Teile der Augen umeinander drehen.

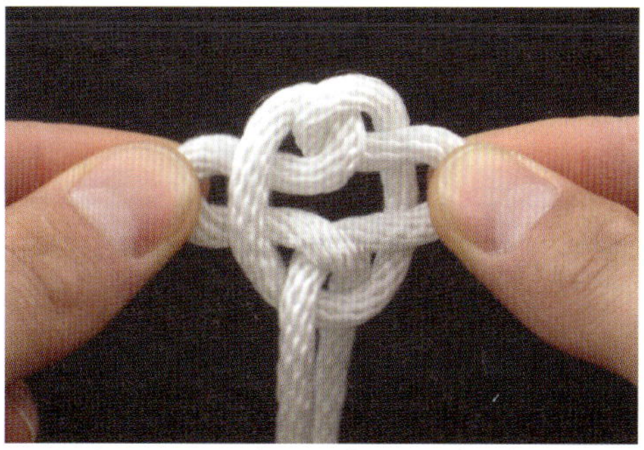

4. Mit Daumen und Zeigefingern die eben entstandene linke Bucht unter, die rechte über die Außenseiten der Augen ziehen.

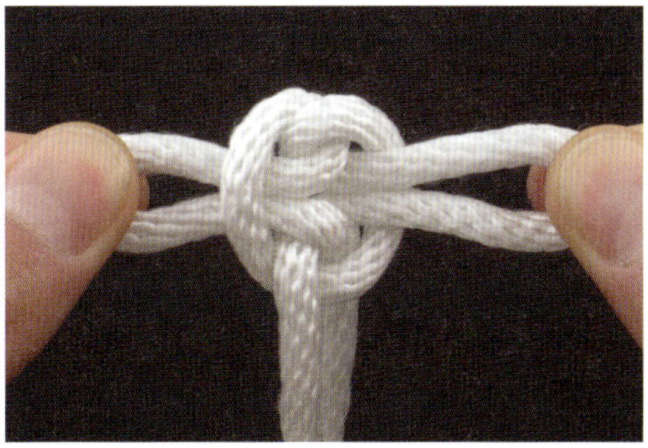

5. Die verdrehten Augen festhalten und auseinanderziehen.

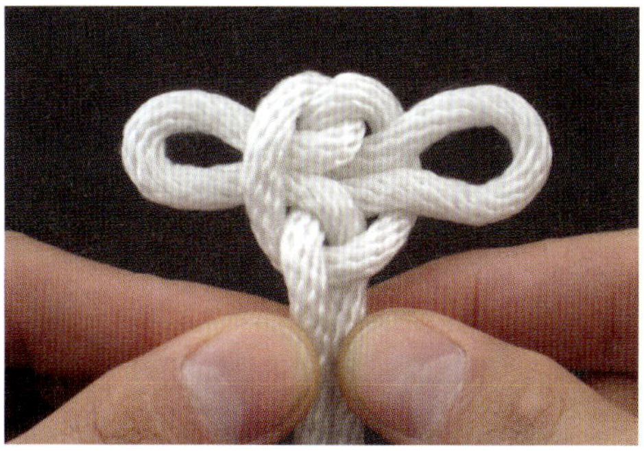

6. Den Knoten steifholen.

Pipa-Knoten

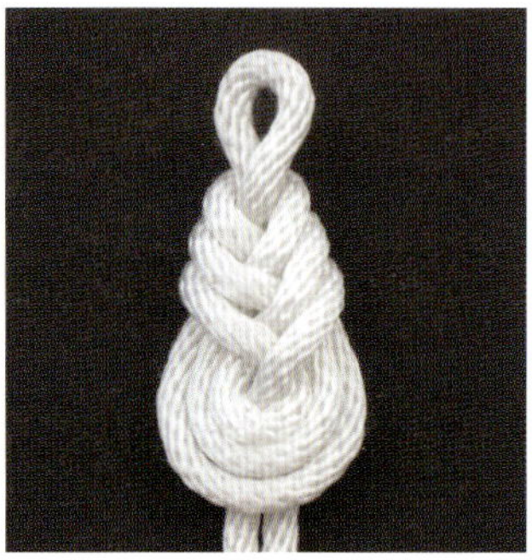

Die Form des Pipa-Knotens erinnert an die Form einer Pipa, eines Saiteninstruments aus dem antiken China. Hochgeschätzt von den Poeten der Tang-Dynastie, wurde die Pipa oft in der Dichtung wegen ihrer feinen Form und ihrem zarten Klang gepriesen.

Knotenbestandteile: Historischer Knoten

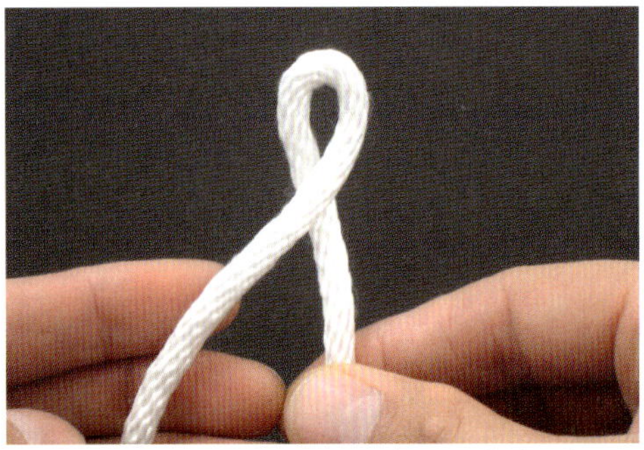

1. Ein Auge im Uhrzeigersinn legen (links über rechts).

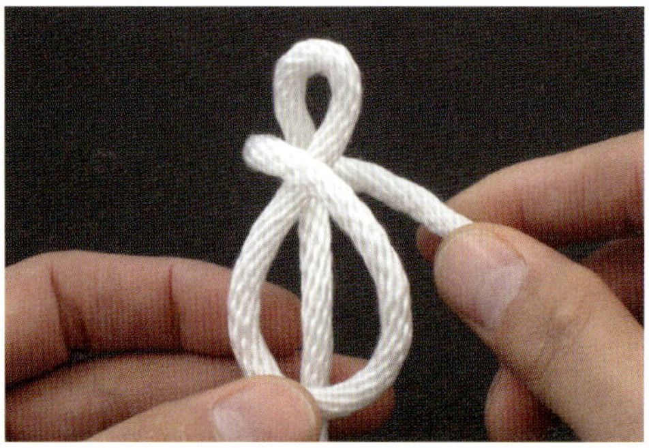

2. Mit der linken losen Part ein Auge nach oben legen und einen halben Rundtörn machen ...

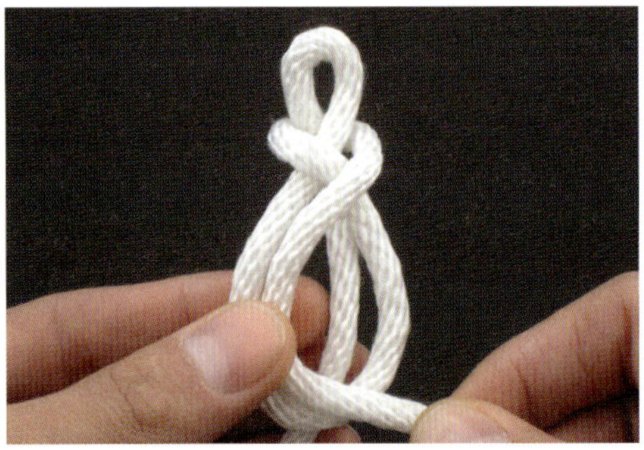

3. ... und dann zurück um sich selbst legen.

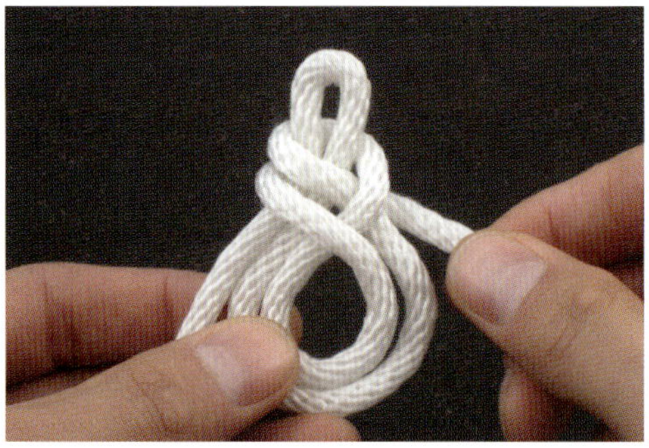

4. Die Schritte 2 und 3 wiederholen und dabei die Augen ineinander schichten, bis ...

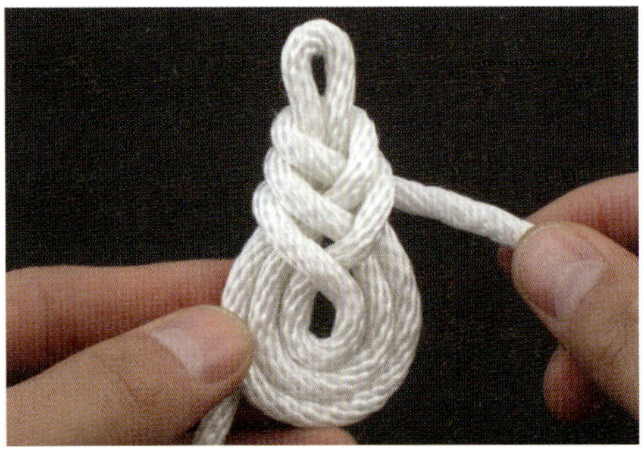

5. ... nur noch ein kleines Loch in der Mitte des letzten Auges verbleibt.

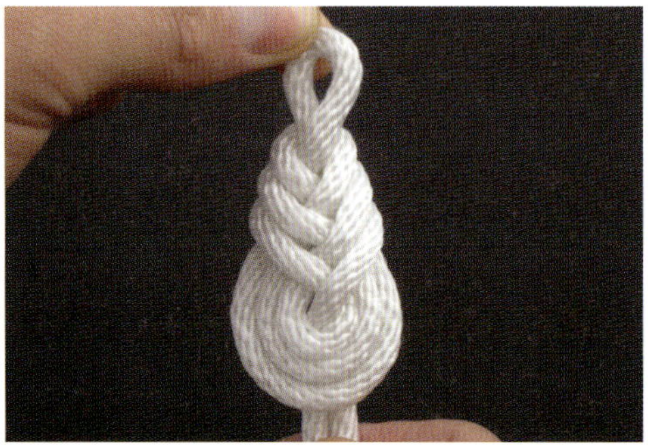

6. Die lose Part in das Loch stecken, um den Knoten steifzuholen.

Plafond-Knoten

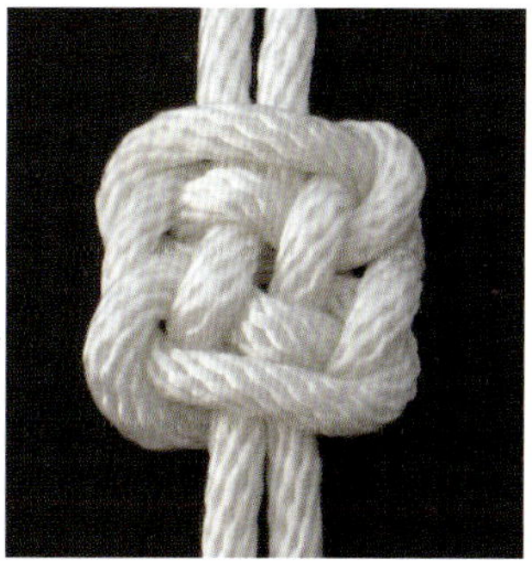

Der Plafond-Knoten verdankt seinen Namen seiner Ähnlichkeit zu Deckenmotiven in chinesischen Tempeln und Palästen. Er bietet einen dekorativen Weg, 2 Leinen zusammenzufügen und macht sich auch hervorragend als auffallendes Medaillon für eine Halskette.

Knotenbestandteile: Historischer Knoten

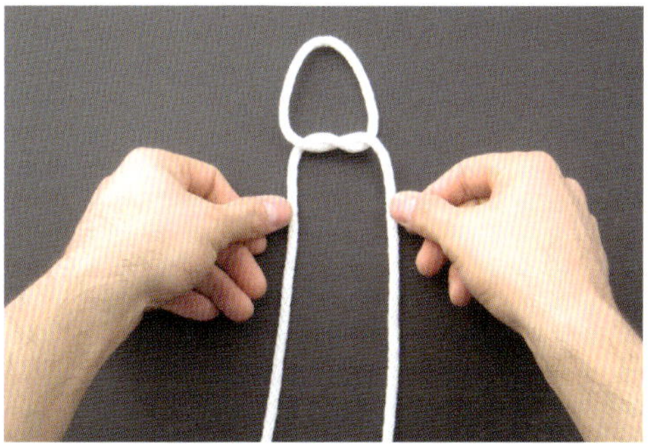

1. Einen halben Schlag knoten (links über rechts).

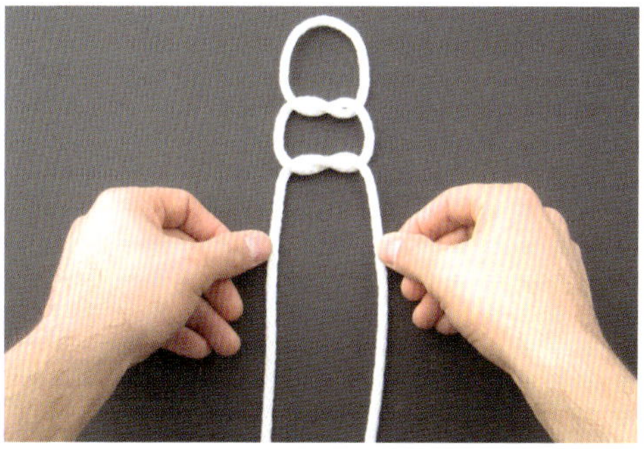

2. 2,5 cm tiefer Schritt 1 wiederholen.

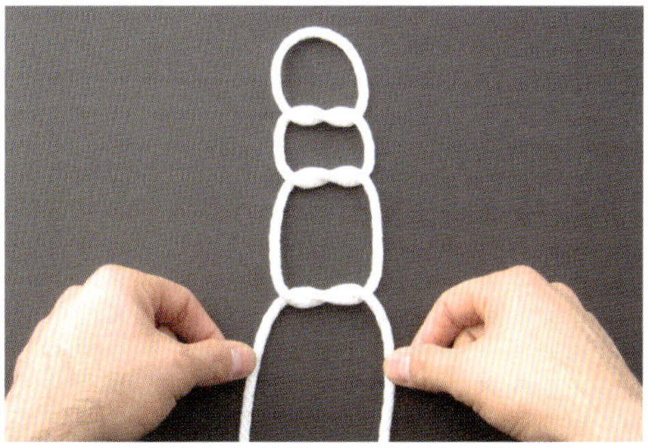

3. 5 cm tiefer Schritt 1 wiederholen.

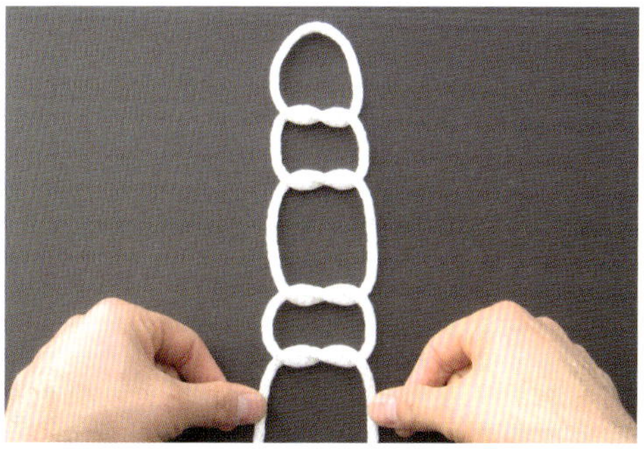

4. 2,5 cm tiefer Schritt 1 erneut wiederholen.

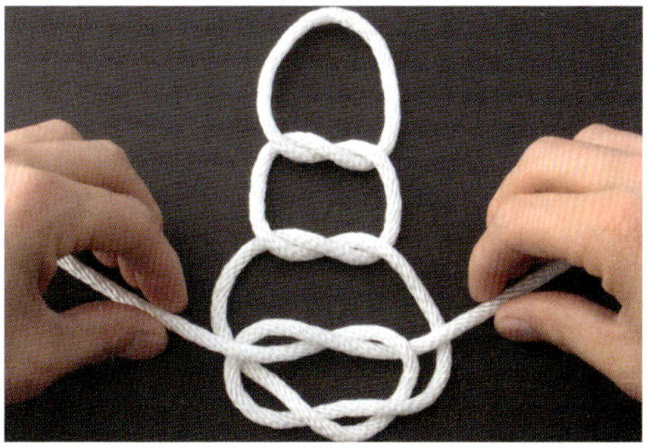

5. Den vierten halben Schlag über den dritten halben Schlag drehen.

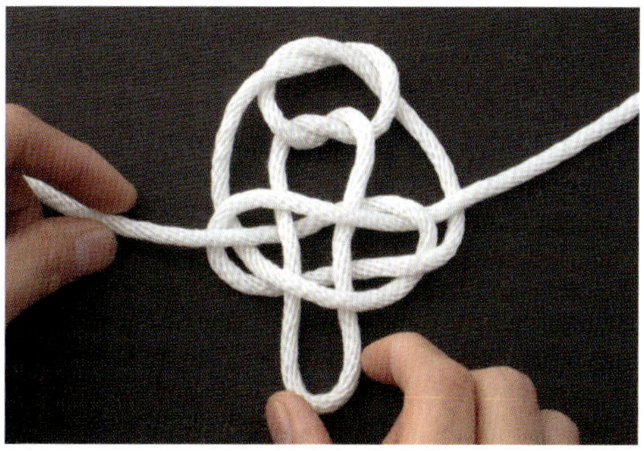

6. Das oberste Auge nach unten bringen und durch die Mitte des dritten und des vierten Knotens stecken.

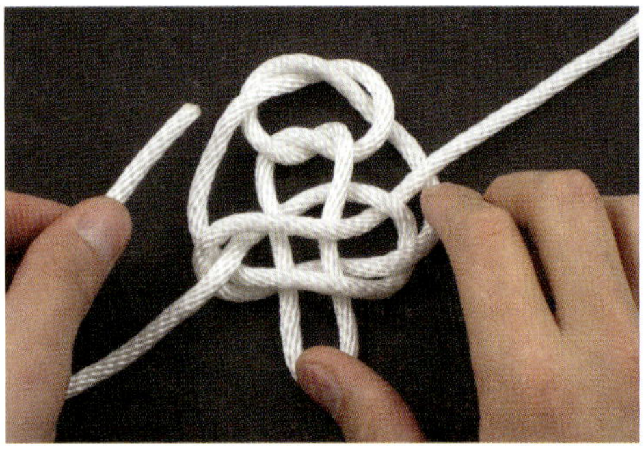

7. Die linke lose Part nach oben biegen, über den darüberliegenden Tampen und ...

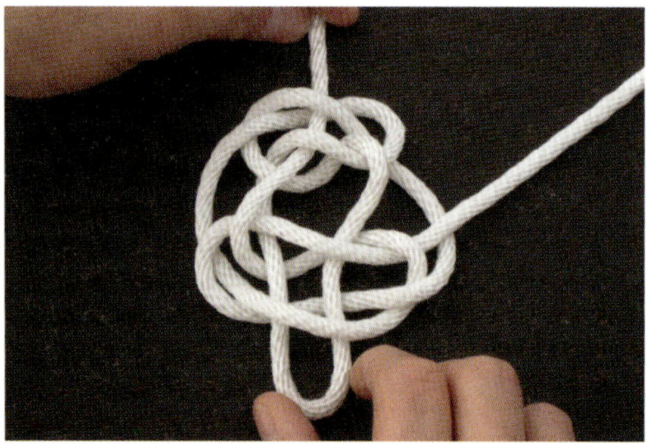

8. ... durch die Mitte des ersten und des nächsten halben Schlages stecken.

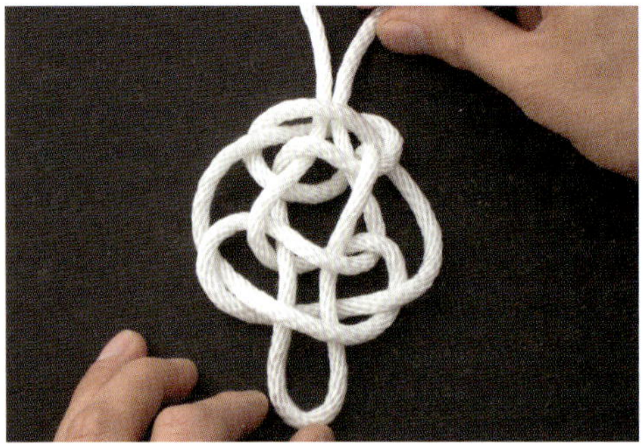

9. Die Schritte 7 und 8 mit der rechten losen Part wiederholen, aber dabei über und unter die Tampen stecken.

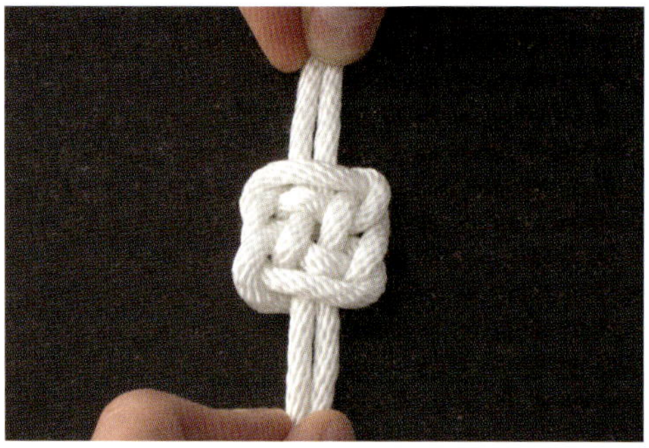

10. Den Knoten vorsichtig steifholen.

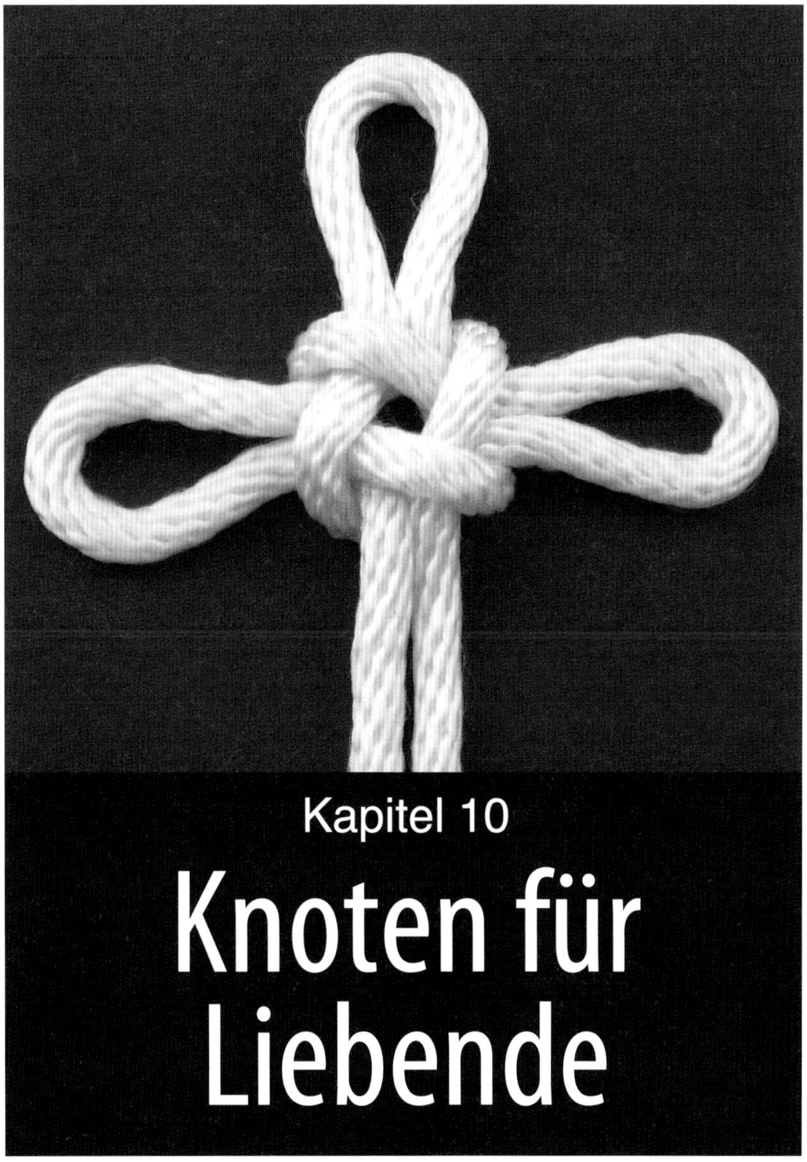

Kapitel 10

Knoten für Liebende

Knoten der ehrlich Liebenden

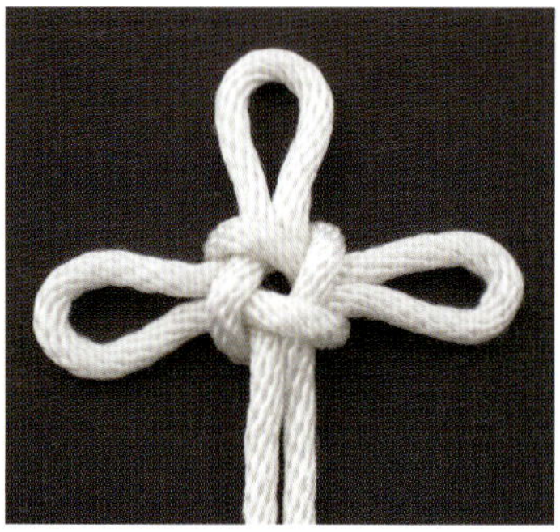

Der Knoten der ehrlich Liebenden ist seit der Antike ein Symbol der Liebe, Freundschaft und Zuneigung. Allerdings tragen viele verschiedene Knoten diesen Namen, sodass es unmöglich ist, festzustellen, welcher Knoten der Liebenden unter ihnen nun der „ehrlichste" ist.

Knotenbestandteile: Historischer Knoten

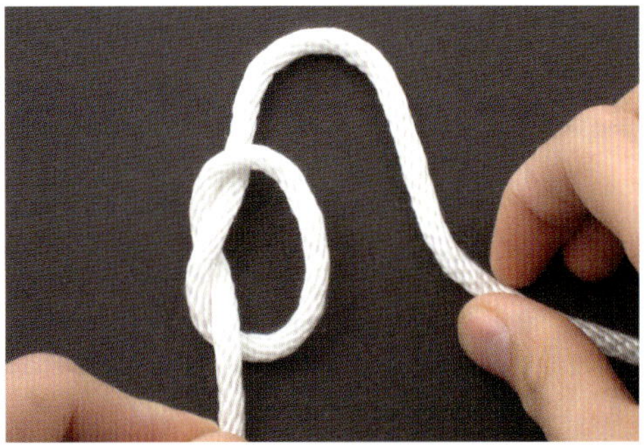

1. Einen halben Schlag gegen den Uhrzeigersinn knoten (unterer Tampen liegt oben).

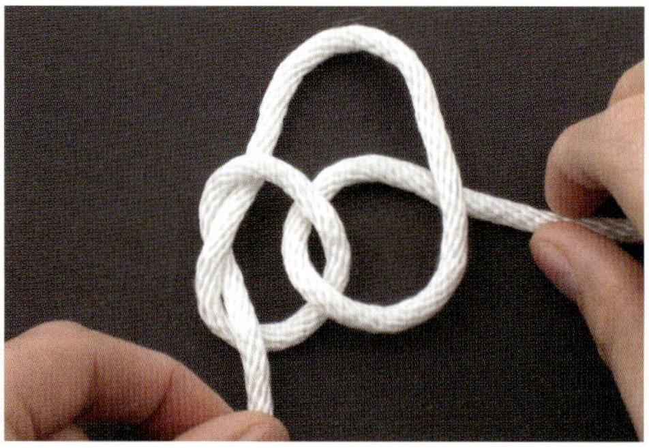

2. Mit der gegenüberliegenden losen Part erst ein Auge von vorn durch den halben Schlag machen, ...

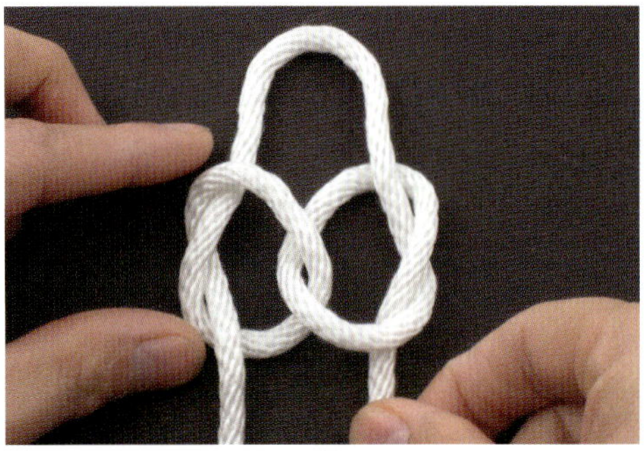

3. ... dann daraus einen halben Schlag legen.

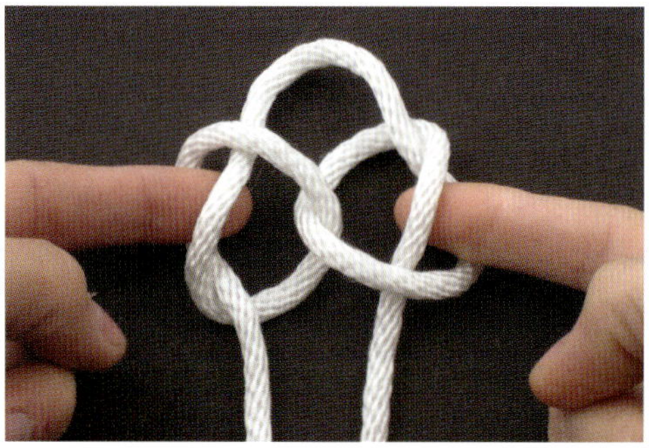

4. Die beiden halben Schläge vorsichtig auseinanderziehen.

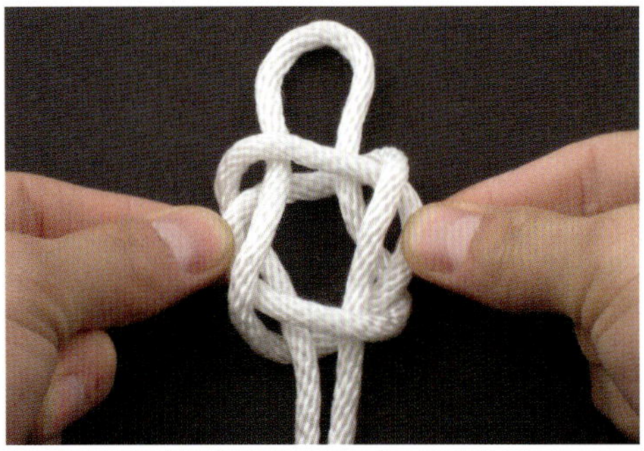

5. Dann die beiden ineinander verschlungenen mittleren Augen mit den halben Schlägen bekneifen, ...

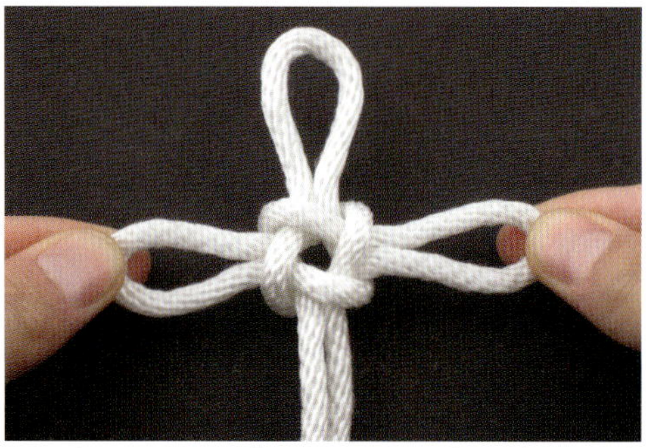

6. ... die neuen Buchten auseinanderziehen und so den Knoten steifholen.

Verdrehter Knoten der Liebenden

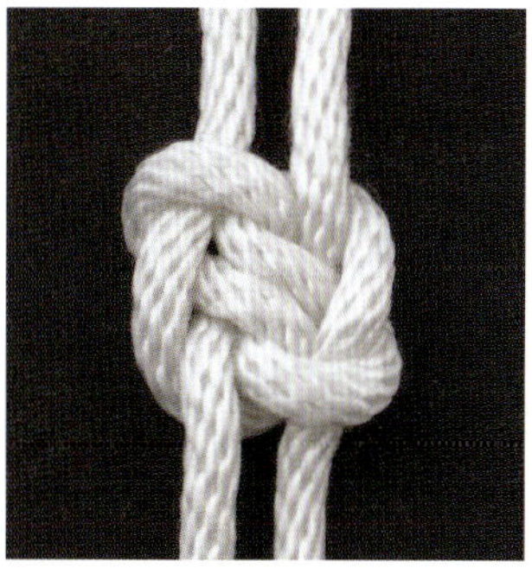

Eine Alternative zum Knoten der ehrlich Liebenden ist der Verdrehte Knoten der Liebenden, mit seinen ineinander verschlungenen Achtern, die zu seinem einzigartigen Erscheinungsbild beitragen. Unglaublich wirkungsvoll, wenn fest geknotet, gehört er zu meinen liebsten Knoten!

Knotenbestandteile: Historischer Knoten

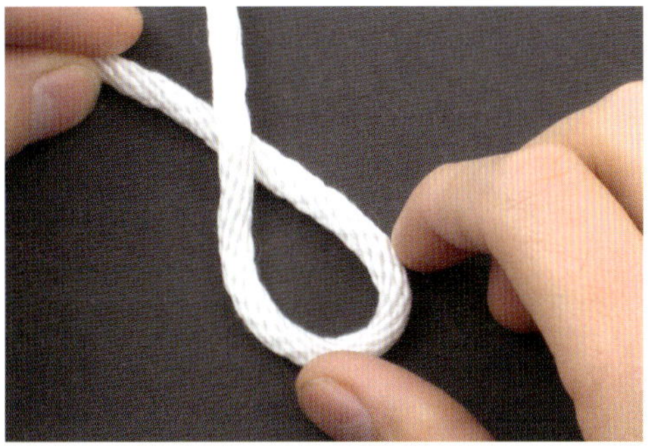

1. Ein Auge im Uhrzeigersinn legen, sodass die nach oben zeigende Part auch oben liegt.

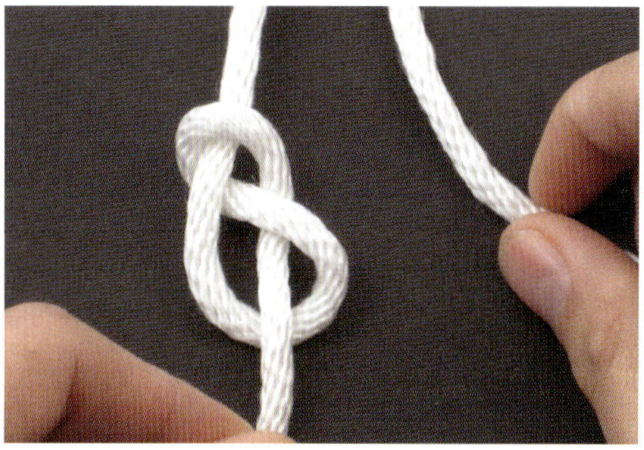

2. Mit der linken losen Part eine Acht durch die Rückseite des unteren Auges beschreiben.

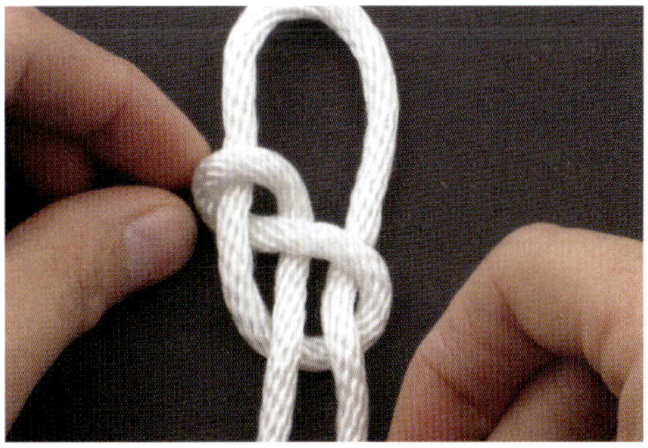

3. Die rechte lose Part durch die Rückseite des unteren Auges stecken.

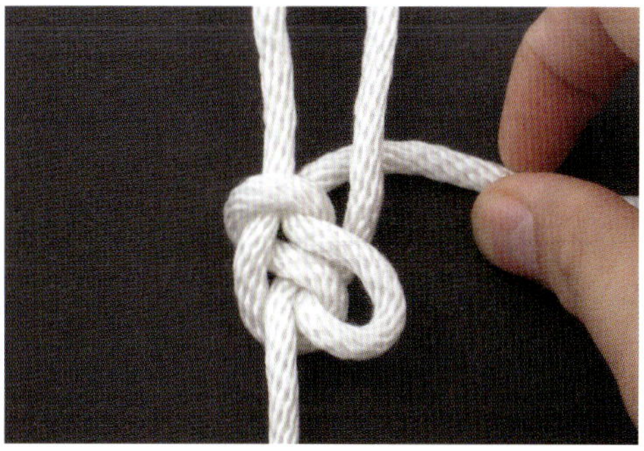

4. Mit der rechten losen Part eine Acht durch das Auge oben links beschreiben, ...

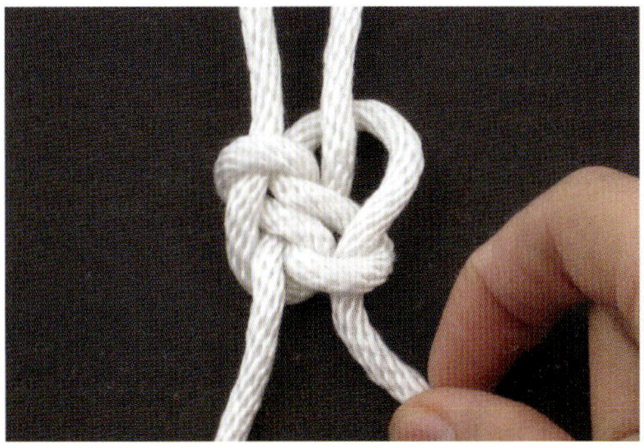

5. ... um die stehende Part herumführen und von vorn in die eben entstandene rechte Bucht stecken.

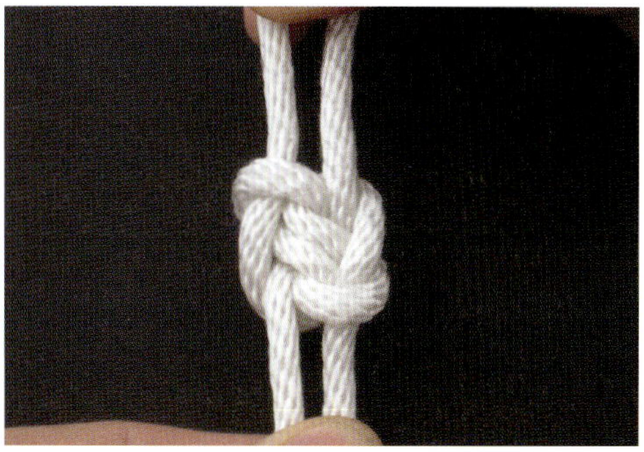

6. Den Knoten vorsichtig steifholen.

Knoten des Händchenhaltens

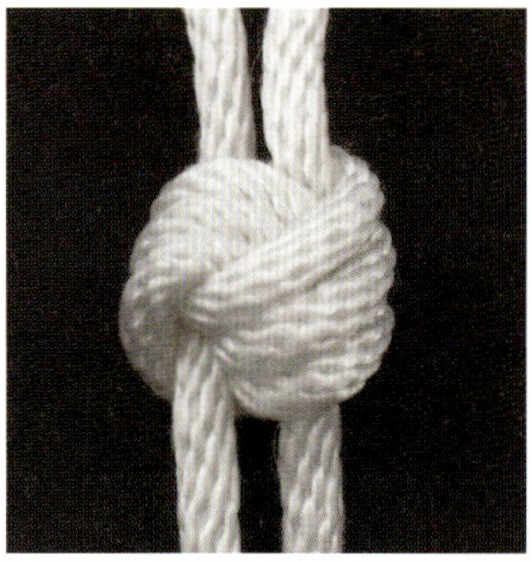

Händchenhalten ist eine der zartesten Formen körperlichen Kontakts, den zwei Menschen miteinander eingehen können. Der Knoten des Händchenhaltens ahmt diese elementare zwischenmenschliche Verbindung mit Rundtörns, die einen Schlangenknoten umschlingen, nach.

Knotenbestandteile: Historischer Knoten

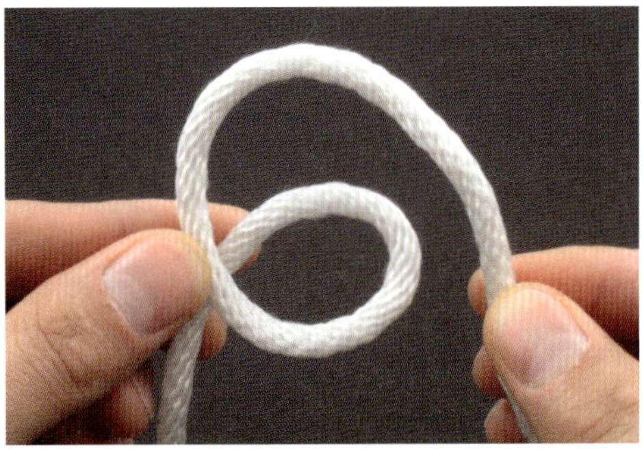

1. Ein Auge im Uhrzeigersinn legen und die lose Part nach rechts biegen.

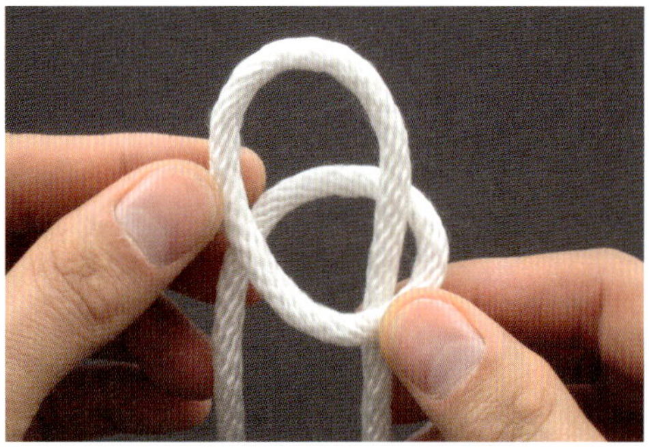

2. Die lose Part von vorn in das Auge stecken.

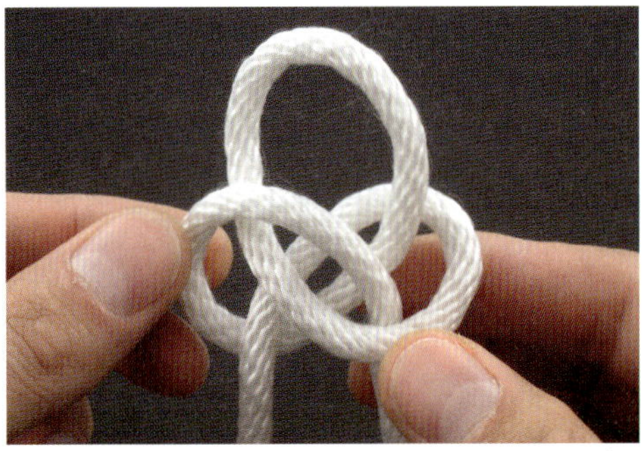

3. Die lose Part hinter der zweiten Part vorbeiführen und von vorn in das rechte Auge stecken.

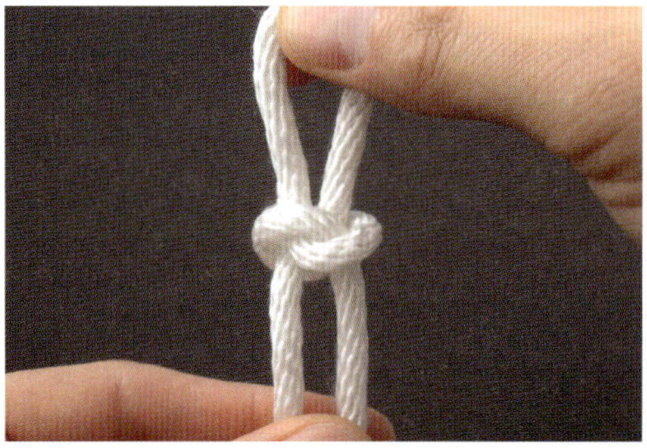

4. Den Schlangenknoten als Basis steifholen.

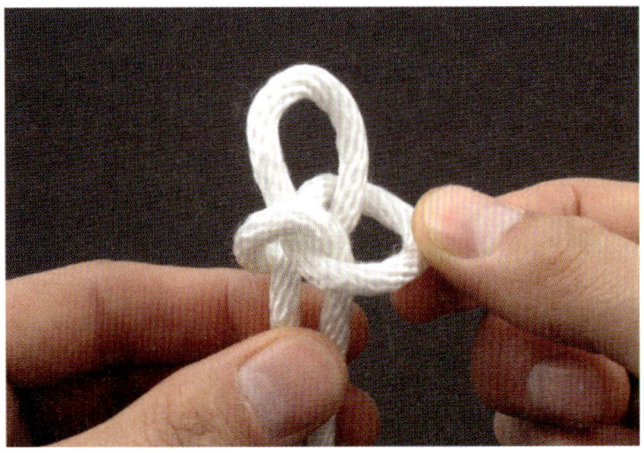

5. Das rechte Auge etwa 2,5 cm aus dem Knoten herausziehen.

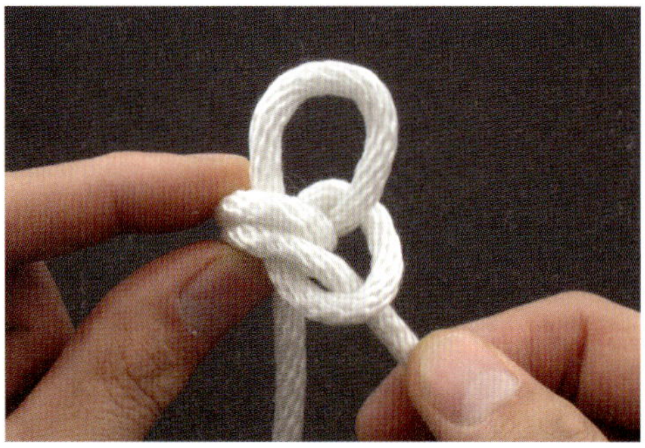

6. Um die linke lose Part einen Rundtörn mit der rechten losen Part machen und sie von vorn in das rechte Auge stecken.

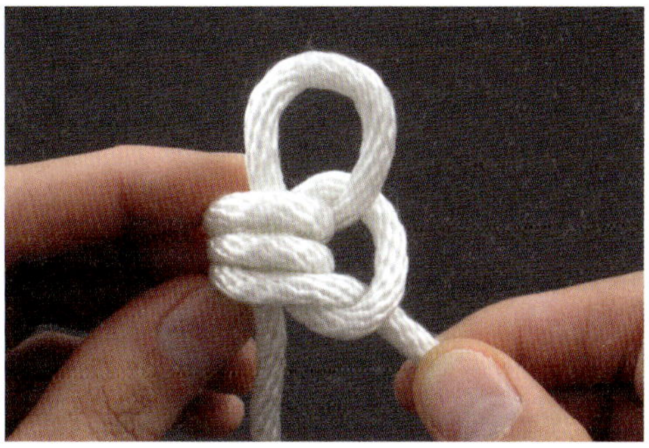

7. Schritt 6 wiederholen.

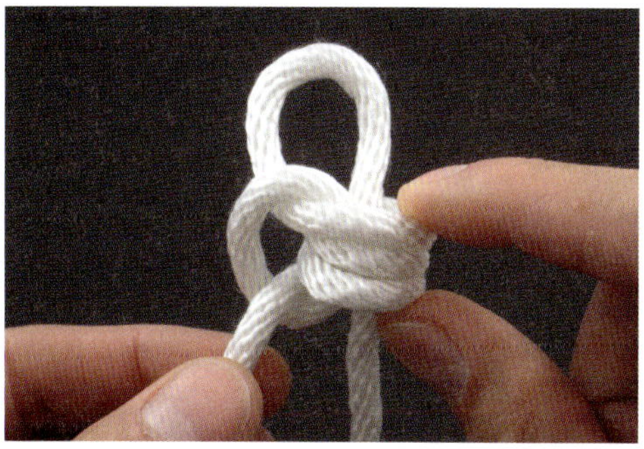

8. Die Arbeit um 180 Grad drehen, sodass die rechte Seite nach links kommt.

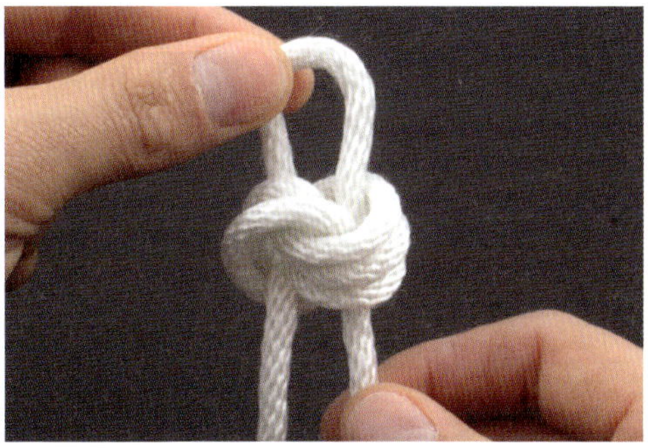

9. Schritt 6 zweimal wiederholen, dabei die rechte lose Part ...

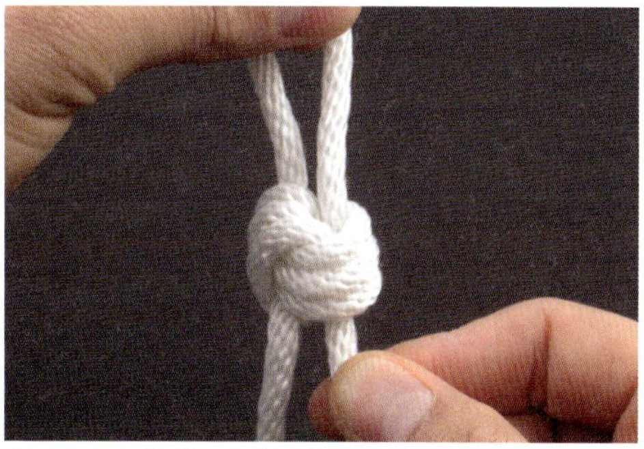

10. ... durch alle rechts liegenden Rundtörns stecken. Den Knoten steifholen.

Diamantringknoten

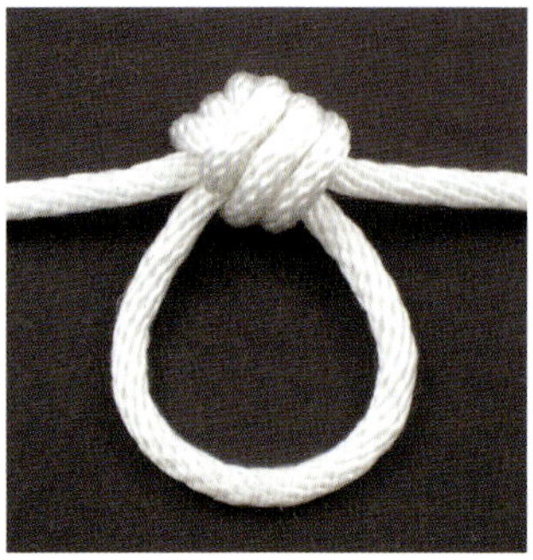

Nun, da Sie fast alle Knoten für Liebende geknüpft haben, sind Sie bereit, sich auf ewig zu binden: mit dem Diamantringknoten. Das ist die schnelle und raffinierte Kombination von drei halben Schlägen, die, auf ein Auge geknotet, den Ring zum Erstrahlen bringen.

Knotenbestandteile: Halber Schlag + Rundtörns

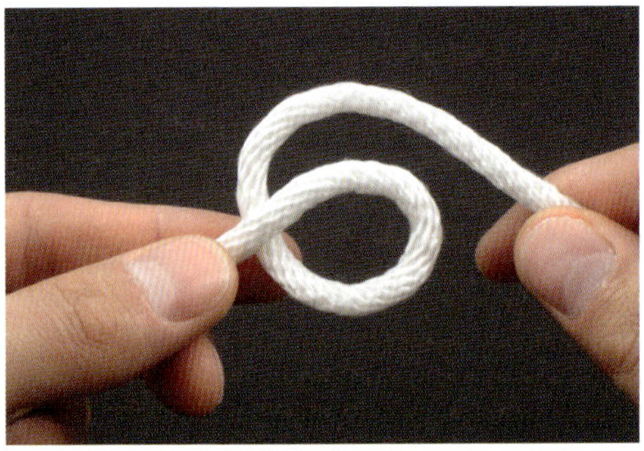

1. Ein Auge gegen den Uhrzeigersinn machen (lose Part nach rechts, links über rechts).

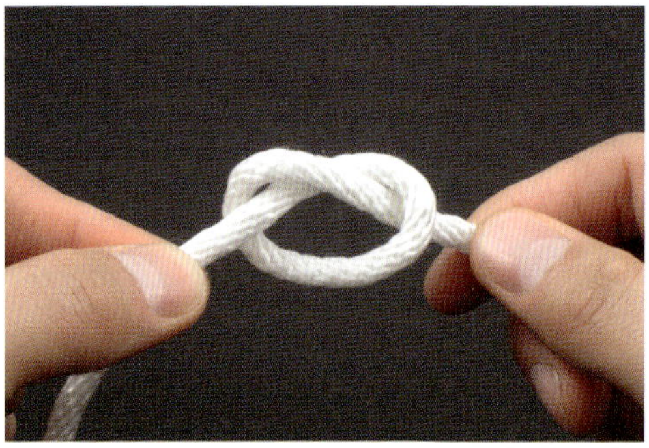

2. Die lose Part durch die Vorderseite des Auges stecken, sodass ein halber Schlag entsteht.

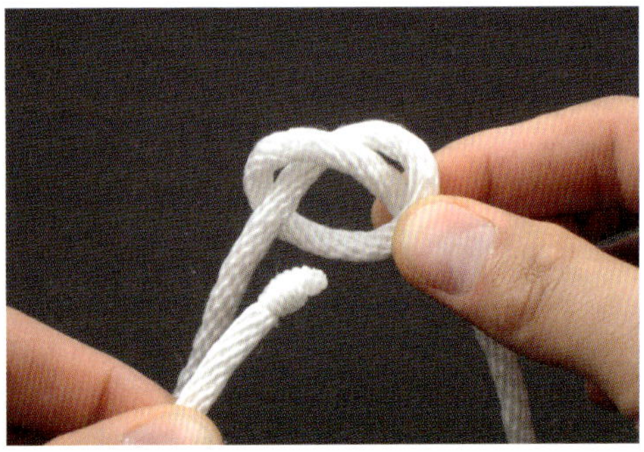

3. Nun mit der losen Part ein Auge von vorn in den halben Schlag beschreiben.

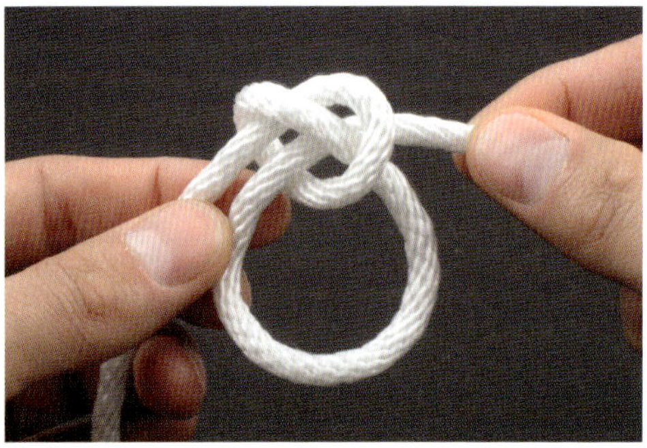

4. Ein Auge von etwa 5 cm stehen lassen.

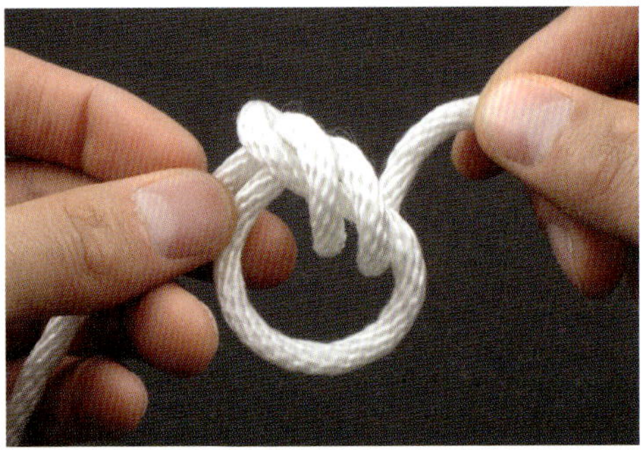

5. Mit der losen Part Rundtörns um das Auge ...

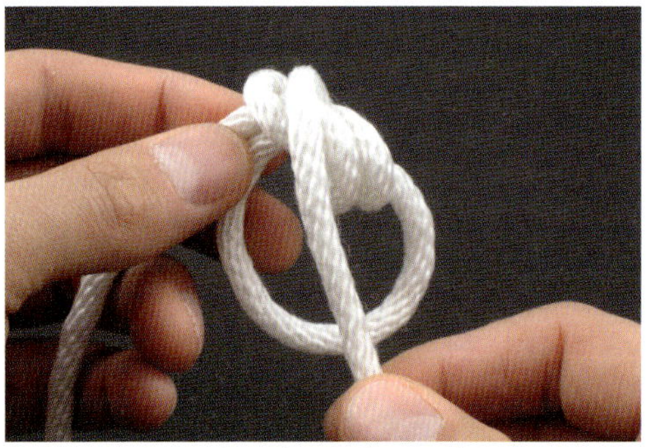

6. ... und oben über den halben Schlag machen und ...

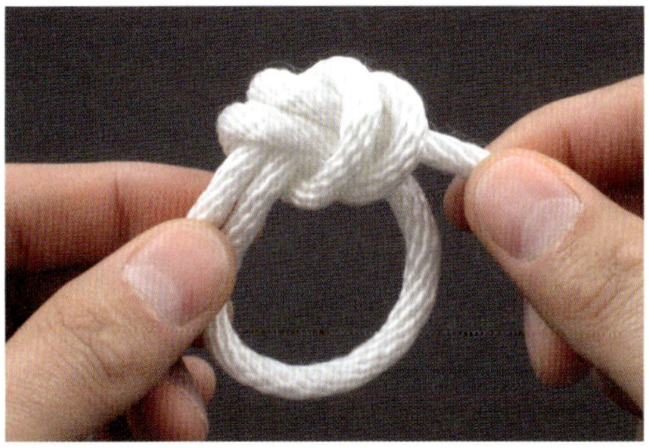

7. ... rechts durch den doppelten Rundtörn stecken.

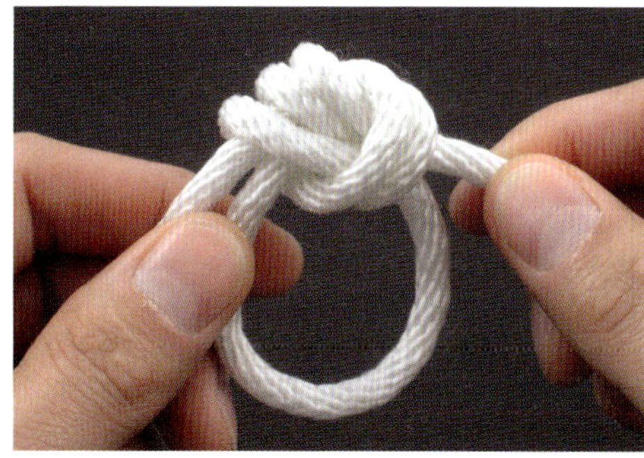

8. Dann die lose Part erneut um und durch die Rundtörns stecken.

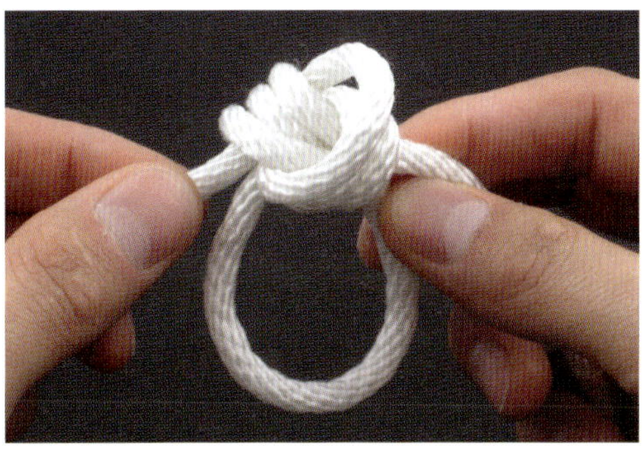

9. Die andere lose Part um und durch den dreifachen Rundtörn stecken.

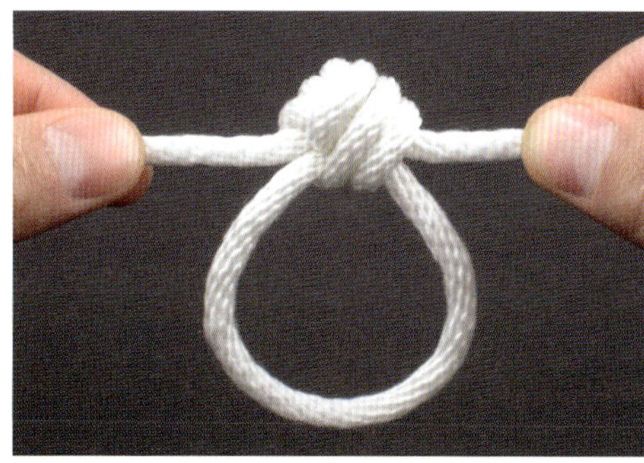

10. Den Knoten vorsichtig steifholen.

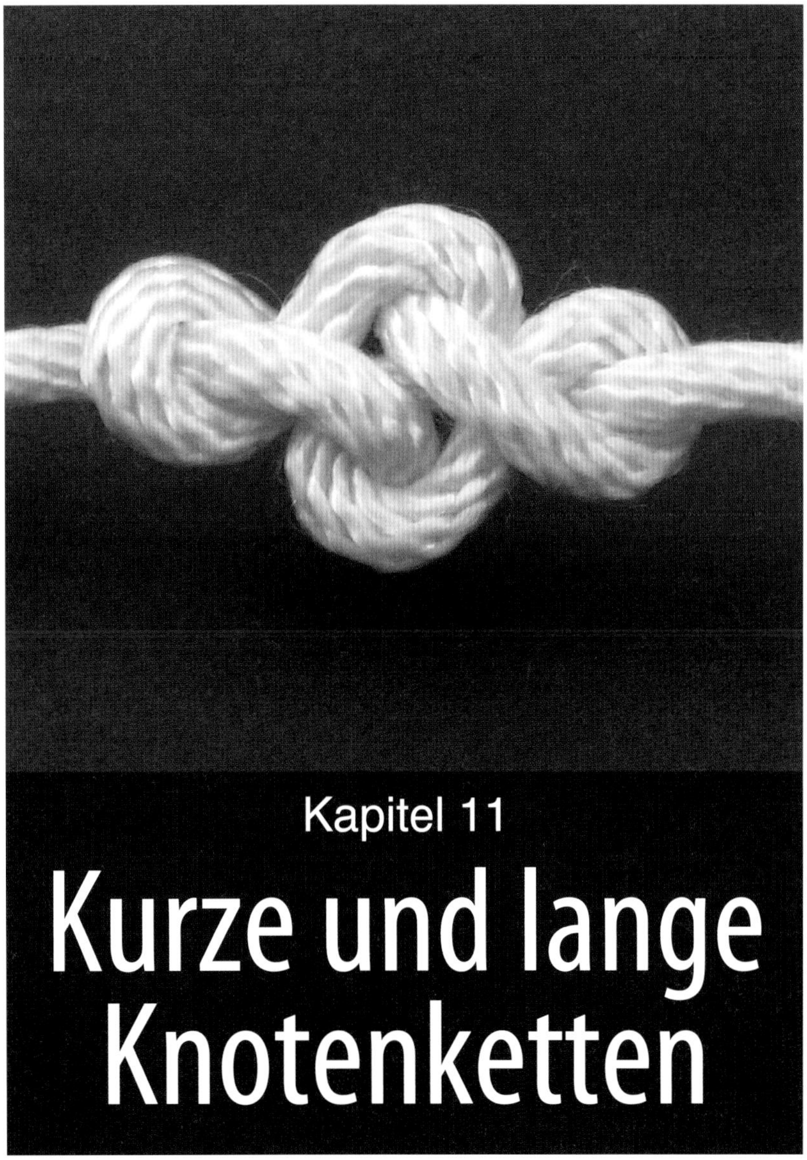

Kapitel 11

Kurze und lange Knotenketten

Knoten der Ewigkeit

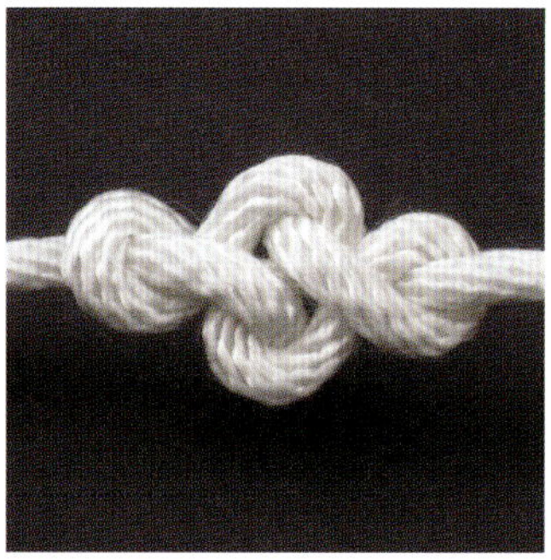

Der Knoten der Ewigkeit springt als Dekoration eines Seils oder einer Schnur ins Auge. Angeregt vom buddhistischen Symbol für allwissende Weisheit kann dieser Knoten auch eine spirituelle Bedeutung haben.

Knotenbestandteile: Historischer Knoten

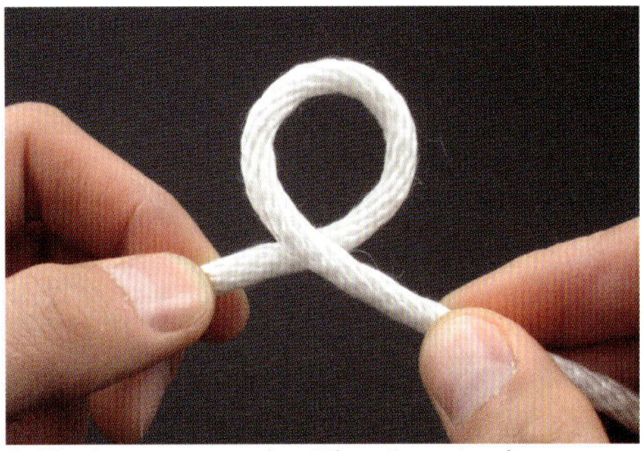

1. Ein Auge gegen den Uhrzeigersinn legen (rechts über links).

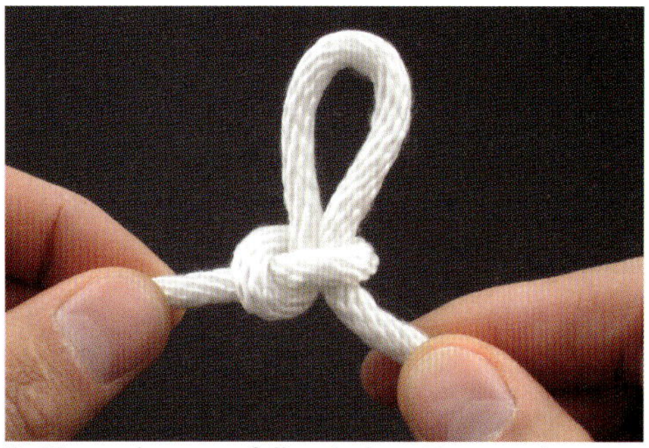

2. Die nach unten fallende lose Part zu einer Bucht nehmen, von unten durch das Auge stecken und festziehen.

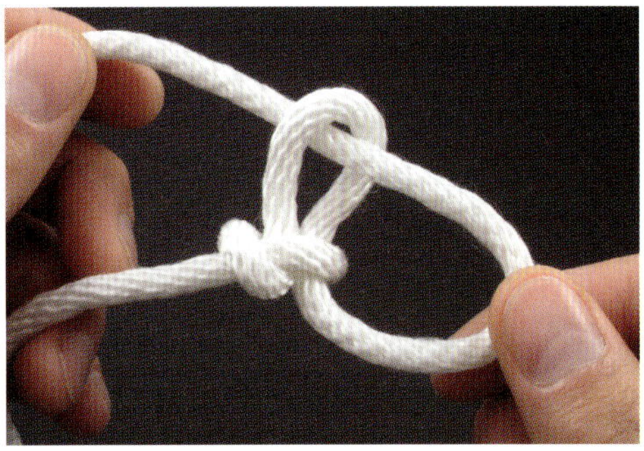

3. Die lose Part in die eben erzeugte Bucht stecken und festziehen.

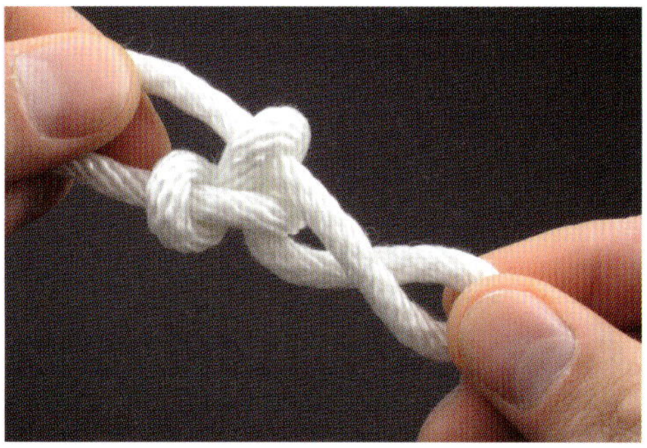

4. Nun das untere Auge von oben nach unten zu einer Acht verdrehen.

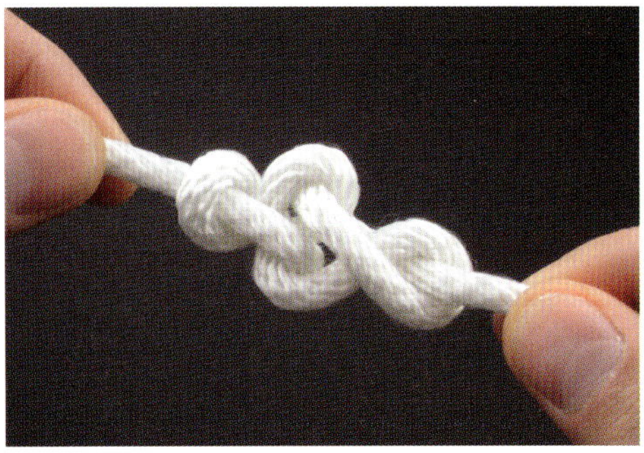

5. Die lose Part von hinten in das untere Auge der Acht stecken.

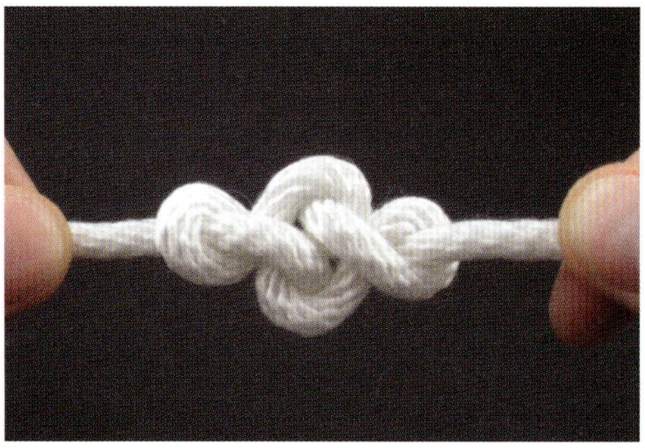

6. Den Knoten vorsichtig steifholen.

Kettenstek

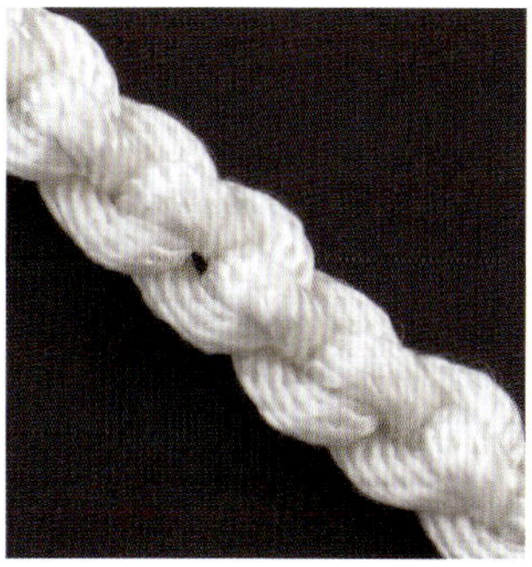

Der Kettenstek, der auch als „Raupenknoten" bezeichnet wird, ergibt eine elegante Kette mit verschließbarem Ende. Das Endergebnis kann verwendet werden, um Armbänder oder Ketten zu knüpfen oder einfach, um lange Tampen zu verstauen.

Knotenbestandteile: Historischer Knoten

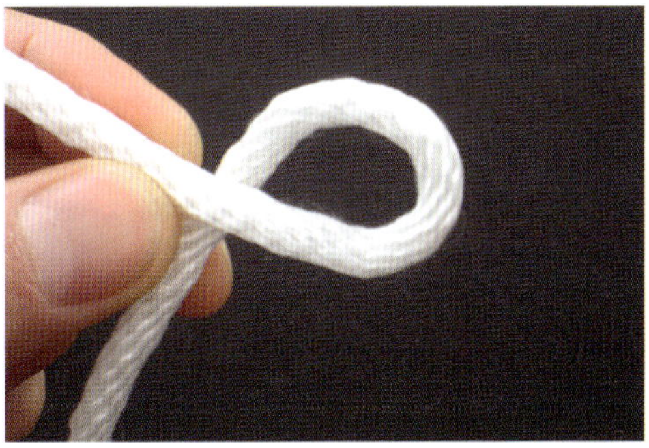

1. Ein Auge im Uhrzeigersinn legen (oberen über unteren Tampen).

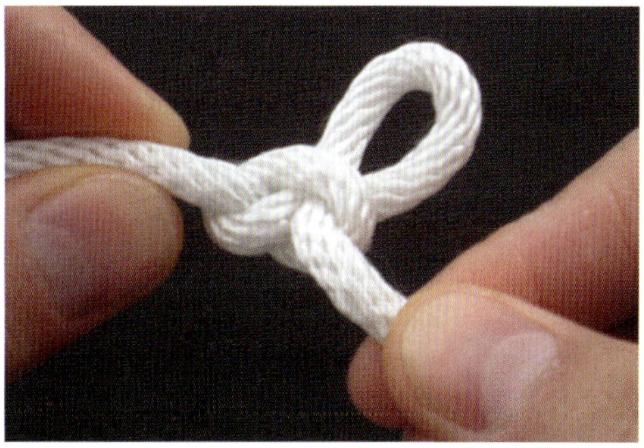

2. Die rechte lose Part zu einer Bucht nehmen, von vorn durch das Auge stecken und festziehen.

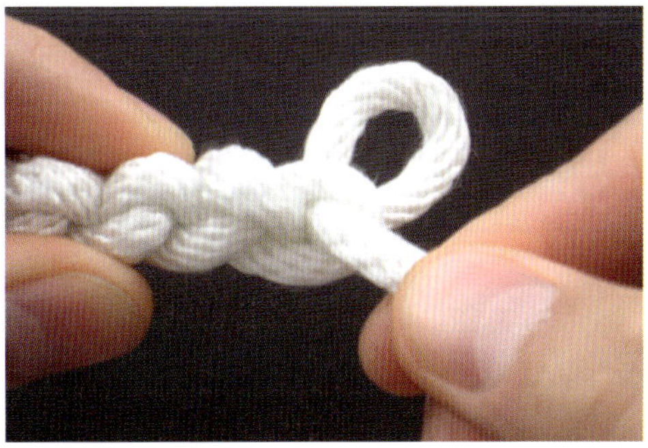

3. Schritt 2 wiederholen, ...

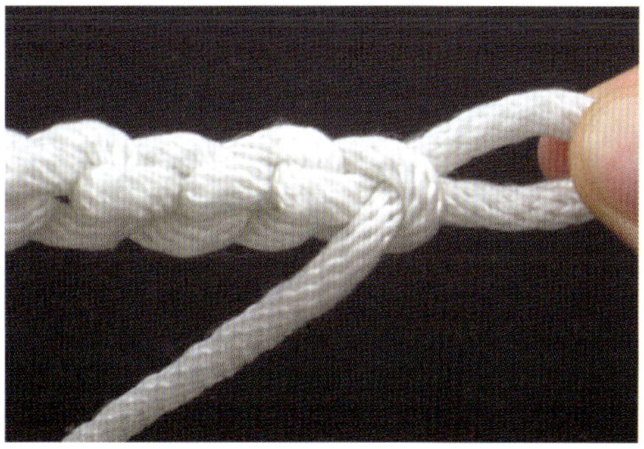

4. ... bis Sie die gewünschte Länge Ihres Bandes erreicht haben ...

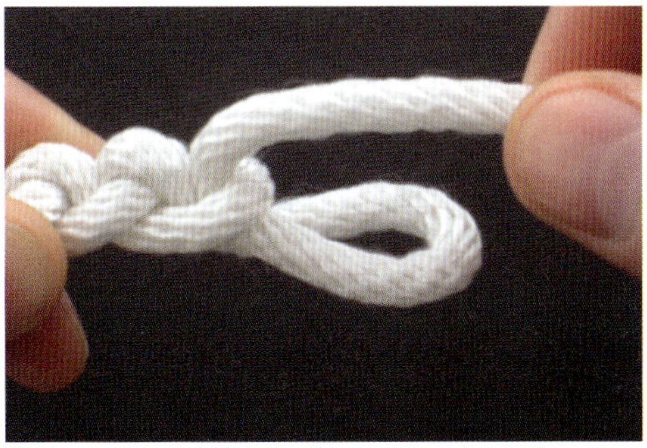

5. ... oder sich dem Ende Ihres Tampens nähern.

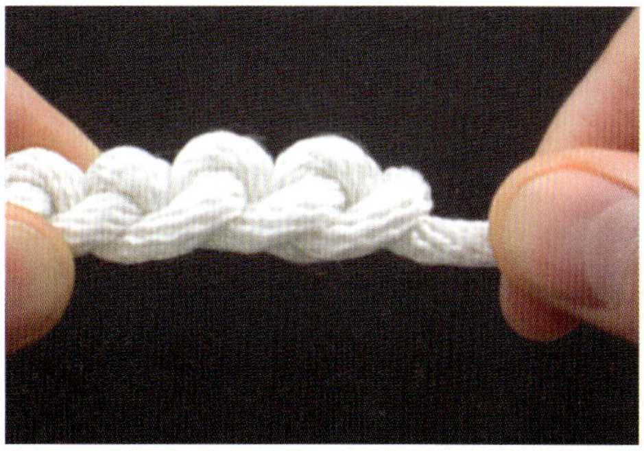

6. Um die Arbeit fertigzustellen, die lose Part durch das letzte Auge stecken und festziehen.

Reißverschlussknoten

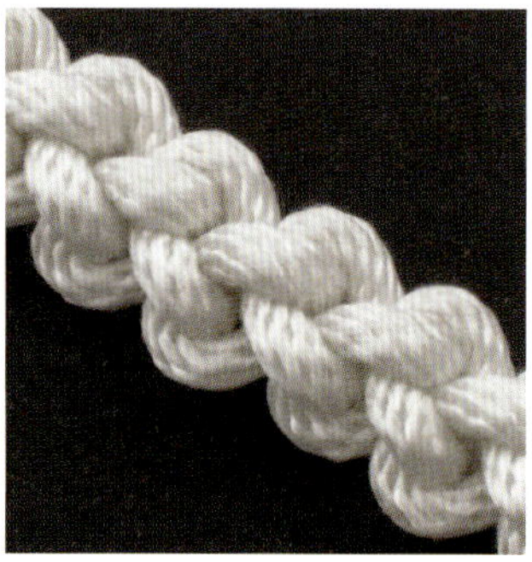

Den Reißverschlussknoten knote ich schon länger als jeden anderen Knoten in diesem Buch. Ich lernte ihn mit acht Jahren in einem Ferienlager. Die Anzahl der Armbänder, die ich damit gemacht habe, hat inzwischen sicher die Hundert überstiegen.

Knotenbestandteile: Historischer Knoten

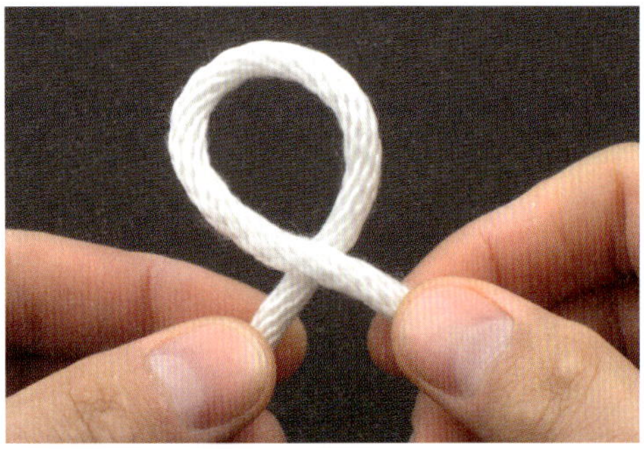

1. Ein Auge gegen den Uhrzeigersinn legen (rechts über links).

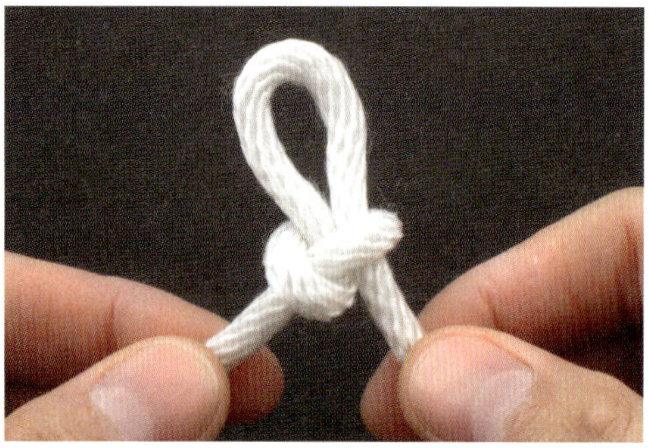

2. Die rechte lose Part zu einer Bucht nehmen, durch das Auge stecken und festziehen.

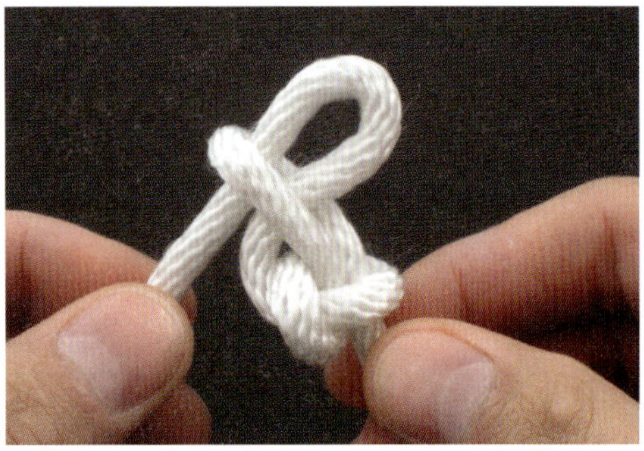

3. Die linke lose Part zu einer Bucht nehmen, durch die erste Bucht stecken und ...

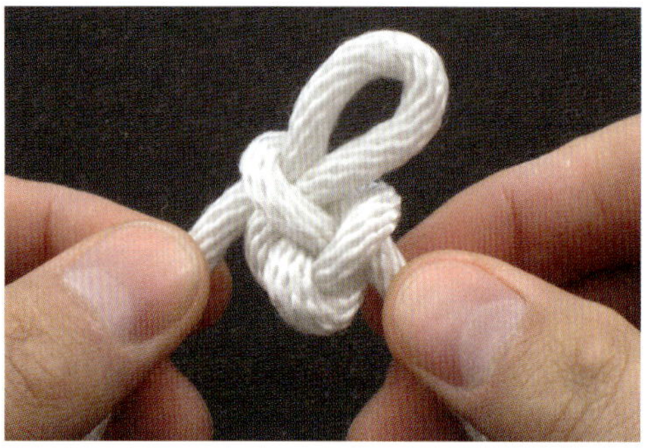

4. ... festziehen.

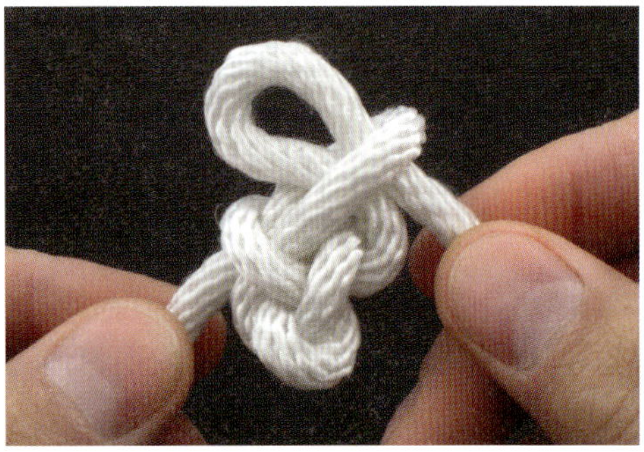

5. Schritt 2, ...

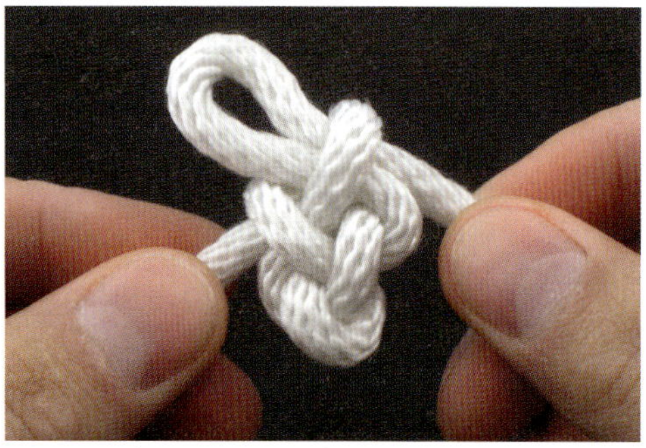

6. ... 3 und 4 immer wieder wiederholen, bis ...

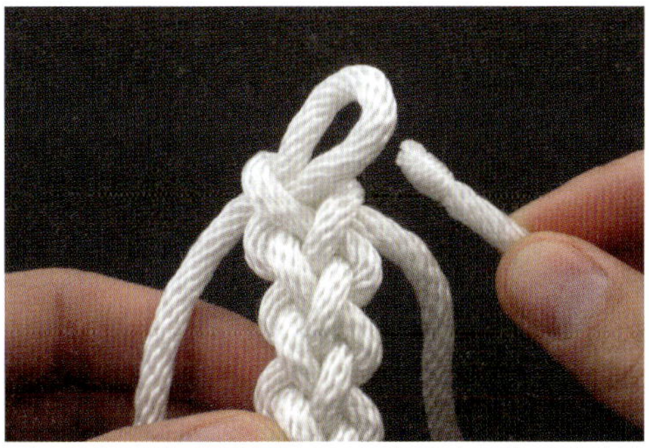

7. ... Sie die gewünschte Länge oder das Ende des Tampens erreicht haben. Um die Arbeit fertigzustellen, ...

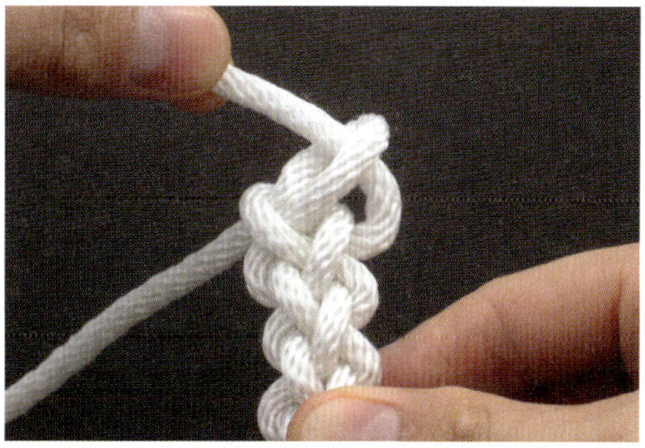

8. ... die lose Part in die letzte Bucht stecken und ...

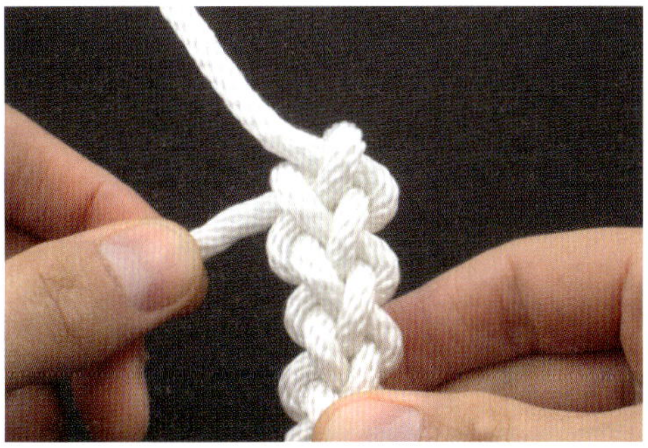

9. ... festziehen.

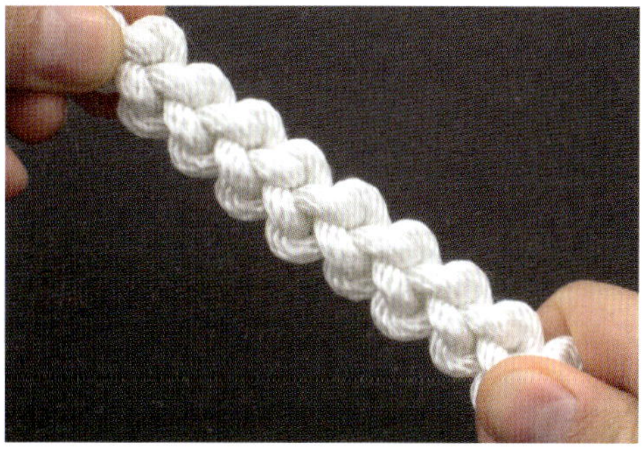

10. Das Band vorsichtig zurechtziehen.

Wirbelsäulenknoten

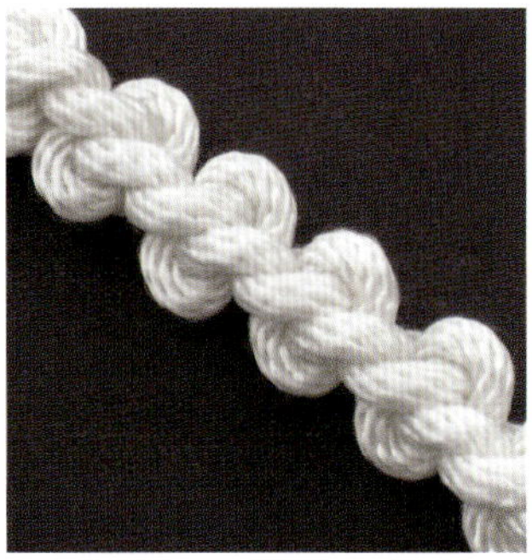

Die Wirbelsäulenknotenkette ist grundsätzlich eine Kette, bestehend aus Knoten der Ewigkeit. Im Gegensatz zu seiner Herkunft zeigt dieser Knoten einen Blick auf die Wirbelsäule, die mit Rückenmark und Querfortsätzen dargestellt wird.

Knotenbestandteile: Knoten der Ewigkeit + Kettenstek

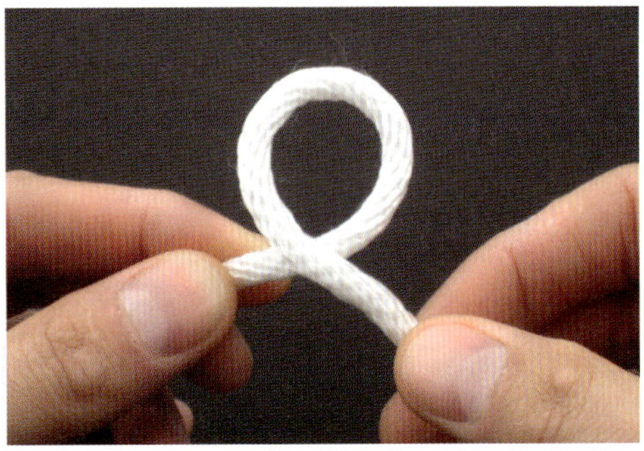

1. Ein Auge gegen den Uhrzeigersinn legen (rechts über links) und die ...

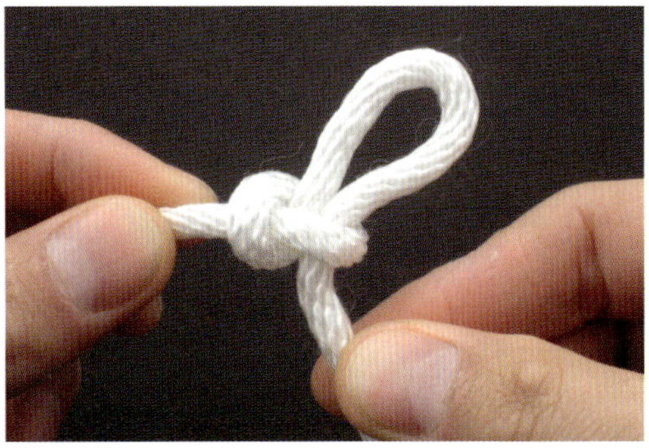

2. ... nach unten fallende lose Part zu einer Bucht nehmen, durch das Auge stecken und festziehen.

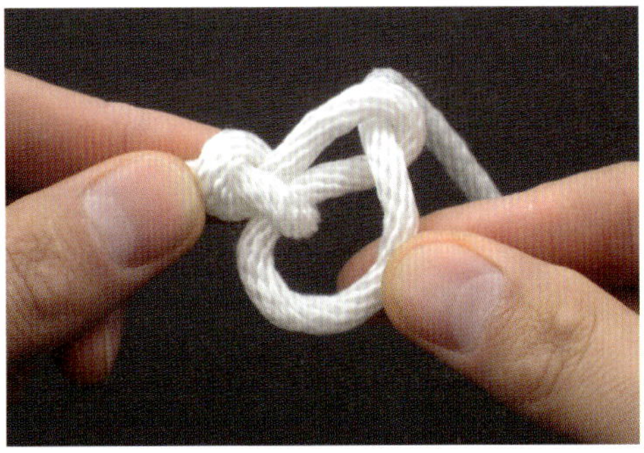

3. Die lose Part in die Bucht stecken und festziehen.

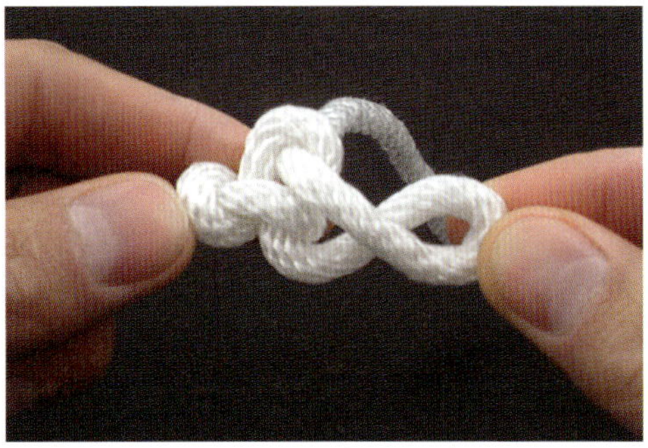

4. Das untere Auge von oben nach unten zu einer Acht verdrehen.

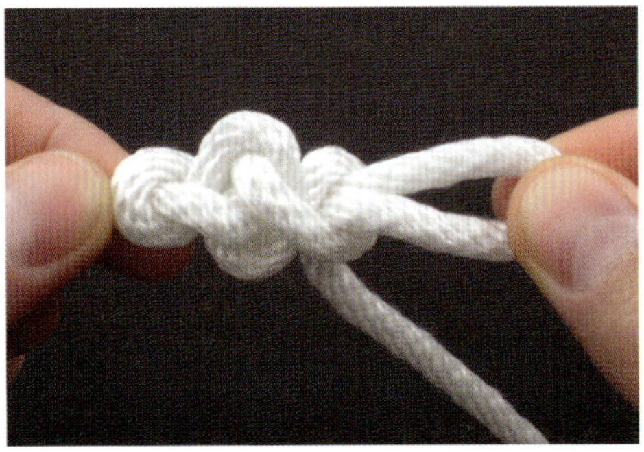

5. Die lose Part zu einer Bucht nehmen und von hinten in das untere Auge der Acht stecken.

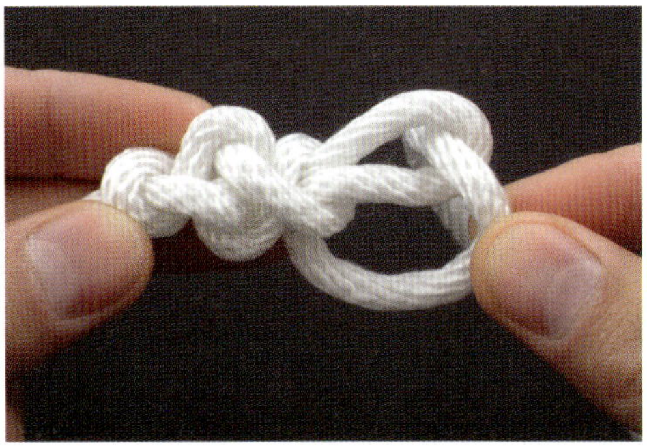

6. Die Schritte 3 bis 5 ...

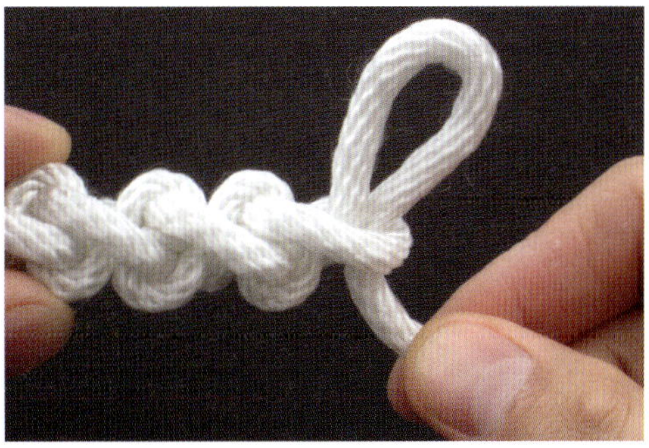

7. ... wiederholen, bis die gewünschte Länge erreicht ist.

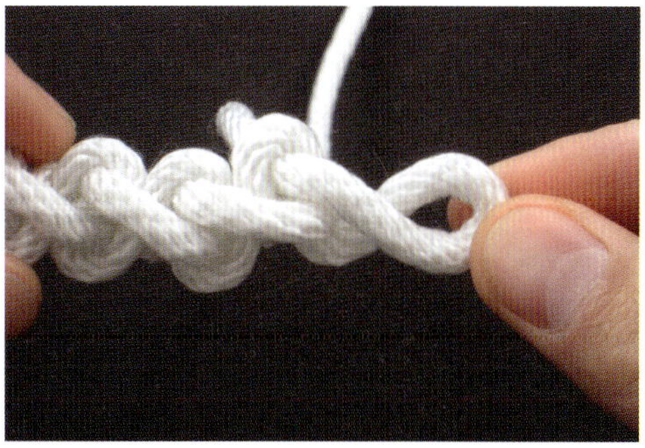

8. Um die Arbeit fertigzustellen, die Schritte 3 und 4 wiederholen, dann ...

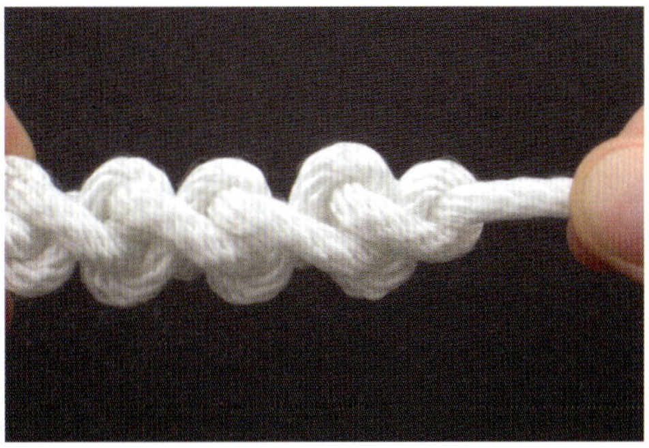

9. ... die lose Part durch die Rückseite des unteren Auges der Acht stecken.

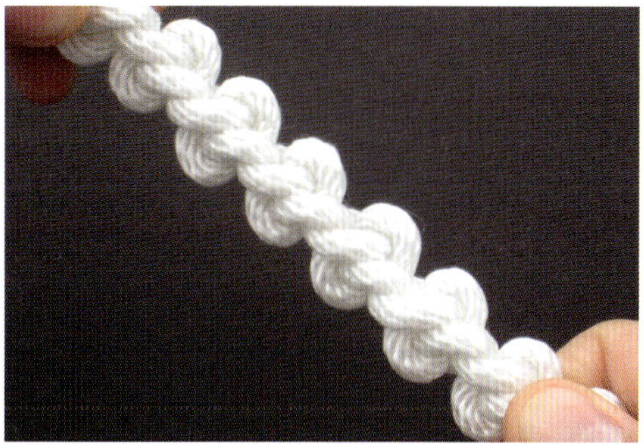

10. Die Kette umdrehen, um die Wirbelsäule zu sehen.

Trompetengurt

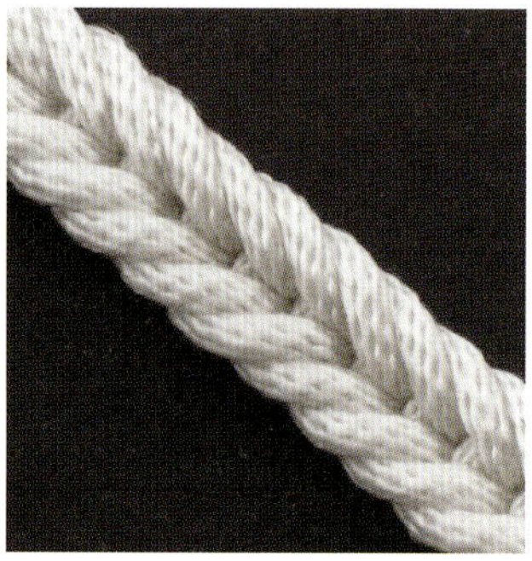

Der Trompetengurt wird für die kunstvoll gefertigten Gurte an Blasinstrumenten verwendet, aber auch für die Schulterklappen der Uniformen von Mitgliedern einer Kapelle. Er ist zwar recht einfach zu knoten, aber es gibt ein paar feine, aber wichtige Schritte am Beginn des Knotens zu beachten – also aufgepasst!

Knotenbestandteile: Historischer Knoten

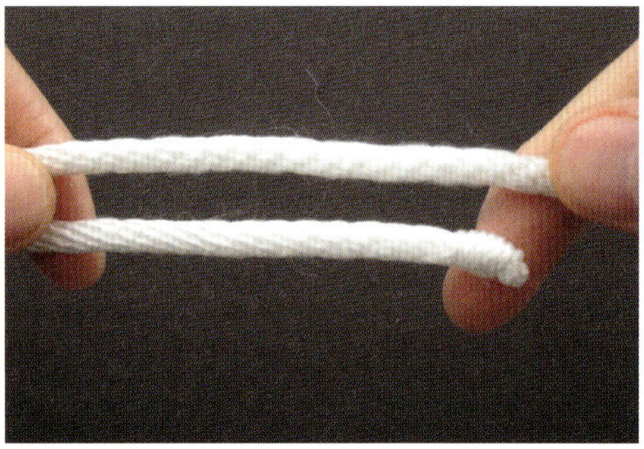

1. Den Tampen doppelt nehmen, sodass er eine Länge von etwa 30 cm hat.

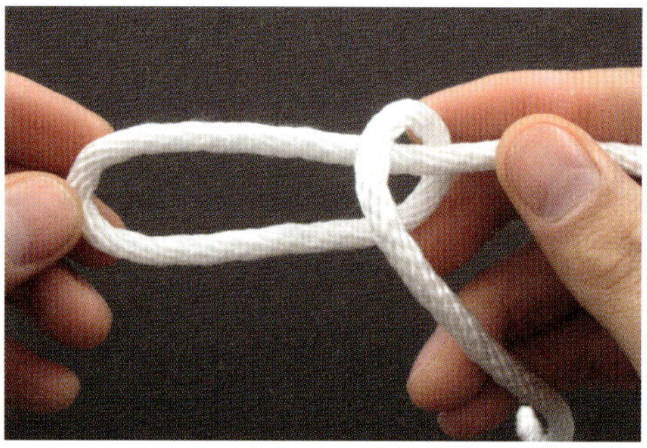

2. Etwa 8 cm unter der Bucht mit der kurzen Part zweimal ...

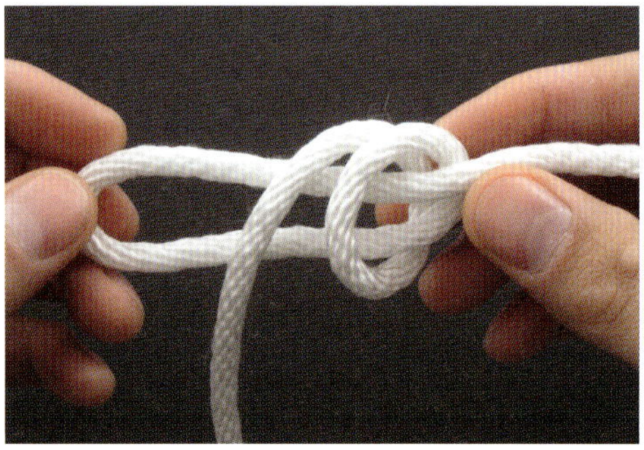

3. ... von hinten nach vorn einen Rundtörn um die beiden Tampen schlagen.

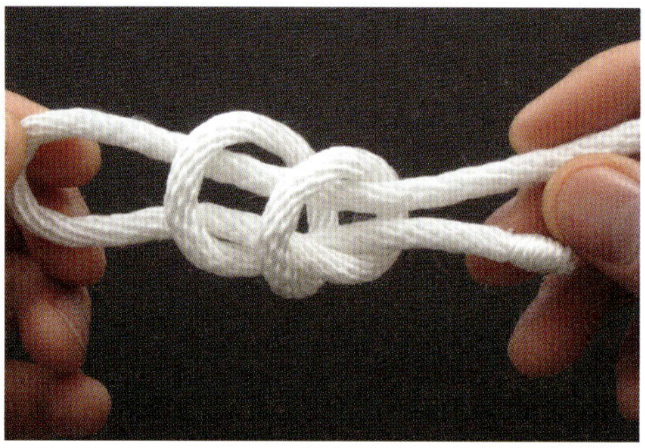

4. Die kurze Part zurück durch die Rundtörns hindurchstecken.

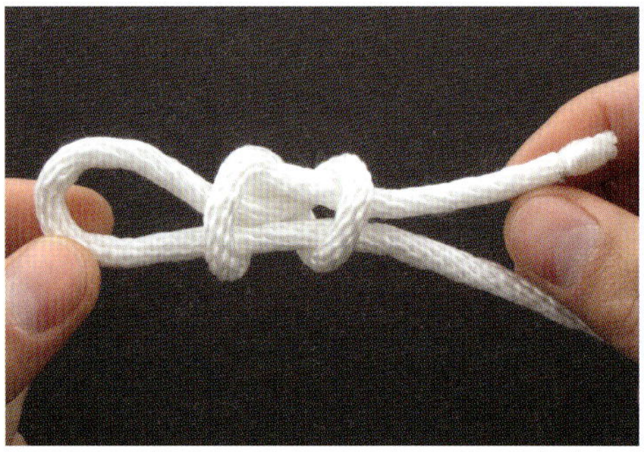

5. Die Arbeit zurechtziehen und umdrehen. Die lange Part sollte unten liegen.

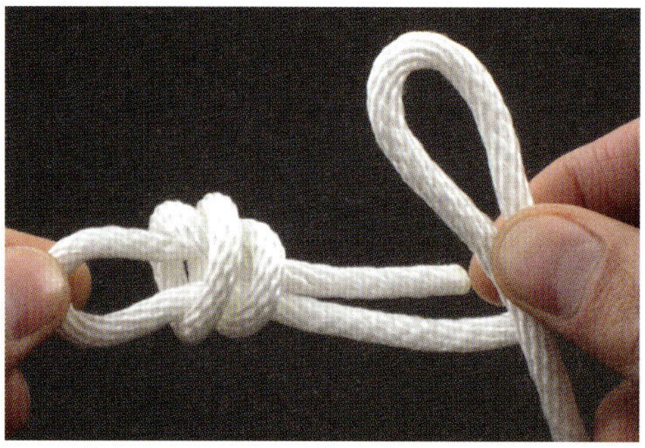

6. Die lange Part zu einer Bucht nehmen, ...

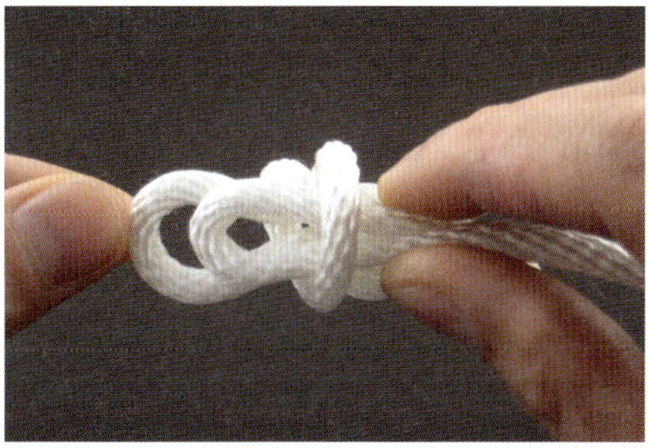

7. ... unter den ersten und über den zweiten Rundtörn führen, ...

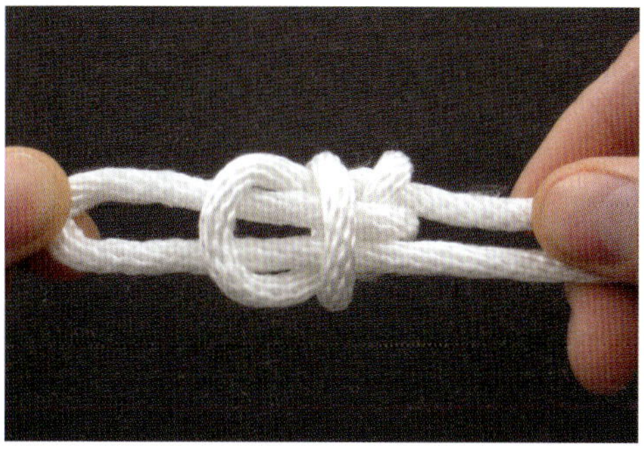

8. ... dann durch das Auge ganz links stecken.

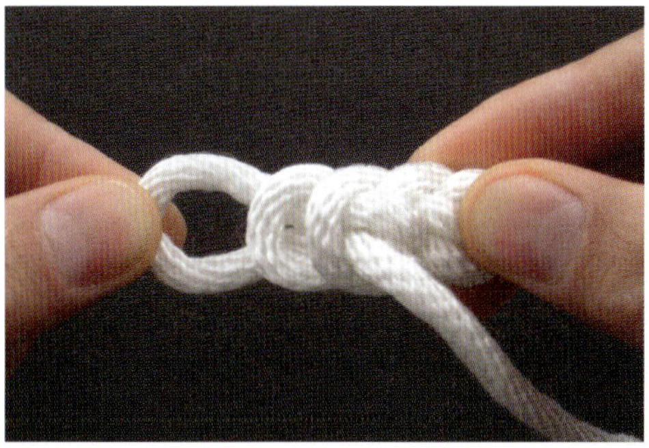

9. Die Arbeit zurechtziehen und die Schritte 6 bis 8 wiederholen, ...

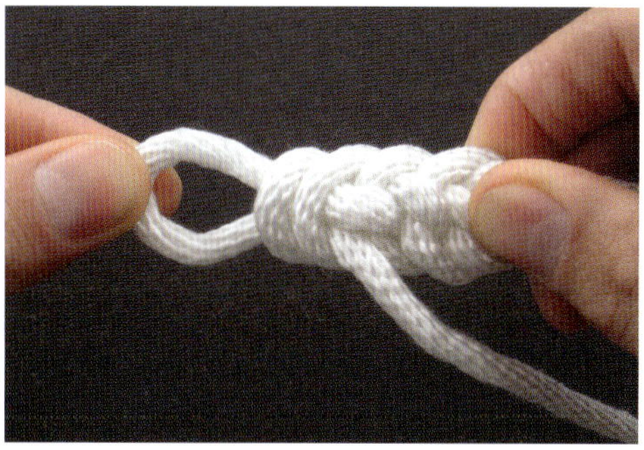

10. ... bis die gewünschte Länge erreicht ist.

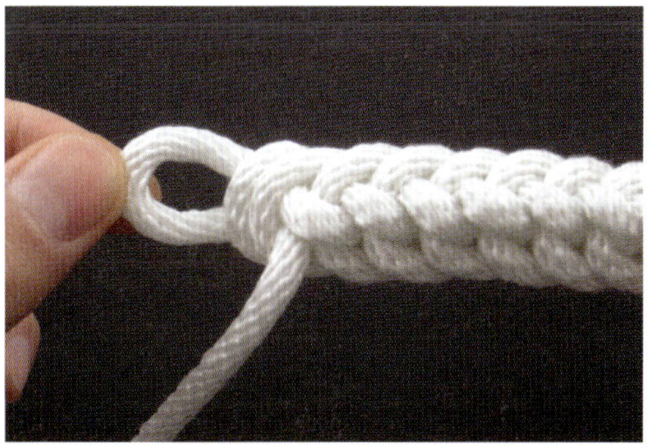

11. Um den Gurt fertigzustellen, die lose (lange) Part ...

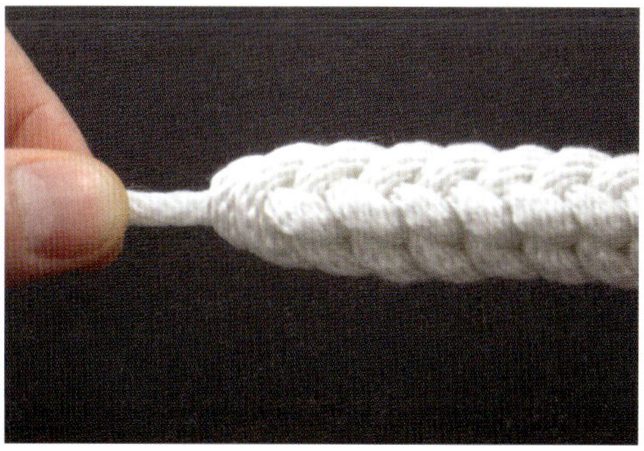

12. ... über, unter und durch die darüberliegenden Parten stecken. Dann steifholen.

Danksagungen

Für ihre Unterstützung und/oder Anregungen bei der Entstehung dieses Buches möchte ich meinen Dank aussprechen: Andre McBeth, Cleo Dubois, Clifford W. Ashley, Bright Winn, Eve Minax, Sylvain Niles, meinen Eltern Jim und Barbara und all jenen, die meinen YouTube-Kanal „Tying It All Together" abonniert haben. Ohne euch, vor allem jene, die ihr meine Videos immer weiter unterstützt, wäre dieses Buch niemals zustande gekommen.

Ein ganz besonderes Dankeschön geht an meine Ehefrau und Muse, Kristen Kakos. Dass du in mein Leben getreten bist, bringt mir Freude, Zufriedenheit und die Freiheit, kreativ zu sein. Für diese Geschenke bin ich dir auf ewig dankbar.

Über den Autor

J. D. Lenzen wurde 1972 geboren und wuchs in der Gegend der Bucht von San Francisco auf.
Als Mitzwanziger lebte und arbeitete er im San-Mateo-Mountains-Nationalpark, wo er begann, sich für Arbeiten mit Seilwerk und für Fancyworks zu begeistern. Es folgten Jahre des Lesens, Forschens und Übens; er begründete die Kunst des „Fusionsknotens", des Verbindens neuer innovativer und traditioneller Knotenelemente. J. D. hat mehr als 100 Lehrvideos erstellt, in denen er seine Techniken erklärt. Er lebt und arbeitet in San Francisco.

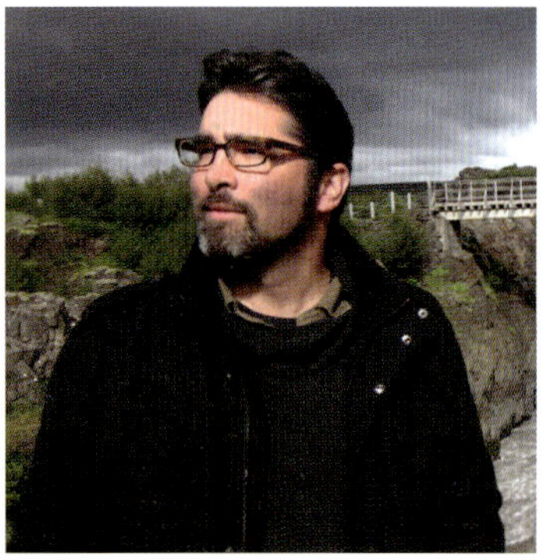

Aus unserem Programm

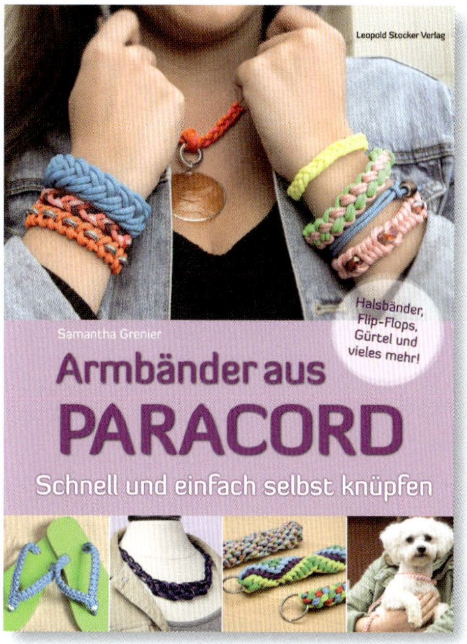

ISBN 978-3-7020-1457-5

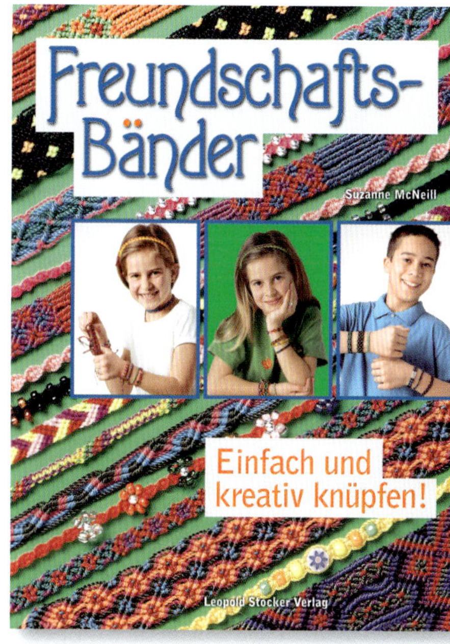

ISBN 978-3-7020-1458-2

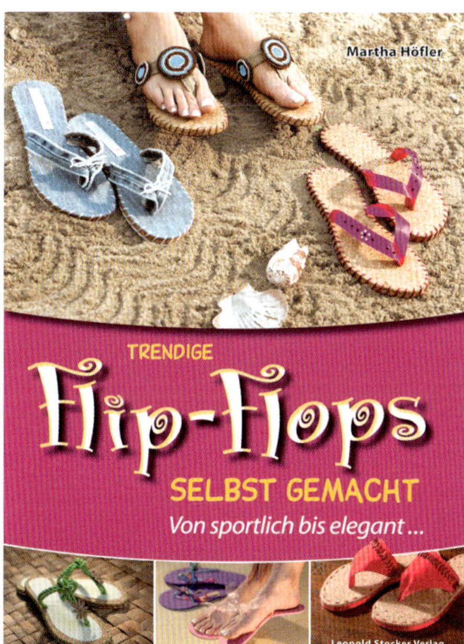

ISBN 978-3-7020-1459-9

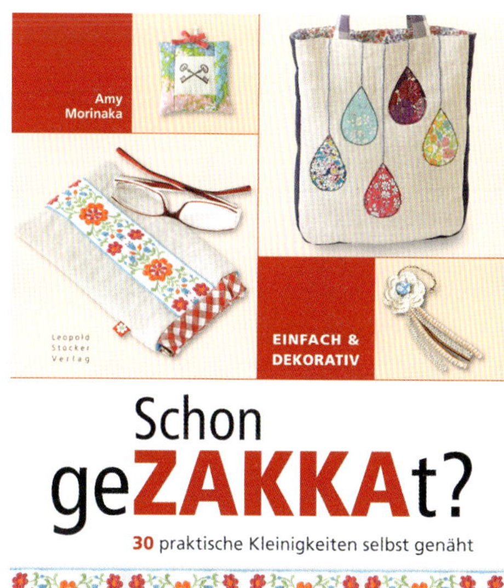

ISBN 978-3-7020-1426-1